복 있는 사람
오직 여호와의 율법을 즐거워하여 그 율법을 주야로 묵상하는 자로다.
저는 시냇가에 심은 나무가 시절을 좇아 과실을 맺으며 그 잎사귀가 마르지 아니함 같으니
그 행사가 다 형통하리로다.(시편 1:2-3)

우리는 모두 꿈꾸는 인생들입니다. 꿈은 산소와 같아서, 꿈이 없으면 우리는 생존 자체가 불가능합니다. 문제는 그 꿈의 지향점이 무엇인가 하는 것입니다. 이 책은 우리의 신분이 방랑자가 아니라 도착지를 향해 가는 나그네라고 말합니다. 그리고 그 도착지점을 설정하는 로드맵이 바로 기독교 세계관입니다. 오랫동안 기독교 세계관 운동에 헌신한 신국원 교수의 친절한 안내로, 우리는 성경 인물들의 이야기를 새 마음과 새 귀로 듣게 됩니다. 그리고 그것이 단순한 스토리텔링(storytelling)이 아닌 "비전텔링"(visiontelling)인 것을 깨닫게 됩니다. 지금 여기서 의미 있는 하나님 나라의 꿈을 꾸고자 하는 모든 이들에게 이 이야기에 귀 기울여 볼 것을 적극 추천합니다.

이동원 지구촌교회 원로목사

성경의 내러티브는 단순한 감동이 아닌, 삶을 변화시키는 생명을 담고 있습니다. 이 이야기를 읽는 독자는 삶의 방향과 비전을 수정하거나 더욱 견고히 하도록 도전받게 됩니다. 후학들에게 평생 기독교 세계관을 가르쳐 온 신국원 교수는, 이 책을 통해 성경 이야기를 하나님의 비전이라는 시각으로 반듯이 꿰어 줍니다. 성경의 역사 이야기가 파편화되고 주관적으로 왜곡되어 진리의 능력이 흐릿해져 가는 현실 속에서 매우 반갑고 적실한 도전이 아닐 수 없습니다. 한국교회 성도들이 하나님의 비전과 시야 속에서 인생을 조망하는 은혜를 누리기를 바라며 이 책의 일독을 권합니다.

송태근 삼일교회 담임목사

신국원 교수의 글은 학자의 오랜 묵상이 스며 있어 항상 기대가 됩니다. 이 책은 성경 인물들의 삶에 담긴 하나님의 꿈과 비전에 대한 풍성한 이야기보따리입니다. 그가 이전 저작들을 통해 기독교 세계관과 문화에 대해 신선한 자극을 선물했다면, 이 책은 사랑이 가득 담긴 따뜻한 설교와 같습니다. 성경 속 인물들은 역사라는 하나님 작품의 주인공들입니다. 그 다양한 삶에 담긴 하나님의 비전을 나누고 다 함께 하나님 나라의 비전을 사모하는 회복이 일어나기를 바라며, 매우 기쁜 마음으로 이 책을 추천합니다.

이규현 부산수영로교회 담임목사

책은 곧 저자입니다. 이 책에는 저자의 하나님 사랑과 동시대를 살아가는 그리스도인들을 사랑하는 마음이 잘 녹아 있습니다. 또한 성경적 가치관과 기독교 세계관이 견실하게 표현되어 있습니다. 신국원 교수는 학생들을 가르치는 존경받는 스승으로서뿐 아니라 그 학문적 탁월성으로 많은 기독지성인과 학자들에게 건강한 영향을 끼쳐 왔습니다. 이 책을 손에 드는 순간, 그리스도의 심정을 닮은 목회자, 신학자, 철학자, 교육자, 문화변혁자와의 따뜻한 대화가 시작될 것입니다.

오정호 대전새로남교회 담임목사

이 책에서 성경이 보여주는 꿈과 비전을 추적해 하나님 나라를 바라보는 안목을 제시하려는 신국원 교수의 시도는 매우 신선하게 느껴집니다. 특히 많은 설교나 책들에서 성경의 꿈과 비전을 인간적 야망을 정당화하거나 부추기는 일에 잘못 사용해 온 것과 확연히 다른 점이 인상적입니다. 청년 시절부터 기독교 세계관 운동에 힘써 온 그는, 믿음의 조상들의 비전을 계승하는 이들이 우리 시대에 무엇을 꿈꾸어야 할지를 이 책을 통해 분명하게 보여줍니다. 한국교회 성도들의 왜곡된 안목을 바로잡는 안경이 되기를 소망하며 진심으로 이 책을 추천합니다.

손봉호 고신대학교 석좌교수

신국원 교수는 가다머(H.-G. Gadamer)의 철학적 해석학과 영미권의 현대문화이론을 기독교적 관점에서 연구하여 기독교 학계와 교계에 이미 탁월하게 기여한 학자입니다. 전작인 『니고데모의 안경』과 마찬가지로, 이 책 『지금 우리는 여기서 무엇을 꿈꾸고 있는가』는 신국원 교수만이 한국교회에 줄 수 있는 최고의 선물이라고 생각합니다. 왜냐하면 신학과 철학, 문화이론을 섭렵한 그의 학문적 배경과 목회현장에서 설교를 통해 다년간 성도들을 섬긴 경험, 그리고 학교에서 마치 목회하듯이 학생들을 돌보아 온 그의 목회자적 태도가 이 책에 오롯이 녹아들어 하나님의 사람들의 비전에 관한 이야기를 하고 있기 때문입니다. 하나님의 백성들이 맺은 언약의 이야기가 얼마나 오래된 미래인가를 우리는 이 책을 통해 다시 한번 실감합니다. 이 책에서 강조하는 하나님 나라에 대한 비전과 이야기가 오늘도 많은 사람들에게 믿음과 소망과 사랑의 원천이 되기를 희망합니다.

강영안 서강대학교 철학과 교수

꿈과 비전의 주제는 성경 이야기 가운데 뚜렷한 자리를 차지하고 있습니다. 꿈과 비전은 하나님께서 자신을 보여주시며 그분의 뜻을 계시하시는 주요 방법 중 하나입니다. 신학에서 이 주제를 간과해 왔다는 것은 사실 놀랄 만한 일입니다. 나의 오랜 친구 신국원 교수는 바로 이 부분을 정확히 집어내어, 성경 전체를 통해 이 주제를 능숙하면서도 독창적으로 추적합니다. 이 책은 성경을 깊이 이해하도록 돕고, 특히 오늘과 같이 소망이 질식된 세상에서 하나님 나라를 향한 소망 가득한 비전을 품게 해줄 것입니다. 이 책을 강력히 추천합니다.

마이클 고힌 미국 칼빈신학교 선교학 석좌교수

지금 우리는 여기서 무엇을 꿈꾸고 있는가

지금 우리는 여기서 무엇을 꿈꾸고 있는가
신국원의 꿈·비전·세계관 이야기

신국원 지음

복 있는 사람

지금 우리는 여기서 무엇을 꿈꾸고 있는가

2014년 3월 31일 초판 1쇄 발행
2024년 12월 30일 초판7쇄 발행

지은이 신국원
펴낸이 박종현

도서출판 복 있는 사람
주소 서울특별시 마포구 연남동 246-21 (성미산로23길 26-6)
전화 02-723-7183(편집), 7734(영업·마케팅)
팩스 02-723-7184
이메일 blesspjh@hanmail.net
등록 1998년 1월 19일 제1-2280호

ISBN 979-11-7083-218-8 03230

이 도서의 국립중앙도서관 출판시도서목록(CIP)은
서지정보유통지원시스템 홈페이지(http://seoji.nl.go.kr)와 국가자료공동목록시스템(http://www.nl.go.kr/kolisnet)에서 이용하실 수 있습니다. (CIP 제어번호: 2014009353)

ⓒ 신국원 2014

이 책의 저작권은 저자와 도서출판 복 있는 사람이 소유합니다.
신저작권법에 의하여 한국 내에서 보호를 받는 저작물이므로 무단전재와 복제를 금합니다.

30년을 같은 꿈과 비전으로 동행해 준,
사랑하는 아내 동원과 딸 희원, 현진에게

책머리에 | **스토리와 비전텔링**_꿈을 되찾아 주는 이야기

꿈을 잃으면 소망이 없습니다. 어떻게든 되찾아야 하지요. 저는 성경이 그것을 해줄 수 있다고 믿습니다. 적어도 제게는 분명 그랬습니다. 성경은 신앙의 선조들이 꿈과 환상을 따라 보이지 않는 본향을 바라보며 살았던 이야기를 들려줍니다. 그리고 그 이야기는 듣는 이들도 꿈을 꾸게 합니다. 저는 이 책에서 그들의 스토리텔링(storytelling)이 어떻게 우리의 비전텔링(visiontelling)이 되는지 보여드리려고 합니다.

믿음의 조상 아브라함은 자신을 "본향 찾는 나그네"라 증거했다고 합니다(히 11:13-14). 본향을 찾는다는 것은 이상한 일입니다. 그 말에는 떠나온 곳이 아니라 도착해야 할 어딘가를 본향으로 여겼다는 암시가 들어 있습니다. 과연 그곳은 뒤가 아니라 앞에 있었습니다. 신앙의 선조들은 나그네지 유랑민이 아니었습니다. 약속을 따라 "하늘에 있는" 본향을 "멀리서 보고 환영하며" 나아갔으니까요. 그러니 그들은 선견자(visionary)였습니다. 그들의 발자취가 우리의 비전이 되는 것은, 우리도 그들의 이야기를 듣고 같은 꿈을 꾸며 동일한 목적지를 향해 길에 나서게 되기 때문입니다.

문제는 왜 지금 우리 눈에 그 길이 밝히 보이지 않느냐는 것입니다. 우리는 정말 같은 본향을 바라보는 것일까요? 세상만 꿈을 잃고 방황하는 것이 아니라 교회도 신기루에 홀려 있는 것은 아닐까

요. 비전이 없는 백성은 방자히 행한다는 말씀에 마음이 떨립니다(잠 29:18). 만약 그것이 사실이라면, 우리는 이야기로 돌아가야 합니다. 비전(vision)은 스토리(story)에서 나오니까요. 선조들의 발걸음을 추적하는 것은 우리의 눈이 그들이 보았던 비전으로 열리기를 소망하기 때문입니다.

하나님 나라를 사모하는 비전의 회복이 이 책의 목적입니다. 수련회나 집회마다 비전을 주제로 삼는 경우가 허다합니다. 하지만 정작 우리 안목은 세상에 매여 방황하고 있습니다. 영원을 사모하는 마음은 여전히 공허하기만 하지요. 본향 찾는 길에서 너무 멀리 떠나와 돌아가는 것이 아예 불가능하지 않기만을 빕니다.

끝으로 이 책이 나오기를 기다려 준 모든 이들께 감사를 드립니다. 특히 제 아내 신동원이 그중 한 사람입니다. 이 책을 쓰는 과정에서 누구보다 가까이서 포기하지 않도록 격려해 준 것도 바로 아내입니다. 늘 기도로 도우시는 장모님과 누님, 그리고 우리 부부와 같은 꿈을 꾸며 어느새 성큼성큼 자신의 길을 걸어가는 두 딸 희원과 현진이에게도 고마운 마음입니다. 아울러 제게 꿈을 주고 비전을 기르게 한 스승님과 동역자들, 복 있는 사람 출판사의 박종현 대표와 문준호 편집자를 비롯한 직원들, 그리고 꿈을 이어 갈 내일의 다니엘이요 에스더로 이 책을 기다리며 격려해 준 총신대학교의 사랑스러운 학우들에게도 깊은 감사를 전합니다. 샬롬.

2014년 3월
신국원

차례

책머리에 · 8
프롤로그 · 12

1 | **에덴의 비전_** 아주 먼 옛날 하늘과 땅에서는 | **노아** · 29

2 | **본향 찾는 나그네의 비전** | **아브라함** · 47

3 | **노숙자를 회복시킨 꿈** | **야곱** · 63

4 | **총리가 된 노예 소년의 꿈** | **요셉** · 81

5 | **도망자의 삶을 변화시킨 비전** | **모세** · 97

6 | **꿈을 잃은 시대의 비극** | **여호수아** · 113

7 | **두 여인, 두 아이의 비전** | **사무엘** · 131

8 | 왕이 된 목동의 비전 | 다윗 • 147

9 | 우리를 새롭게 하는 비전 | 이사야 • 165

10 | 해골도 살려 내는 비전 | 에스겔 • 183

11 | 포로 소년과 황제의 꿈 | 다니엘 • 201

12 | 메시아의 비전 | 예수님 • 217

13 | 땅끝 비전과 선교 | 바울 • 233

14 | 시온의 비전_ 새 하늘과 새 땅에서는 | 사도 요한 • 249

에필로그 • 266

프롤로그 | **비전텔링**_꿈을 되찾아 주는 이야기

미국 방송 채널 ABS에서 1978년부터 30년 넘게 방영 중인 '20/20' 이라는 시사프로가 있습니다. 이 프로의 제목은 최고의 시력을 뜻하는 2.0/2.0 비전에서 딴 것인데, 뉴스 해설로 세상사를 밝히 보여주겠다는 취지가 담겨 있습니다. 사실 단편적인 보도만으로는 실상을 알기 어려운 경우가 많습니다. 아는 만큼만 보이기 때문입니다. 그래서 해설이 필요합니다. 영적 안목도 다르지 않습니다. 특히 타락으로 어두워진 세계에서는 마음의 눈이 열려야 합니다. 눈이 밝아져야 삶도 바른 방향으로 나아가게 됩니다. 우리의 영적 시력은 얼마일까요? 우주의 끝을 응시하고 안방에서 지구 반대편 사건을 보고 듣지만 우리의 안목은 늘 코앞의 일에 매여 있습니다. 영원을 사모하는 눈이 어두워진 탓입니다. 눈을 부릅떠도 보이는 것은 세상뿐인가요? 아무리 눈을 비벼도 하나님 나라가 보이지 않습니까? 그렇다면 영혼의 안경이 필요한 때입니다.

영적 시력_2.0/2.0 비전

한국 사람은 서구인보다 눈이 좋다고 합니다. 우리 시력의 1.5는 미국에서 최고로 치는 2.0보다 좋은 눈입니다. 믿음의 조상 아브라함의 영적 시력은 누구보다 좋았다고 하겠습니다. "갈 바를 알지 못하

고" 이방인과 나그네로 유리 방황하는 중에도 "하나님이 계획하시고 지으실 터가 있는 성"을 바라보았으니까요(히 11:8-10). 로마를 넘어 당시 땅끝이던 스페인 선교를 꿈꾼 바울이나 역사의 결말을 본 사도 요한 또한 그에 못지않습니다. 이런 안목은 하나님의 역사와 섭리를 볼 믿음의 눈이 열릴 때에만 가능한 것입니다. 그래서 영적 시력은 믿음에서 비롯됩니다. "믿음은 바라는 것들의 실상이요 보이지 않는 것들의 증거"라는 말씀은 그것을 잘 보여줍니다(히 11:1). 세상 사람은 보는 것을 믿지만 성도는 믿는 것을 봅니다.

성도의 비전은 내용도 아주 특별합니다. 그들은 세상이 상상도 못할 하나님 나라를 바라보았으니까요. 과학기술은 지난날 꿈도 꿀 수 없었던 것들을 볼 수 있게 해주었습니다. 우주의 창이라 불리는 허블(Hubble) 망원경은 200억 광년 떨어진 별들을 코앞으로 당겨 줍니다. 텔레비전은 세계 곳곳의 일들을 현장감 있게 보여줍니다. 현미경으로 분자 속을 들여다보고 엑스레이로 뼛속을 투시합니다. 내시경과 초음파로 장기 내부와 태아의 성별까지 알아볼 수가 있습니다.

하지만 현대인의 눈이 정말 밝아진 것일까요? 어른이 되면 실리에 밝아진다는 것은 어린아이의 맑은 눈을 잃는다는 뜻입니다. 우주의 끝과 혈관 속을 관찰하지만 정작 삶의 의미는 얼마나 이해하고 있나요? 옛 시인은 하나님의 영광이 햇살과 같아서 그것을 피할 자가 없다고 했습니다(시 19편). 오늘날 그것을 볼 수 있는 사람이 얼마나 될는지요. 선악과를 먹은 아담과 하와가 눈이 밝아져 자신의 수치를 보게 됩니다. 하지만 그들은 하나님을 바라볼 수 없어 숨습니다. 역설적인 일이 아닐 수 없습니다. 눈은 열렸는지 몰라도 정작 보아야 할 것을 볼 수 없게 되었으니까요.

히브리서 기자는 성도들이 믿음으로 실상을 본다고 말합니다(히 11:1). '실상'(實狀)의 희랍어인 '휘포스타시스'($ὑπόστασις$)는 사물과 사태의 본질을 일컫는 말입니다. 플라톤이 사물의 원본이라고 한 '이데아'(idea)와 흡사한 개념이지요. 사실 이데아라는 말도 '본다'라는 의미의 동사인 '이데인'($ἰδεῖν$)에서 파생된 말입니다. 실상이나 이데아를 보는 시력은 대단한 것입니다. 실상이나 이데아는 보통 사람뿐 아니라 철학자의 눈에도 보이지 않습니다. 육안으로는 이 사과와 저 배를 볼 수 있을 뿐 사과 자체나 배의 실체를 볼 수 없으니까요. 그것은 감각이 아니라 마음의 눈, 곧 정신으로만 파악할 수 있습니다.[1] 하지만 성경의 비전은 믿음의 눈이 열려야 볼 수 있습니다.

성경에는 영적 안목에 관한 말씀이 여럿 있습니다. 전도서는 인간의 시야가 본래부터 이생에 매여 있지 않다고 말합니다. "하나님이 모든 것을 지으시되 때를 따라 아름답게 하셨고 또 사람들에게는 영원을 사모하는 마음을 주셨느니라"(전 3:11). 바울은 하나님께서 우리의 "마음의 눈을 밝히사" 부르심의 소망과 영광의 풍성함과 그의 능력이 무엇인지 알 수 있게 해주시기를 축원합니다(엡 1:17-19). 미로 같은 인생사를 넘어 영원을 볼 수 있는 시력을 갖추고 있는지요? 또한 성도로 부르신 소망과 비전을 가지고 그 빛 아래 오늘의 여정을 걷고 있는지요?

잘 알려진 찬송가 「나 같은 죄인 살리신」(새찬송가 305장)을 쓴 존 뉴턴(John Newton)은 그런 은혜를 체험한 사람입니다. 1절 끝의 "광명을 얻었네"는 본래 "눈멀어 볼 수 없던 것 이젠 봅니다"(Was blind, but now I see)라는 뜻입니다. 잔혹한 노예상인이던 그가 노예해방운동을 이끈 목회자로 거듭난 것은 오로지 하나님께서 눈을 열어 주셨기 때문입니다. 이런 경험과 고백은 뉴턴의 것만이 아닙니다. 복음으로 눈이 열려 하나님 나라를 본 모든 성도들의 공통적 간증입니다. 그렇게 눈을 뜬 사람은 바울의 말처럼 "하나님의 선하시고 기뻐하시고 온전하신 뜻이 무엇인지 분별"하는 안목과 비전을 갖게 되기 때문입니다(롬 12:2).

비전의 사람들

하나님께서 주신 비전은 꿈과 환상처럼 눈으로만 보는 것이 아닙니다. 구약에 꿈과 비전이 많은 이유는 아직 성경이 쓰여지지 않아서일 것입니다. 자연히 후대로 갈수록 말씀을 통해 마음의 눈을 열어 비전을 주실 때가 많습니다. 아브라함에게는 언약을 통해 하늘의 별과 바닷가의 모래알같이 많은 후손을 보게 하셨습니다. 야곱은 하늘 사다리 꿈을 통해 그의 조부에게 주셨던 비전을 계승하게 됩니다. 요셉의 경우처럼 개인의 삶에 대한 꿈도 있고 다니엘의 꿈같이 세계 역사에 관한 계시도 있습니다. 이사야와 에스겔은 환상 중에 하늘 보좌 앞에 섰습니다. 반면 느헤미야는 동생이 전하는 고향 소식을 들으며 무너진 예루살렘이 마음에 떠올랐을 뿐입니다. 이처럼 비전은 시각적 이미지뿐 아니라 말씀을 통해 품게 되는 심상으로도 주어집니다.

비전을 주시는 방법이 여러 가지이듯 내용도 매우 다양합니다. 그러나 비전을 따라 살았던 사람들에게는 많은 공통점이 있습니다. 그것이 무엇인지는 다음 장부터 이어질 이야기를 통해 함께 살펴보기를 원합니다. 여기서는 세 가지만 살피고 가려 합니다. 첫째로, 그들은 모두 비전을 따라 살았습니다. 아브라함은 고향을 떠나 약속의 땅을 향해 갔고, 야곱은 삶의 비전이 바뀌었습니다. 이사야와 에스겔은 선지자가 되고, 느헤미야는 멸망한 나라를 회복하려는 열망을 품게 되었습니다.

둘째는, 그들이 각자 다양한 비전을 체험했지만 결국 지향점이 같았다는 사실입니다. 그들이 모두 하나님 나라를 바라보았기 때문입니다. 결국 각자의 비전은 큰 이야기의 부분이었음이 밝혀집니다. 개인의 삶에 관한 꿈과 비전은 언제나 하나님의 역사라는 큰 맥락 속에 자리를 잡고 있지요. 그들의 꿈과 삶은 구속과 회복의 역사를 통해 하나님 나라가 이루어지는 과정이었습니다. 앞선 이들의 이야기는 다음 사람들의 비전이 됩니다. 그들의 삶이 같은 비전을 따라 걷는 이들의 길잡이가 되기 때문입니다. 지금도 그 비전에 따라 살며 훌륭한 이야기를 남기는 이들이 아주 많습니다.

셋째는, 그중에 본래부터 대단한 인물들이 없었다는 사실입니다. 오히려 못나고 약한 "작은 사람"들 투성이입니다. 타고난 기질이 별로인 사람도 많습니다. 아브라함의 대를 이은 야곱은 악랄한 둘째이며, 요셉은 시건방진 "막내"였습니다. 이스라엘의 첫 지도자 모세는 격한 성격의 살인전과자였습니다. 베드로는 배신자요, 바울은 박해자였습니다. 비전이 인간적 자질과 의지에서 나오지 않은 것이 분명합니다. 오히려 비전이 이들을 변화시켜 만들어 갑니다.

비전으로 젊었던 이들

비전은 흔히 생각하듯 젊은이들의 전유물이 아닙니다. 성경 속 비전 이야기에는 노아나 아브라함의 경우처럼 오히려 노년이 더 주목을 받곤 합니다. 아브라함은 백 살에 언약의 아들 이삭을 낳았습니다. 모세는 여든 살에 소명을 받았습니다. 하지만 그들은 비전으로 인해 영원히 청년들이었습니다. "젊은이들은 환상을 보고……늙은이들은 꿈을 꾸리라"(행 2:17). 오순절에 인용된 요엘 선지자의 말을 이해할 수 있을 것 같습니다. 이들은 여호수아나 갈렙처럼 늙지 않는 사람들이었습니다. 이들의 눈은 나이가 들수록 밝아졌습니다. 육신은 약해져 가지만 하나님 나라를 보는 눈은 점점 더 밝아진 셈입니다. 아브라함은 가나안 땅을 넘어 "하나님이 계획하시고 지으실 터가 있는 성"(히 11:10, 16)을 바라보는 눈이 열렸습니다. 이삭을 제물로 드리는 시험을 거치면서 부활의 세계도 보았습니다. 비전의 빛 아래서 길을 가는 동안 그들은 영원한 젊은이였습니다.

사람은 비전을 잃으면 나이와 상관없이 노인이 되고 맙니다. 잘 나가던 이들이 명예퇴직을 당하고 나서 갑자기 늙는 것을 여러 번 보았습니다. 그러나 비전의 사람들은 달랐습니다. 바울의 고백처럼 "계속 앞에 있는 푯대를 바라보며 상을 향해" 전력 질주하는 능력을 갖습니다. "그러므로 우리가 낙심하지 아니하노니 우리의 겉사람은 낡아지나 우리의 속사람은 날로 새로워지도다. 우리가 잠시 받는 환난의 경한 것이 지극히 크고 영원한 영광의 중한 것을 우리에게 이루게 함이니 우리가 주목하는 것은 보이는 것이 아니요 보이지 않는 것이니 보이는 것은 잠깐이요 보이지 않는 것은 영원함이니라"(고후 4:16-18). 비전의 힘이 무엇인지를 보여주는 말씀입니다.

성경에는 이 비전으로 세상을 힘차게 살았던 이들의 이야기가 가득합니다. 물론 성경은 그들을 이상적인 영웅이나 위인으로 꾸미려고 하지 않습니다. 오히려 비전이 그들에게 어떤 능력을 주어 어떻게 소임을 다하게 했는지를 보여주는 데 주력합니다. 그들의 삶은 하나같이 창조와 타락, 구속을 통한 회복의 체험담입니다. 그들의 이야기는 창조주 하나님께서 세상을 지으셨을 때 보여주신 비전이 죄로 인해 어떻게 망가졌으며, 어떻게 다시 회복되는지를 보여줍니다. 그 비전은 그들 개개인뿐 아니라 타락으로 인해 깨어진 자연과 문화 전체가 치유되는 소망을 줍니다.

성경의 역사 속에서 성도들의 비전이 반드시 이루어지리라는 약속도 수없이 거듭되었습니다. "이 묵시는 정한 때가 있나니 그 종말이 속히 이르겠고 결코 거짓되지 아니하리라. 비록 더딜지라도 기다리라. 지체되지 않고 반드시 응하리라"(합 2:3). 하나님께서 구약 시대 끝 무렵 역사의 어두움이 가장 깊었을 때에 이스라엘의 회복을 애타게 기다리던 선지자에게 하신 말씀입니다. 그 말씀은 오래지 않아 베들레헴 말구유와 갈보리 십자가에서 이루어졌습니다. 이제 신약의 성도들은 "새 하늘과 새 땅"의 비전을 품고 삽니다. 구약의 성도들이 꿈의 실상을 보았듯이 우리도 비전의 실체를 만지게 될 것입니다. 아니, 바로 지금 믿음을 통해 그 능력을 맛보며 살아갑니다.

그 비전은 또한 오늘을 사는 힘을 주었습니다. 옛 성도들은 먼발치에서 잡히지 않는 꿈만 꾸었던 것이 아닙니다. 그들의 비전은 현찰 가치가 있었습니다. 야곱이 벧엘에서 꾸었던 꿈처럼 비전은 죄의 악몽을 잊게 하고 헛된 공상을 버리게 합니다. 청년의 눈을 열어 주고 노인도 꿈을 되찾게 합니다. 그들의 꿈과 환상은 모두 하나님의 큰 이야기 속에 담긴 작은 이야기입니다. 그들의 비전은 우리의 삶이 어떻게 그 큰 이야기 속에 자리할 수 있는지를 알려 줍니다.

예나 지금이나 성도들을 이끈 것은 하나님의 비전입니다. 옛 성도들은 그 비전을 따라 세상에서 "이방인과 나그네"로 자처하며 살았습니다. 또한 여러분과 제가 지금 그 이야기를 잇대어 살고 있기 때문에 그들의 이야기는 아직 끝나지 않았습니다. 우리 뒤에 오는 신앙의 후예들도 그 대열에 서 있고요. 그 행렬은 주께서 세상을 온전히 회복하시는 날까지 이어질 것입니다.

저는 기독교 세계관을 이렇게 요약하곤 합니다. "창조, 타락, 구속의 진리의 안경을 통해 세상을 보면 하나님 나라가 보입니다." 옛 성도들은 그 진리를 믿어 하나님 나라의 비전을 가졌습니다. 그들은 그 비전으로 인해 "세상 속에 있으나 세상에 속하지 않은" 안목으로 살았습니다. 때가 이르면 그들과 우리의 비전은 온전한 실재로 나타나 모든 성도의 눈앞에 펼쳐질 것입니다. 이는 인간뿐 아니라 온 피조물이 애타게 바라는 바입니다.

하나님께서 세상을 시간 속에 지으시고 과거와 현재, 미래가 있도록 하신 것은 신비로운 은혜입니다. 이는 만물이 그저 돌고 돈다는 윤회사상이나 영겁회귀(永劫回歸)의 세계관과 전혀 다른 역사 인식을 갖게 해주지요.[2] 삶 속에서 길을 잃기 쉬운 우리에게 분명한 조망을 줍니다. 누구나 가끔은 지난날을 돌이켜 보게 되지요. 과거는 주님과 동행했던 경험의 보물창고입니다. 그런 기억은 고통스러운 회한이 아닙니다. 언제 어디서나 함께해 주신 은혜에 감사하게 합니다. 지금 주님께 가까이 하게 하지요. 장래에 주실 은혜에 대한 기대로 소망이 넘치게 하고요. 다윗은 이렇게 찬양했습니다. "내가 옛날을 기억하고 주의 모든 행하신 것을 읊조리며 주의 손이 행하는 일을 생각하고 주를 향하여 손을 펴고 내 영혼이 마른 땅 같이 주를 사모하나이다"(시 143:5-6).

『니고데모의 안경』과 새로운 숙제

몇 년 전 영적 시력과 안경에 대한 책을 쓴 적이 있습니다. 이미 좋은 세계관 책들이 많아 꼭 써야 할지 많이 주저했던 책입니다. 막상 『니고데모의 안경』이라는 제목으로 출간되자 감사하게도 많은 분들이 이 책을 아껴 주셨습니다.[3] 읽고 도움이 되었다는 말씀을 들을 때마다 큰 격려가 되었습니다. 사실 저는 그 책을 쓰고 나서 30년 숙제를 마친 기분이었습니다. 그것으로 학생 시절부터 배우고 익혀 온 성경적 비전을 알리는 일에 조금이나마 보탬이 되었다는 생각 때문이었습니다.

그 책을 읽은 분들이 여러 모로 유익한 평을 해주었습니다. 하지만 예상했던 한 가지 지적은 나오지 않았습니다. 그것은 저의 오랜 친구이자 『성경은 드라마다』(The Drama of Scripture)를 쓴 마이클 고힌(Michael W. Goheen)이 세계관 책들에 대해 개탄했던 점입니다. 그 책들이 철학 책처럼 보인다는 것입니다.[4] 세계관이 이론이나 철학이 아님을 감안하면 아주 뼈아픈 지적입니다. 흔히 창조, 타락, 구속으로 정리되는 기독교 세계관의 주제들은 역사 속에 실제로 일어난 구체적인 사건들입니다. 이를 체계적으로 설명하다 보면 교리나 이론처럼 비치곤 합니다. 또 실제로 추상적인 개념들처럼 느껴지기도 합니다. 성경을 직접 읽으면 전혀 그렇지 않은데 말입니다. 성경 이야기를 체계화하는 과정에서 생긴 부작용입니다. 고힌의 지적에 공감이 되자 숙제가 생겼습니다. '어떻게 하면 옛 성도들이 비전을 따라 살았던 일화들을 본래의 생생한 이야기로 전달할 수 있을까' 하는 것입니다.

사실 그 고민은 오래전부터 있었습니다. 교회를 담임했던 시절, 세계관은 부담스러운 주제였습니다. 다른 교회나 학교에서 강의로 다루기는 쉬워도 정작 제가 섬기는 교회에서는 어려웠습니다. 그 이유는 세계관 강의가 철학 강의처럼 비치기 때문입니다. 안 그래도 박사님들로 가득한 교회인지라 성경공부가 아니라 토론장이 되기 십상이었습니다. 예배 설교나 성경공부 때는 늘 마음을 활짝 열고 은혜를 사모하던 이들이, 세계관에 대해서는 누군가의 이론이라 생각해서 그런지 비판적이 되어 격론이 벌어지곤 했습니다. 이른 저녁에 시작한 모임이 자정을 훌쩍 넘긴 적도 더러 있었습니다. 격론이 나쁘다는 것이 아닙니다. 신앙생활이나 성경적 난제를 놓고 씨름을 할 때도 있어야겠지요. 하지만 논쟁적이 되어 서로의 마음을 상하게 하는 것이 문제였습니다.

이를 피할 지혜가 생긴 것은 시간이 조금 지난 후였습니다. 그것은 성경의 비전이 사람들의 삶을 어떻게 변화시키는지를 보여주는 것입니다. 세계관 공부를 따로 하는 대신, 기회가 날 때마다 성경의 인물들이 어떻게 비전에 이끌리는 삶을 살았는지에 대해 설교했습니다. 고 이 성경의 세계관을 드라마로 그려 낸 것과 비슷한 방식입니다. 사실 그것은 여러 개혁주의자들이 오랫동안 해온 일입니다. 네덜란드의 신학자 더흐라프(S. G. De Graff)가 대표적인 경우입니다. 그는 구속사 전체를 『약속과 구원』(*Promise and Deliverance*)이라는 네 권의 책으로 엮었습니다.[5] 책의 규모가 방대해 압도될 수 있지만 정작 책을 펴 들면 쉽게 빠져들어 갑니다. 할아버지나 할머니가 손자 손녀를 데리고 하나님의 주권적 역사를 인물과 사건 중심으로 이야기하듯 자근자근 풀어 주고 있으니까요.

저도 이런 이들을 본받아 가장 대표적인 비전의 사람들 이야기를 해보려는 것입니다. 여기서 소개할 이들은 하나님께서 쓰시고 연출하는 비전을 살아낸 주연들입니다. 그들은 구속의 계시와 비전을 드라마 각본처럼 받아 각자의 역할을 성실하고도 열정적으로 수행했습니다. 이 드라마에는 많은 인물이 등장합니다. 구약의 족보나 히브리서 11장에는 주연급의 이름만 나옵니다. 역대기에는 시작부터 수많은 이름들이 나열되어 있습니다. 마치 영화 끝에 나오는 등장인물 소개처럼 빠르게 흐릅니다. 국립묘지에 일렬로 늘어선 애국선열의 묘비명을 읽어 가는 듯한 느낌을 줍니다. 옛 성도들의 이름들은 에스겔 골짜기의 해골같이 메마르게 느껴집니다. 그러나 성령의 바람이 부는 순간, 그 이름들이 살아나 우리를 응원하는 증인들로 변합니다. "이러므로 우리에게 구름 같이 둘러싼 허다한 증인들이 있으니 모든 무거운 것과 얽매이기 쉬운 죄를 벗어 버리고 인내로써 우리 앞에 당한 경주를 하며"(히 12:1).

바울의 증언을 들어 보시지요. "내가 이미 얻었다 함도 아니요 온전히 이루었다 함도 아니라. 오직 내가 그리스도 예수께 잡힌 바 된 그것을 잡으려고 달려가노라. 형제들아, 나는 아직 내가 잡은 줄로 여기지 아니하고 오직 한 일 즉 뒤에 있는 것은 잊어버리고 앞에 있는 것을 잡으려고 푯대를 향하여 그리스도 예수 안에서 하나님이 위에서 부르신 부름의 상을 위하여 달려가노라"(빌 3:12-14). 감히 성경 말씀과 비교하려는 것은 아니지만 저도 언젠가 그와 비슷한 말로 유학 중에 있는 제자를 격려한 적이 있습니다. "힘들 때마다 주신 비전을 기억하며 기도로 견디거라. 하나님께 능치 못할 일이란 없거든. 도약은 언제나 쉽지 않은 법이지. 고통스러울 거야. 하지만 눈을 높고 먼 곳을 향해 뜨고 달리다 보면, 자신도 모르게 떠올라 창공을 날고 있는 때가 오리라 믿는다."

이야기와 비전

앞서 말한 대로 저는 또다시 숙제를 하는 심정으로 이 책을 썼습니다. 『니고데모의 안경』에 대한 논평 중에 우리 시대의 문제에 대한 인식과 씨름이 더욱 치열했으면 좋겠다는 지적이 있었습니다. 이 책을 쓰는 내내 자주 생각났던 말입니다. 하지만 이 책 역시 옛날 이야기가 더 많을 것입니다. 지난날을 돌아보는 까닭은 향수 때문이 아닙니다. 과거를 돌아봄으로 얻은 통찰이 현실을 조명하고 앞을 내다보는 데 유익을 준다는 것은 상식입니다. 하나님의 역사에서도 중요한 순간마다 반드시 옛 성도들 이야기를 요약하는 족보가 등장하는 것은 바로 그 때문입니다(창 10, 11, 46장, 출 1, 6장, 대상 1-10장, 마 1장, 히 11장 등).

성경의 비전 이야기들은 오래된 것입니다. 사람들은 흔히 새것에만 관심을 쏟습니다. 그러나 정말 좋은 이야기는 듣고 또 들어도 물리지 않습니다. 그래서 좋은 영화나 노래는 다시 상연되거나 유행하곤 합니다. 그런데 요즘에는 옛이야기를 할라치면 보수주의로 의심하는 경향이 있습니다. 전통에 얽매여 현실적 분별력이나 미래에 대한 비전이 없는 이들 때문에 그럴 수 있다는 생각은 해봅니다. 옛이야기와 전통 자체에 잘못이 있는 것은 물론 아닙니다. 훌륭한 과거 없이는 밝은 미래가 열리지 않는 법입니다. 그래서 저는 보수를 싫어하지 않습니다. 진보를 가볍게 여기지 않지만 두려워하거나 혐오하지도 않습니다. 하지만 저는 보수나 진보보다는 개혁주의를 더 좋아합니다.

개혁이란 과거에만 집착하는 수구나 미래에만 목매는 급진과 다릅니다. 그것은 끊임없는 과제입니다. "개혁교회는 [스스로를] 항상 개혁한다"는 말(*Ecclesia Reformata, Semper Reformanda*)은 단순한 구호가 아닙니다. 예일 대학의 역사신학 교수인 펠리칸(Jaroslav Pelikan)은 바른 전통을 전통주의와 구별해야 한다고 주장합니다. 즉 진정한 전통은 "죽은 자의 산 신앙"이지만, 전통주의는 "산 자의 죽은 신앙"이라 했습니다.[6] 여기서 우리가 나눌 내용은 모두 옛날 이야기지만 살아 있는 이야기로 변할 수 있기를 소망합니다. 그래야만 우리의 이야기가 오래 묵은 죽은 사람의 이야기가 아니라 미래를 살아야 할 이들의 비전이 될 수 있으니까요.

더 중요한 것은 우리의 비전이 하나님의 계획과 어떻게 연관되는지를 아는 것입니다. 우리의 이야기와 비전은 결국 커다란 이야기와 비전의 일부니까요. 그것은 다름 아닌 구속의 드라마이고, 창조와 회복의 역사며, 재창조의 비전입니다. 그리고 구속과 회복의 주인공은 예수 그리스도입니다. 이 드라마에 나오는 모든 성도는 각기 역할이 있고, 우리 또한 마찬가지입니다. 성도의 역할이 빛나는 것은 주연이신 예수 그리스도와 그 주제인 구속과 연결될 때입니다. 우리의 삶은 구속의 드라마 속에서 의미와 목적이 회복됩니다. 꿈과 비전은 바로 거기서 열립니다.

조지 바나(George Barna)는 "비전은 하나님께서 택하신 종에게 미래에 일어나야 할 바람직한 일을 보여주는 분명한 정신적 이미지"라고 정의했지요.[7] 하지만 그는 이러한 개념적 설명의 한계를 리듬이 무엇인지 정의해 달라고 요청받은 음악가의 예를 들어 이렇게 꼬집습니다. "리듬을 알면 정의가 필요 없고, 모르면 정의는 전혀 도움도 안 된다." 비전의 사람에게는 그것이 무엇인지 설명이 필요 없습니다. 그러나 비전을 가지지 못한 사람에게는 그 어떤 설명도 유익이 되지 못합니다. 저도 비전이 무엇인지 정의하는 대신, 비전으로 살았던 사람들의 이야기를 하고자 합니다.

　우리도 믿음으로 본향을 찾던 이들의 이야기를 나누고 그 삶을 따라가다 보면 비전을 가질 수 있습니다. 그것은 가능성이 아니라 실상입니다. 여기서 살펴볼 이야기가 우리 믿음의 조상들 이야기이자 또한 우리의 이야기이기도 하니까요. 그것은 지금도 살아 역사하시는 하나님의 이야기입니다. 또한 앞으로 펼쳐질 일들에 대한 이야기입니다. 그래서 소망이며 비전입니다. 하나님께서 주시는 꿈과 비전을 가진 사람들이 살아가는 방식에 관한 이야기입니다. 하나님의 주도적 역사와 우리의 사명과 응답의 드라마입니다. 그래서 옛 성도들의 이야기를 잘 이해하고 깨닫는 것은 지금 여기서 하나님께서 원하시는 것이 무엇인지를 아는 일에 도움이 됩니다.

　개혁주의자들은 이를 누구보다 잘 아는 이들이었습니다. 그래서 이들은 이 이야기를 하기 좋아했습니다. 그것은 많은 신앙의 가정에서 어머니의 무릎 위에 앉아서 듣던 이야기입니다. 저의 어머니도 그런 분 가운데 하나였습니다. 그런 어머니 덕에 교회에 갔고 성경을 부지런히 배우고 읽었습니다. 아내와 저도 우리 딸들이 아직 글을 모를 때부터 그림 성경을 통해 이 이야기를 열심히 들려주었습니다. 재미있는 이야기를 들려주는 것은 언제나 큰 기쁨이었습니다. 지금도 그렇습니다. 이제 그 이야기를 여러분과 나누고자 합니다.

주여 지난밤 내 꿈에 뵈었으니 그 꿈 이루어 주옵소서
밤과 아침에 계시로 보여주사 항상 은혜를 주옵소서
나의 놀라운 꿈 정녕 나 믿기는 장차 큰 은혜 받을 표니
나의 놀라운 꿈 정녕 이루어져 주님 얼굴을 뵈오리라

새찬송가 490장 「주여 지난밤 내 꿈에」(There's a Dream That I Dream, of My Savior)

내 맘의 주여 소망되소서 주 없이 모든 일 헛되어라
밤에나 낮에나 주님 생각 잘 때나 깰 때 함께하소서
영원한 주님 내 승리의 주 하늘의 기쁨을 주옵소서
어떠한 고난이 닥쳐와도 만유의 주여 소망되소서

새찬송가 484장 「내 맘의 주여 소망되소서」(Be Thou My Vision)

1 에덴의 비전_
아주 먼 옛날 하늘과 땅에서는

| 노아

하나님의 극장! 존 칼빈(John Calvin)은 세상을 그렇게 불렀습니다.[1] 그 기막힌 비유는 성경 첫째 장을 이해하는 데 큰 도움이 됩니다. 모든 공연은 개막을 알리는 종소리와 함께 무대가 밝아 오며 시작되지요. 세상의 첫 장면도 그랬던 것 같습니다. 먼 옛날 어둠 속에서 "빛이 있으라"는 장엄한 말씀이 울려 퍼졌습니다(창 1:3). 그러자 땅을 덮고 있던 깊은 물 위로 밝은 빛이 비추었습니다. 세상이 밝아 오자 역사가 시작되었습니다.

조명이 꺼지면 한 막이 끝나듯, 세상이라는 무대는 "저녁이 되고 아침이 되는" 것이 거듭되면서 점점 풍성히 채워집니다(창 1:5). 마침내 여섯 막이 마칠 즈음에는 모든 것이 갖춰집니다. 그리고 이야기를 본격적으로 이끌어 갈 인간이 등장합니다. 그때부터 창조와 문화의 무궁무진한 이야기가 다채롭게 펼쳐질 계획이었습니다. 인간이 하나님의 뜻을 순종하기만 했더라면 말입니다. 안타깝게도 세상 역사는 그렇게 되지 못했지요. 낙원에서 일어난 거역은 비극의 시작이었을 뿐입니다. 하나님의 극장에서는 아름다운 이야기 대신 형제 간의 살육을 비롯한 죄악의 참극이 줄지어 일어납니다. 하나님의 은총이 아니었다면 세상은 어찌 되었을지 알 수 없습니다.

찬란한 시작

처음 세상은 "하나님이 보시기에 참 좋았더라"고 할 만큼 찬란했습니다(창 1:4). 지금도 자연의 아름다움은 절로 탄성을 자아내게 합니다. 산과 계곡, 바다와 들판, 굽이쳐 흐르는 강물이며 구르듯 넘어가는 산등성이와 언덕들은 정말 아름답습니다. 초록빛 수목과 피어나는 꽃들, 거기에 깃들어 사는 온갖 새들과 짐승이며 물고기들, 그리고 밤하늘을 수놓는 별들도 마찬가지입니다. "여호와 우리 주여, 주의 이름이 온 땅에 어찌 그리 아름다운지요. 주의 영광이 하늘을 덮었나이다"(시 8:1).

창조주께서는 완전한 계획을 가지고 계셨습니다. 그것은 바로, 이 땅에 거룩한 성을 세우는 일입니다. 하나님께서 꿈꾸시는 세상은 태초의 자연보다 훨씬 더 아름답습니다. 그 모습은 이사야 11, 35, 60장이나 요한계시록 21-22장에 나타난 "새 하늘과 새 땅"을 통해 그려 볼 수 있습니다. 인간의 타락에도 불구하고 결코 포기된 적이 없는 비전입니다. 구속의 역사 중간중간에 환상을 통해 보여주신 신세계의 모습도 그러했습니다. 그 비전의 중심에는 하나님의 형상을 따라 지음받은 인간을 두셨습니다.

인간은 창조의 비전에 맞춰 세상을 아름답게 만들어 갈 일꾼입니다. "하나님이 이르시되 우리의 형상을 따라 우리의 모양대로 우리가 사람을 만들고 그들로 바다의 물고기와 하늘의 새와 가축과 온 땅과 땅에 기는 모든 것을 다스리게 하자"(창 1:26). 인간은 에덴 동산을 돌보고 가꾸어 꽃피우게 할 정원사입니다(창 2:15). 하나님의 아름다운 창조는 인간의 문화활동을 통해 찬란한 하나님 나라로 완성되어 갈 것입니다. 인간이 특별한 것은, 창조주의 이런 계획을 수행할 일꾼이 되기 때문입니다.

물론 인간은 단순한 일꾼이 아닙니다. 그저 죽도록 일하다 수명을 다하면 흙으로 돌아가는 존재가 아니라는 말입니다. 하나님은 인간을 소모품으로 만들지 않으셨습니다. 그랬더라면 하나님과 같이 "온전하라"고 요구하지 않으셨을 것입니다(마 5:48). 물론, 우리가 사는 세상도 잠시 있다가 없어질 것이 아닙니다. 이 세상은 그분의 비전을 따라 극치를 향해 갑니다. 창조 세계에는 문화의 꽃이 만발할 것입니다. 특히 인간은 창조주의 형상을 가진 불멸의 인격적 영혼입니다. 하나님은 인간에게 영원을 사모하는 마음을 주셨습니다. 창조주 하나님을 온전히 닮아 그분을 사랑하는 벗이 되기를 원하신 유일한 존재인 것입니다.

역사에는 만약이 없다고 합니다. 그러나 만일 인간이 선악과 범죄로 타락하지 않았더라면 세상은 어떻게 되었을까요? 아마도 세상은 하나님의 영광으로 가득한 박물관이나 미술관처럼 되었을 것입니다. 인간은 정원사의 소명뿐 아니라, 미술관장이 걸작품을 모아 전시를 기획하듯 창조주의 지혜와 아름다움을 찾아 세상을 하나님의 솜씨가 진열된 전시장으로 만들어야 할 사명도 받았기 때문입니다. 창조주의 지혜로 주어진 세상의 모든 가능성과 자원들이 인간의 수고를 통해 개발되어, 온 세계의 문화와 예술이 온통 하나님의 진리와 아름다움을 증거하는 작품들로 가득 채워졌을 것입니다. 그러나 불행히도 역사는 그렇게 진행되지 못했습니다. 인간이 하나님을 대적해 반역을 꾀했기 때문입니다.

비극적인 1막_타락과 비전의 왜곡
타락에 대해 상세한 이야기는 하지 않겠습니다. 성경도 악이 어디서 왔는지 자세히 설명해 주지 않기 때문입니다. 악과 죄는 상당 부분 신비의 베일에 가려 있습니다. 다만 인간에게 주신 자유가 창조주를 거역하는 데 사용된 것이 죄악의 발단임은 분명합니다. 선악과는 인간에게 선을 행할 수 있는 자유가 주어졌음을 보여줍니다. 그것은 결코 함정이 아니었습니다. 자유가 없었다면 인간은 동물이나 나무, 바위와 다를 바 없었을 것입니다. 하지만 아담과 하와가 자유를 하나님 거역하는 일에 사용한 것이 비극을 가져왔습니다.

흔히 우리는 자유란 마음대로 하는 것이라 생각합니다. 그래서 성경에서 말하는 자유를 바로 이해하지 못하지요. 세계적인 테너 루치아노 파바로티(Luciano Pavarotti)를 아십니까? 그의 노래는 정말 아름답고 감동적입니다. 오랜 훈련을 통해 목소리를 자유자재로 사용할 수 있게 되었기 때문입니다. 저도 마음대로 노래를 할 수는 있습니다. 하지만 결코 파바로티가 누리는 자유를 누리지 못합니다.

오히려 제가 맘대로 하면 할수록 음악은 망가지고 듣는 이들은 괴로워할 것입니다. 하나님께서 주신 자유는 법과 한계로부터의 자유(freedom from)가 아닙니다. 그것은 가능성을 극대화하기 위한 자유(freedom to)입니다. 하나님께서 인간에게 주신 가장 큰 선물인 자유는 원리에 순종함으로 본래의 목적을 위해 사용되었어야 했습니다.

불행히도 인류는 그러한 자유를 자기 뜻을 따라 하나님의 법과 명령으로부터 벗어나는 데 썼습니다. 그것은 마치 높은 곳에서 뛰어내릴 자유를 행사하는 것과도 같습니다. 중력을 무시하면 심각한 대가를 치르듯, 죄와 사망이 닥쳤습니다. 인간뿐 아니라 모든 것이 죄의 파괴적 영향력 아래 놓이게 되었습니다. 창조주가 보시기에 좋았던 세상이, 전도자의 한탄처럼 "헛되고 헛되며 헛되고 헛되니 모든 것이 헛된" 곳이 되었습니다(전 1:2). 창조의 찬란한 비전은 그렇게 엉망이 되고 말았습니다.

그날 이후 세상은 날로 망가져만 갔습니다. 선악과로 인해 눈이 밝아진 것이 아니라, 오히려 참된 비전이 닫히고 말았습니다. 에덴 동산에서 쫓겨난 아담과 하와의 삶에 닥친 아픔은 노동과 해산의 고통만이 아니었습니다. 동생을 죽인 가인은 빛나는 문화의 조상이 되지만, 세대를 거듭할수록 하나님을 멀리 떠난 세속적 비전의 계보를 이룹니다. 찬란하지만 피와 폭력, 쾌락으로 얼룩진 문화의 조상이 되는 셈입니다. 셈의 자손들마저 이들과 섞이며 세상은 하나님께서 심판하시지 않더라도 죄로 인해 스스로 멸망할 위기에 처했습니다.

이상의 이야기는 창세기 3-6장에 걸쳐 간략히 기록되어 있습니다. 그리고 그 뒤의 이야기는 "구속"에 집중되어 있습니다. 세상을 치유하려는 하나님의 열정이 즉시 움직였기 때문이지요. 또한 인간의 타락에도 불구하고 하나님께서 세상을 한 순간도 포기하지 않고 사랑하셨다는 증거입니다. 인류를 유혹한 뱀의 머리를 깨뜨릴 "여자의 후손"을 약속하신 것이나, 죄 없는 짐승을 잡아 무화과 잎새를 대신할 "가죽옷을 지어" 입히신 것은 그 사실을 더욱 분명하게 합니다(창 3:15, 21). 성경은 죄가 어디서부터 왔으며 그 속내가 무엇인지를 자세히 보여주지 않습니다. 창조 역시 그 과정을 선포 형식으로 간략히 보여줍니다. 반면, 비극적 세상 속에 소망이 남아 있음은 너무도 상세히 보여줍니다. 성경의 이야기는 구속의 언약과 그것이 이루어지는 과정에 초점이 맞추어져 있습니다. 노아의 홍수와 무지개 비전이 그 첫 이야기입니다.

새 출발의 기회

역사상 가장 큰 격변을 말한다면, 창세기 6-9장에 기록된 홍수 사건을 꼽을 수 있을 것입니다. 이 사건은 성경뿐 아니라 수많은 고대 기록들이 전하고 있습니다. 고대 문명 치고 홍수 설화가 없는 경우는 극히 드뭅니다. 비록 '노아의 홍수'라 부르지는 않지만, 과학도 지구 역사상 물로 인해 엄청난 변화가 일어났었다는 사실을 인정합니다. 홍수 심판이 온 것은 인간이 하나님을 배반하면서 세상이 악으로 더럽혀졌기 때문입니다. 홍수는 일류의 죄악이 걷잡을 수 없게 퍼져 가는 것을 억

제하기 위한 비상 조치였습니다. 그렇지만 파괴적인 심판으로 온 것만은 아니었습니다. 그것은 세계가 인간의 죄악으로 인해 생지옥이 되는 것을 막고 새로운 출발로 이끄는 방편이었기 때문입니다.

그럼에도 불구하고 하나님의 홍수 심판은 무서웠습니다. 과학기술이 고도로 발달한 지금도 천재지변 앞에서는 속수무책입니다. 2011년 3월 11일 일본 동북부를 강타한 쓰나미는 아름답던 해안가 마을들을 삽시간에 생지옥으로 바꿔 놓았습니다. 그보다 몇 년 앞서 동남아를 덮친 지진해일은 23만 명 이상의 목숨을 앗아간 우리 생애의 가장 처절한 자연재해로 기록될 것입니다. 뉴스를 통해 전해지는 참상에 전 세계가 몸서리를 쳤습니다. 물로 인한 재앙이 얼마나 무서운지를 여실히 보여주었지요. 위성사진을 보면 해안선 자체가 바뀌어 버렸을 정도입니다. 폐허가 된 동네들은 온갖 쓰레기와 시신들로 뒤엉켜 유행병과 같은 이차 재난이 우려되었습니다. 생존자들에게는 앞으로 살아갈 일이 더 절망적이었습니다. 언론에는 "도대체 하나님은 어디에 계시느냐"는 질문이 한동안 줄을 이었습니다.

방주 문을 열고 나온 노아의 심정은 훨씬 더 참담했을 것입니다. 아라랏 산자락에서 내려다본 광경은 이루 말할 수 없이 처참했을 테니까요. 어떻게 아름답던 세계가 그토록 폐허가 될 수 있단 말입니까? 하지만 그것이 세상 끝은 아니었습니다. 하늘은 가을하늘처럼 개었고 햇살이 비치면서 영롱한 무지개가 펼쳐지고 언약의 말씀이 들려옵니다. "내가 다시는 사람으로 말미암아 땅을 저주하지 아니하리니······땅이 있을 동안에는 심음과 거둠과 추위와 더위와 여름과 겨울과 낮과 밤이 쉬지 아니하리라"(창 8:21-22). 노아는 이 약속을 믿고 농사를 시작하며 세상의 회복을 내다봅니다. 모든 것을 새로 시작하라는 축복을 아름다운 비전으로 확증한 것입니다. 노아는 믿음으로 세상이 치유되는 모습을 본 첫 번째 사람입니다.

    노아는 다가오는 심판뿐 아니라 구원과 회복도 내다보았습니다. "믿음으로 노아는 아직 보이지 않는 일에 경고하심을 받아 경외함으로 방주를 준비하여 그 집을 구원하였으니"(히 11:7). 그 비전에 따라 그는 오랜 세월 동안 방주를 지었습니다. 홍수를 겪으면서나 방주에서 나와 참혹한 폐허를 보면서도 낙담하거나 절망하지 않습니다. "다시는 모든 생물을 홍수로 멸하지" 않겠다는 '약속의 무지개' 아래서 회복된 세상을 꿈꿀 수 있었기 때문입니다(창 9:11).

    하지만 노아의 삶은 기다림의 연속이었습니다. 하나님께서 홍수를 보여주신 뒤 120년의 기간을 심판 전 회개의 기회로 주신 것입니다. 노아는 그 기간에 지시받은 대로 방주를 지었습니다. 마침내 홍수가 시작되자, 그는 사십 주야를 방주 속에서 두려움과 싸워야 했습니다. 천둥 번개와 함께 폭우가 쏟아지는 밤이면 그의 심정을 조금이나마 느껴 볼 수 있을 것입니다. 노아는 세상이 뒤집혀 끝나고 마는 것이 아닐까 두려웠을 것입니다. 비만 온 것이 아니라 땅에서도 샘이 터져 세상은 온통 물 천지가 되었습니다. 결국 가장 높은 산들보다 7미터나 높이 물이 차고 모든 생명을 쓸어 내고 말았습니다. 오직 하나님을 의지하는 믿음만이 그에게 소망을 주었을 것입니다.

새로운 명령과 축복

하나님께서는 세상을 새롭게 하신 뒤 노아에게 "나가라", "이끌어 내라", "생육하고 번성하라"고 말씀하십니다(창 8:16-17). 노아는 앞서 "들어가라"는 말씀에 따라, 비가 내리기도 전에 어둡고 제한된 공간의 방주 속으로 들어가 구원을 얻었습니다(창 6:17-7:1). 그리고 일 년이 넘도록 거기서 생활하며 하나님의 명령을 기다렸습니다. 그러다 비가 그치고 물이 줄어드는 조짐이 보이자, 새로운 세상에 대한 열망으로 까마귀와 비둘기를 날려 보내며 나갈 준비를 하게 됩니다.

홍수가 범람할 때 노아는 방주 속에 있어야 했습니다. 새로운 세상이 펼쳐지자, 하나님은 그를 내보내고 짐승들을 이끌어 내어 본래 창조의 목적과 사람의 본분을 다시 수행하게 하십니다. 하나님께서 믿는 이들을 그리스도 안으로 불러 새로운 피조물이 되게 하시는 데에는 그만한 목적이 있습니다. 교회 안에 안주하고 이기적 평안과 신앙적 나태를 즐기게 하시려는 것이 아닙니다.

아직도 새로운 피조물이 되어야 할 사람은 그리스도 안에 들어와 거듭나는 체험이 있어야 합니다. 그러나 구원받은 성도는 세상에 나아가 일을 하고 유익을 끼쳐야 합니다. 물론 그것은 그리스도 안에 거하여 새로운 피조물이 된 다음의 일입니다. 세상을 치유하기 위해 일할 생각이 있다면 먼저 구원받는 체험이 필요합니다. 그리스도 안에서 새로움을 맛본 이들은 부활의 주님을 따라 세상으로 나와 뛰고 나는 삶을 살아야 합니다.

노아가 방주에서 나와 처음 한 일은 예배였습니다. 그는 정결한 짐승과 새 중에 얼마를 취하여 번제를 드렸습니다. 정결한 짐승이란, 하나님을 예배하는 데 합당한 짐승을 말합니다. 그것은 대부분 가축이었습니다. 대홍수를 지나 방주에서 살아남은 동물들은 요즘 말로 말하면 '멸종위기의 종족들'입니다. 그런데도 그중 얼마를 취하여 죽여 불살라 제사를 드린다는 것은 곧 믿음의 표현입니다. 봄철 파종에 앞서 겨우내 양식으로도 안 쓰고 아꼈던 씨앗 중 얼마를 빻아서 헌금으로 드린 농부의 이야기를 떠오르게 합니다. 우매한 짓으로 보일지 몰라도, 새로운 세계로 나아가는 사람은 가장 아끼는 것도 서슴없이 드릴 수 있는 믿음과 헌신이 있어야 합니다.

하나님께서는 이렇게 순종하고 헌신의 예배를 드리는 노아를 축복하셨습니다. "하나님이 노아와 그 아들들에게 복을 주시며 그들에게 이르시되 생육하고 번성하여 땅에 충만하라"(창 9:1). 이 말씀과 축복은 창세기 1: 22, 28에서 아담에게 하셨던 말씀 그대로입니다. 그저 말씀만 하시지 않고, 하나님께서는 하늘에 무지개를 펼쳐 그분의 언약을 확증하셨습니다.

우리도 일상에서 노아와 비슷한 경험을 하며 살아갑니다. 아침에 떠오르는 밝은 아침 햇살을 보며 하루를 소망 속에 시작할 수 있습니다. 중생을 체험해 세상을 보는 눈이 새로워지면 더욱 그렇습니다. 똑같은 세상이지만 다르게 보는 눈이 열리면 이런 소망과 비전이 일어납니다. 천둥 번개를 동반한 폭풍우가 쏟아질 때면 누구나 두려움을 느낍니다. 하지만 비구름 사이로 펼쳐지는 무지개는 정말로 아름답습니다. 수년 전 뉴질랜드를 여행하면서 수많은 무지개를 본 적이 있습니다. 맑게 개인 하늘에 걸린 무지개는 하루의 일정을 축복하는 하나님의 사인이었습니다.

사실 홍수도 세상을 파괴하려는 것이 아니라 보존하기 위한 것이었습니다. 이것은 제 마음대로 하는 해석이 아닙니다. 베드로전서 3:20 중반에 "방주에서 물로 말미암아 구원을 얻은 자가 여덟 명"이라는 말씀이 있습니다. "물로부터"가 아니라 "물로 말미암아"라고 한 까닭은 물이 죄악을 씻어내 믿는 자를 보존하는 도구였다는 해석을 뒷받침합니다. 또한 홍수가 창조를 정화하여 새롭게 만드는 일이었음을 창세기 8장이 잘 보여줍니다. 특히 물 사이로 마른 땅이 드러나는 광경은 천지창조 때 모습과 매우 흡사하지요. 창조 직후 세상의 모든 것들을 맡아 "다스리라"고 하셨던 말씀도 그대로 다시 주어집니다(창 9:1). 한마디로 성경은 노아의 홍수를 죄로 물든 세상을 새롭게 하는 재창조로 묘사하고 있습니다.

베드로는 홍수를 세례에 비유하며, 노아가 방주에서 나와 새로운 삶을 시작한 것을 그리스도께서 부활하셔서 새로운 세계를 여신 것과 연관시킵니다(벧전 3:20-21). 노아는 방주에서 죽음을 면하고 새로운 세상을 만들어 갑니다. 그리스도는 무덤을 열고 나와 새 하늘과 새 땅을 여는 새로운 인류의 조상이 되셨습니다. "그리스도 예수 안에 있는" 사람은 그분의 죽으심과 부활에 참여하여 새로운 피조물이 됩니다. 그런 사람들에게 삶은 시간의 흐름 속의 한 날 한 시점이 아닙니다. 매 순간이 그리스도의 피로 얻어진 새로운 기회요, 선물입니다.

새로운 삶의 소명

방주에서 나와 바라본 세상은 심판의 자취가 역력한 참상이었을 것입니다. 그럼에도 불구하고 맑은 하늘에 무지개가 펼쳐진 아름다운 세상이기도 했습니다. 하나님께서는 이후로 "다시는 모든 생물을 홍수로 멸하지" 않겠다고 하셨습니다(창 9:11). 세상에 다시금 사철의 순환과 일기의 안정된 질서를 회복시켜 주셨습니다. "땅이 있을 동안에는 심음과 거둠과 추위와 더위와 여름과 겨울과 낮과 밤이 쉬지 아니하리라"(창 8:22). 이 약속이 우리 삶의 안정적 기반이 된다는 것을 아십니까?

사실, 자연재해는 아무리 혹독해도 오래잖아 복구되고 사람들은 다시 삶을 이어 갑니다. 반면에 인간이 만드는 재앙은 훨씬 잔혹합니다. 쓰나미보다 원전폭발 사고가 지금도 일본을 떨게 하고 있는 것을 보십시오. 지나친 개발로 인한 환경파괴 또한 생태계 전체를 위협하고 있습니다. 오래전 미국의 한 텔레비전 방송이 「그날 이후」(The Day After)라는 공상영화를 방영한 적이 있습니다. 당시는 소련과의 핵전쟁이 가장 큰 위협으로 여겨지던 시절이었습니다. 제3차 세계대전이 일어나 모든 것이 파괴된 후 생존자들이 겪는 참상을 담은 이야기였습니다. 방송 후, 여론조사에서 수많은 사람들이 생존자가 되느니 핵폭발에 죽는 것이 낫겠다고 답했습니다. 인재나 전쟁은 살 소망을 완전히 빼앗아 갈 정도로 무섭습니다. 무엇보다 경제파탄으로 자살로 내몰린 이들의 경우가 그것을 잘 보여줍니다.

미국의 역사학자 린 화이트(Lynn White)는 「환경 위기의 역사적 뿌리」라는 논문에서 기독교를 현재 환경 위기의 주범으로 지목해 주목을 받았습니다.[2] 특히 창세기 1:28의 "땅을 정복하라"는 말이 그 뿌리라고 했습니다. 하지만 그의 주장은 옳지 않습니다. 하나님께서는 홍수 후에 인간의 착취와 파괴로부터 땅을 보호하시는 언약을 맺으셨습니다. 성경은 지금도 자연 만물은 그분의 기뻐하시는 피조물이며 우리의 소명은 정원사처럼 그것을 가꾸고 돌보는 것이라고 가르칩니다(창 2:1). 시편은 그런 관점을 보여주는 찬송들로 가득합니다.

> 주는 주의 힘으로 산을 세우시며 권능으로 띠를 띠시며 바다의 설렘과 물결의 흔들림과 만민의 소요까지 진정하시나이다.……주께서 아침 되는 것과 저녁 되는 것을 즐거워하게 하시며 땅을 돌보사 물을 대어 심히 윤택하게 하시며 하나님의 강에 물이 가득하게 하시고 이같이 땅을 예비하신 후에 그들에게 곡식을 주시나이다.……주의 은택으로 한 해를 관 씌우시니 주의 길에는 기름 방울이 떨어지며 들의 초장에도 떨어지니 작은 산들이 기쁨으로 띠를 띠었나이다. 초장은 양 떼로 옷 입었고 골짜기는 곡식으로 덮였으매 그들이 다 즐거이 외치고 또 노래하나이다(시 65:8-13).

> 여호와께서 다스리시니 세계가 굳게 서고 흔들리지 않으리라.……그때 숲의 모든 나무들이 여호와 앞에서 즐거이 노래하리니(시 96:10-12).

지구온난화로 인해 따뜻한 겨울이 몇 해째 계속된 적이 있습니다. 모두들 처음에는 춥지 않아 좋아라 했습니다. 하지만 나중에는 걱정하기 시작했습니다. 고생스러워도 겨울에는 추운 것이 안심이 됩니다. 한겨울에 영상 30도쯤 되어 모두가 반팔을 입고 다닌다면 그 누가 기뻐하겠습니까. 오히려 모두들 "무슨 징조인가" 하며 걱정하거나 불안해하겠지요. 감사한 것은, 간혹 이상기온이 있기는 해도 지금까지 이런 일이 대대적으로 일어난 적이 없다는 사실입니다. 물론 인류가 지금과 같은 생활방식을 고집한다면 그조차 장담할 수 없다는 학자들의 경고를 무시해도 좋다는 말은 아닙니다. 오늘도 안정된 삶이 가능한 것이 은혜라는 사실을 기억해야 한다는 것입니다. 삶이 늘 요동치고, 해가 가고 날이 바뀌어도 무거운 마음만 들지라도 말입니다.

역사의 순환

창조질서를 끝날까지 붙들고 계실 것이라는 주님의 약속에 대한 어느 주석가의 말을 옮겨 봅니다.

> 만일 농부가 보는 것에만 의존하여 행동한다면 결코 씨를 뿌리지 못할 것이다. 겨울철 마지막에는 아직도 땅이 텅 비어 메마르기 짝이 없다. 거기다 비싼 씨를 돈 주고 사서 하루 종일 진땀 흘려 가며 쟁기질하고 골을 파고 흙을 골라 가며 애를 쓸 까닭이 무엇인가? 아무리 애써 본들 아무것도 싹 트지 않을 수도 있지 않은가? 마찬가지로, 지적인 씨앗과 도덕적인 종자를 뿌리는 것도 별로 매력적이지 못할 때가 많다. 학생들은 단시간 내에 기쁨을 주는 그 무엇에 끌려 씨 뿌릴 계절의 기회를 게으름이나 하찮은 오락에 허비할지도 모른다. 적시에 뿌린 씨는

반드시 추수 때 풍성히 열매 맺으나, 한번 놓친 기회는 영원히 다시 오지 않는다.³

이 주석가의 말에는 노아의 홍수 이후 모든 인류가 새겨들어야 할 삶의 원리가 담겨 있습니다. 우리 삶이 변치 않는 하나님의 사랑과 은혜 속에 있다는 것을 기억하면 소망이 솟아오릅니다. 이를 믿는 사람은 사시의 순환이 제대로 돌아갈까 걱정 근심하지 않습니다. 하나님의 약속이 확고하기 때문입니다. 봄철 황량한 벌판에 씨 뿌릴 용기가 나지 않을지도 모르겠습니다. 하지만 추수를 바라는 이는 씨를 뿌려야 합니다. 사시 순환과 섭리는 주님 몫입니다. 사람이 할 일은, 마지막 날 주님께서 세상을 온전케 하시는 그날까지 씨를 뿌릴 때에 뿌리고 거둘 때에 거두는 것입니다.

일상은 자칫 의미 없는 일의 반복처럼 보일 수 있습니다. 하지만 자고 깨면 먹고 일하듯 성경읽기와 기도를 뿌리지 않고서는 거룩한 삶을 이룰 수 없습니다. 당장 꼭 하지 않아도 괜찮을 것같이 보이는 경건생활은 정한 때에 반드시 열매를 맺게 마련입니다. "사람이 무엇으로 심든지 그대로 거두리라. 자기의 육체를 위하여 심는 자는 육체로부터 썩어질 것을 거두고 성령을 위하여 심는 자는 성령으로부터 영생을 거두리라. 우리가 선을 행하되 낙심하지 말지니 피곤하지 아니하면 때가 이르매 거두리라." 제가 좌우명으로 삼은 갈라디아서 6:7-9 말씀입니다.

새로운 마음을 갖고자 집이나 방을 정리하는 경우가 있습니다.

에덴의 비전 43

지저분하다고 생각하면서도 버리지 못하던 것들을 과감히 내다 버리고 청소하면 정신도 새로워집니다. 뭔가를 다시 시작할 수 있다는 것은 늘 새 힘을 줍니다. "그런즉 누구든지 그리스도 안에 있으면 새로운 피조물이라. 이전 것은 지나갔으니 보라 새것이 되었도다"(고후 5:17). 바울은 새 출발의 축복이 그리스도 안에서 다시 확증되었음을 선언합니다. 뿐만 아니라, 언젠가 주께서 "보라 내가 만물을 새롭게 하노라"고 직접 선포하실 것입니다(계 21:5). 그 비전이 인류의 궁극적 소망입니다.

새 출발의 축복과 언약은 꿈을 잃은 이들에게 회복할 용기를 줍니다. 절망스러운 상황에서나, 나이가 들어 꿈이 사라져 소망마저 접어야겠다는 생각이 들 때에도 여전히 우리 눈을 열어 주는 복음입니다. 비전은 하나님 나라를 바라봄으로 새롭게 열립니다. 인생은 하나님의 은혜로 날마다 새로워질 수 있습니다. 하나님 나라의 비전은 어떤 열악한 형편에서도 소망의 근원이 되기 때문이지요. 노아에게서 시작된 새 출발의 언약과 비전은 새 하늘과 새 땅을 예고합니다. 그것은 옛 성도들의 여로를 비춰 준 빛이었습니다. 우리도 그 이야기에 담긴 언약을 믿고 그들이 바라본 세상을 향해 걸어갑니다. 그들의 믿음이 우리의 것이면 그 축복에도 참여하게 될 것입니다.

문제는 인간들의 눈이 노아 이후 또다시 야망으로 어두워졌다는 데 있습니다. 홍수에서 살아남은 노아는 포도주에 취해 벌거벗는 실수를 하고, 그의 아들은 이를 조롱하는 패륜을 저지릅니다(창 9:21-22). 홍수가 죄악을 온전히 씻어 내지 못했다는 증거입니다. 사람들이 늘어나자 악의 그늘이 다시 짙게 드리워집니다. 바벨탑의 비전은 사람들을 하나님 나라 대신 인간의 도성을 만드는 일에 몰두하게 합니다. 그 계획은 언어의 혼잡으로 무너지고 사람들은 흩어집니다. 흩어져 고향을 떠난 이들 가운데 아브라함의 가족도 있을 수 있었겠지요. 하나님의 역사는 그렇게 또다시 반복됩니다.

2

본향 찾는 나그네의 비전

| 아브라함

저는 모두 합해서 18년간 외국생활을 했습니다. 하지만 유학생 때는 물론이고 교회를 담임하면서도 영주권을 가져 본 적이 없으니 이민자는 아니었습니다. 다만 북미와 유럽 이민생활에 꽤 오래 동참한 셈입니다. 이민자들은 꿈을 따라 고국을 떠난 용감한 분들입니다. 그러나 나이가 들면서 돌아오고 싶어 하는 분들이 꽤 있습니다. 노아의 후손인 아브라함은 그 반대의 삶을 살았습니다. 그는 정착해야 할 나이에 새로운 곳을 향해 떠났습니다. 그 후 한 번도 뒤를 돌아보지 않았습니다. 그의 삶은 늘 길 위에 있었습니다. 갈대아에서 가나안과 애굽으로 먼 길을 유랑했습니다. 유랑생활은 비전과 어울리지 않아 보입니다. 방황처럼 보이기 쉽습니다. 아브라함은 비전을 따라 평생 이방인과 나그네로 유랑생활을 했습니다. 하지만 그는 모든 이가 바라는 본향을 찾은 사람이었습니다.

선민의 역사_선택과 언약

성경은 하나님께서 세상을 구원하시는 비전의 드라마를 보여줍니다. 그 드라마는 그 일을 위해 부르신 이들의 삶을 중심으로 펼쳐집니다. 홍수 전에는 노아를 택하시고, 이번에는 갈대아 우르에 살던 아브라함을 부르셨습니다. 홍수 후 사람들이 많아지면서 하나님에 대한 경외심이 또다시 사라졌기 때문입니다. '바벨탑 사건'이 그 상황을 잘 보여줍니다. 도시나 문화는 그 자체가 악이 아닙니다. 하지만 이 사건에서처럼 인간의 이름을 높이기 위한 기획은 언제나 우상숭배로 떨어집니다. 이에 하나님께서 언어를 혼잡하게 하여 그들의 계획을 무산시키십니다. 사람들은 뿔뿔이 흩어지고 세상은 더욱 어지러워집니다. 하나님께는 그분을 경외하는 신앙을 지켜 나갈 사람이 필요했습니다. 노아 때와 달리 신앙을 대대로 이어 갈 민족을 일으키실 계획이셨습니다. 인류를 구원하는 비전이 본격적으로 펼쳐지기 시작한 것입니다.

아브라함은 셈의 후손입니다. 그가 살던 갈대아 우르는 오늘의 이라크 수도 바그다드에서 멀지 않은 곳입니다. 유프라테스와 티그리스 강 사이 비옥한 메소포타미아 평야에 발달한 고대 바벨론 제국의 중심부였습니다. 당시 가장 발전된 곳이니 최고의 문명 혜택을 누리며 안락한 삶을 누린 한편, 셈족이니 하나님을 알고는 있었을 것입니다. 그러나 여호수아 24:2에 의하면 아브라함의 아버지 데라가 우상을 섬겼다고 말합니다. 어느 날 홀연히 하나님께서 아브라함에게 나타나셔서 말씀하십니다. "너는 너의 고향과 친척과 아버지의 집을 떠나 내가 네게 보여줄 땅으로 가라"(창 12:1). 이에 아브라함이 "여호와의 말씀을 따라갔고" 목적지도 알지 못하면서 삶의 터전을 버리고 떠났습니다. 잠시 홀로 다녀오는 여행이 아닙니다. 식구를 모두 데리고 돌아올 기약 없이 아주 떠난 것입니다. 그의 나이 일흔다섯 살 때의 일입니다. 정년을 앞둔 사람이 생면부지 먼 친척의 전화를 받고 전혀 모르는 나라로 무작정 이민을 떠나는 것에 비유해도 지나치지 않아 보입니다.

어떻게 이런 일이 가능했을까요? 아마도 둘 중 하나일 것입니다. 첫째는, 말씀하시는 이가 누구인지를 확인하는 긴 과정을 성경이 생략했을 가능성입니다. 둘째는, 창조주이신 셈의 하나님, 노아의 하나님의 부르심이 너무도 명백해 확인이나 설명이 필요 없었을 경우입니다. 저는 후자라고 생각합니다. 하나님께서는 모세나 바울에게도 홀연히 나타나셨습니다. 하지만 그들이 믿고 따르는 데는 오래 걸리지 않습니다. 하나님을 만난 사람에게는 자기에게 말씀하시는 분이 누구인지에 대한 의심이 없습니다. 하나님께서 나타나시면 누구나 직관적으로 그분이 누구인지 알게 되어 있습니다. 고의로 무시하고 모른 체하지 않는다면 말입니다. 인간이 하나님을 모른다 함은 무지가 아니라 억지일 뿐입니다.

아브라함은 특별한 부르심을 받았습니다. 그는 새로운 민족의 조상이 되고, 그 백성은 온 세상이 복을 받는 통로가 될 것이었습니다. 하나님께서 이 비전을 주시고자 직접 나타나셨습니다(창 12:7). "나타나셨다"는 말은 홍수 때나 바벨탑에 심판하러 강림한 것과는 달리, 하나님께서 사람과 교제를 위해 오심을 의미합니다. 이것은 홍수 후 처음 있는 일이었습니다. 그 뒤로는 꿈과 환상을 통해 자주 보이셨습니다. 창세기 15장에서 "여호와의 말씀이 환상 중에" 임하고, 17장에서는 언약을 맺으십니다. 심지어는 직접 몸을 입고 아브라함을 찾아와 함께 먹고 마시고 대화도 하십니다. 예수 그리스도로 성육신하시기 훨씬 전의 일입니다. 오늘날에는 성령으로 우리 안에 거하십니다. 우리가 고대하는 대로 그분과 영원히 함께할 날도 머지않습니다(계 21:3-4).

하나님과 아브라함의 관계는 시간이 갈수록 깊고 단단해져 갑니다. 약속과 믿음으로 맺어진 관계입니다. 약속은 신앙의 중심입니다. "언약이 없었다면 하나님께서는 단지 요구만 하셨을 것이고, 인간은 무조건 복종만 하게 되었을 것이다."[1] 하나님께서는 인간에게 책임을 부과하실 뿐 아니라 책임을 지는 관계 맺으시기를 기뻐하셨습니다. 창세기 15:6의 "아브람이 여호와를 믿으니 여호와께서 이를 그의 의로 여기시고"라는 말씀은 바울과 야고보가 자주 인용하는 구절입니다(롬 4:3, 22, 갈 3:6, 약 2:23). 하나님의 부르심을 받기 위해서 그가 해야 했던 일은 없었습니다. 믿음의 주어(主語)는 우리가 아닙니다. 믿음은 비전을 선물로 주시는 하나님께 응답함으로 시작됩니다.

비전에 이끌린 삶

아브라함을 움직인 것은 선민을 세우려는 하나님의 비전이었습니다. "내가 너로 큰 민족을 이루고 네게 복을 주어 네 이름을 창대하게 하리니 너는 복이 될지라"(창 12:2). 나라를 이루려면 국토와 백성과 주권이 있어야 합니다. 하나님께서 약속하신 것이 바로 그것입니다. "너는 눈을 들어 너 있는 곳에서 [동서남북]을 바라보라. 보이는 땅을 내가 너와 네 자손에게 주리니 영원히 이르리라"(창 13:14-15). 이 약속은 아브라함의 눈을 열어 새로운 세상을 보게 하는데, 그것은 바로 하나님 나라입니다. 믿음이 어떻게 보이지 않는 것의 실상을 보게 해주는지에 대한 좋은 예입니다. 하나님의 말씀과 약속에 대한 믿음이 비전을 엽니다. 이 약속에서도 "내가"라는 단어가 압도적입니다. 비전의 주체가 하나님이심을 분명히 보여줍니다. 아브라함이 그 약속을 믿고 따를 때 비전에 붙잡혔습니다.

이 비전은 그의 삶을 완전히 바꾸어 놓았습니다. 아브라함도 살아온 계획이 있었을 것입니다. 익숙하고 안정된 삶을 약속과 바꾸어야 했습니다. "큰 민족"을 이루는 일은 자녀가 없는 그가 상상할 수 있는 일이 아닙니다. 이름이 널리 알려져 유명해지는 것도 유랑민이 바랄 수 있는 사항이 아닙니다. 설령 이루어진다 해도 오늘내일 될 일이 아닙니다. 모두 "장래의 유업"이지 현재의 상급이 아닙니다. 비전은 허상이 아니지만 현실도 아닙니다. 비전의 실체를 경험하는 일은 오직 믿음을 통해서만 가능합니다. 아브라함은 "바랄 수 없는 중에 바라고 믿어" 모든 믿는 이들의 조상이 되었습니다(롬 4:18).

아브라함의 믿음을 가볍게 여길 수 없는 것은, 누구나 부르심을 따르는 것은 아니기 때문입니다. 비전을 간절히 원하는 사람도 주저하기는 마찬가지입니다. 실제로 비전을 따르는 이는 생각처럼 많지 않습니다. 예수님께 왔던 부자 청년을 생각해 보세요. 그는 영생의 길을 갈망하여 예수께 달려왔던 사람입니다. 그러나 "네가 가진 것을 다 팔아 가난한 자에게 주고 나를 따르라"는 말씀을 따르지 못했습니다(막 10:17-22). 잘나가고 있는 인생을 바꾸기란 얼마나 어려운지요! 열정과 헌신은 별개입니다. 은혜를 받고 마음이 뜨거워졌다고 바로 비전이 열리는 것이 아닙니다. 비전을 따라나서기는 훨씬 더 힘듭니다. 비전은 새로운 삶으로의 초대이자 도전입니다.

이민을 떠나는 사람은 출발을 앞두고 두려움에 사로잡힙니다. 저도 30여 년 전 처음 유학길을 떠나던 날 그랬습니다. 그날 기억이 지금도 생생합니다. 비행기가 김포공항을 이륙하자 곧 날이 저물었습니다. 새삼 앞이 캄캄해지더군요. 어쩌자고 떠났는지 후회도 됐습니다. '다시 집으로 돌아올 수 있을까?' 학비가 없는 것은 물론이고 대책도 없었습니다. 공부는 고사하고 살길이 막막했습니다. 방학마다 집에 오는 것은 꿈도 꾸지 못하던 시절이었습니다. 박사과정을 위해 다시 떠날 때는 더욱 힘들었습니다. 임신한 아내와 아무런 보장이 없는 곳으로 가야 했으니까요. 그리고 실제로 꼭 10년간 한 번도 한국에 들르지 못했습니다. 지금까지 지내 온 세월을 돌아보면 모두 하나님의 은혜입니다.

하나님께서 꿈을 주셨다고 해서 그것이 저절로 이루어지는 것은 아닙니다. 순종해야 현실이 되기 시작합니다. 아브라함의 비전은 유랑길에서 이루어져 갑니다. 저 역시 같은 간증을 할 수 있습니다. 한국에 돌아와서 비전에 대한 이야기를 쓰고 있으니까요. 믿음은 말씀에 따라 움직일 때 힘을 발합니다. 은혜로 도전을 받고 기도로 결단하지만 행동하지 못하는 경우가 많습니다. 감정이 가라앉는 순간 결심도 흐지부지되곤 합니다. 하나님의 말씀을 들을 때에 산이라도 움직일 것 같다가도, 교회 문을 나서는 순간 그것으로 끝인 경우도 많습니다. 말씀을 듣고 믿었으면 그대로 행동하는 것이 신앙입니다. 비전은 행동하는 믿음을 통해 현실화됩니다.

하나님께서 주신 비전이 무엇인지 몰라 고민한다는 사람이 많습니다. 들은 말씀이 하나님의 음성인 줄 어떻게 아느냐는 질문도 자주 받습니다. 한 가지 방법이 있는데, 그것은 말씀을 따라 사는 것입니다. "사람이 하나님의 뜻을 행하려 하면 이 교훈이 하나님께로서 왔는지 내가 스스로 말함인지 알리라"(요 7:17). 예수님께서도 행함이 말씀의 확증이라고 했습니다. 아브라함도 말씀을 듣고 행동할 때에 그것이 하나님의 부르심인지 확실히 알게 되었습니다. 말씀에 순종하며 나아갈 때에 의심과 주저가 사라졌습니다. 누군가 문자로 생일파티에 초대했다고 합시다. 그 초대가 진짜인지, 그 사람이 누구인지는 약속장소에 가 보면 알 것 아닙니까? 앉아서 따져 확인되는 것이 아닙니다. 순종하는 사람에게만 비로소 확인됩니다. 아브라함은 말씀을 따라 나섰기에 부르심의 실상을 붙잡을 수 있었습니다.

비전의 시련과 연단

비전을 흔드는 것은 불확실성만이 아닙니다. 비전에는 늘 시련이 따라옵니다. 물론 시련은 파괴적이라고 할 수 없습니다. 비전은 시련의 연단을 통해 모습을 갖추어 가기 때문입니다. 대장간에 가보세요. 철한 뭉치를 불에 넣고 벌겋게 달굽니다. 그러고는 사정없이 내리쳐서 단단한 모양을 만들어 갑니다. 칼이며 낫 같은 도구는 다 그렇게 만들어집니다. 알프레드 테니슨(Alfred Tennyson)이 케임브리지 대학 시절에 쓴 장편시「인 메모리엄」(In Memoriam)에 다음과 같은 시구가 있습니다.

> 인생은 결코 버려진 광석 같지 않다.
> 땅속에서 끄집어 내어 불타는 두려움 속에 달구어지고,
> 눈물에 담겨 김을 뿜으며 심판의 충격으로 두드려져,
> 모양을 갖춰 사용되려 한다.[2]

아브라함의 삶은 시련의 연속이었습니다. 하나님께서는 비전만 주시는 것이 아닙니다. 사람도 비전에 합당하게 만드십니다. 그렇게 되기까지 쉬지 않고 연단하십니다. 그래서 비전의 사람은 인내의 사람이어야 합니다. 인내는 믿음 없이 가능하지 않습니다. 비전의 사람은 믿음의 사람입니다.

첫째, 땅에 대한 약속이 혹독한 시련에 봉착합니다. 아브라함은 "갈 바를 알지 못하고" 나아갔습니다. 그 후에는 "유랑"했습니다. 목적지에 도착해서도 평생을 "이방의 땅에 있는 것같이……장막에 거하였"습니다(히 11:8-9). 가나안은 무주공산(無主空山)이 아니었습니다. 거기에는 겐, 헷, 브리스, 아모리, 가나안, 여부스 등 10개나 되는

토박이 족속들이 대대로 살고 있었습니다. 믿음의 조상들이 목축을 하며 장막에 산 것은 유랑생활이 좋아서가 아니었습니다. 부유해지고 강해진 후에도 땅을 얻기가 어려웠습니다. 사라가 죽었을 때에야 헷 족속 에브론에게 빌다시피 하여 막벨라 굴을 장지로 간신히 살 수 있었습니다(창 23장). 성경이 그 거래를 무려 한 장에 걸쳐 상세히 다루고 있는 것은, 그 땅에 정착하는 것이 여간 어려운 일이 아님을 확실하게 보여주기 위한 것입니다.

제가 오랜 외국생활을 마치고 돌아와 부딪쳤던 가장 큰 어려움은 집 문제였습니다. 하루는 뒷산에 올라 아파트로 가득한 신도시를 내려다보며 이런 생각이 들었습니다. '집이 이렇게 많은데 내가 살 곳은 왜 없을까?' 아브라함의 심정도 그랬을지 모릅니다. 그가 가진 땅이 무덤뿐이었다는 것도 의미심장합니다. 실은 누구나 마찬가지입니다. 아프리카 나일 강에서 인도 갠지스 강까지 천하를 가졌던 알렉산더 대왕도 결국 한 평 남짓한 땅 위에 묻혔습니다. 하지만 아브라함은 정복의 야망으로 세상을 누비다 객사한 알렉산더 대왕과 달랐습니다. 그의 유랑은 "하나님이 계획하시고 지으실 터가 있는 성" 본향을 향해 가는 길이었기 때문입니다(히 11:10).

둘째, 자손에 대한 믿음도 시련에 부딪칩니다. 우선 백 살이 되도록 아이가 없었습니다. 고대세계에서 자식이 없다는 것은 가장 큰 저주로 여겨졌습니다. 저출산이 대세인 지금도, 아이를 못 낳는 것은 여전히 큰 고통입니다. 출산을 못해 애태우던 한 선배는 "생명의 근원이 마르는 것 같은 고통을 느낀다"고 하더군요. 하나님께서는 그런 아브라함에게 하늘의 별과 바닷가의 모래알만큼 많은 자손을 주시겠다 하십니다. 그러면서도 이삭을 죽여 번제로 바치도록 명령하여 마지막까지 연단하셨습니다. 그리고 그 불과 같은 시험을 통해 부활의 세계를 보는 눈을 열어 주셨습니다.

셋째, 아브라함은 복의 근원이 되리라는 약속에도 불구하고 자주 싸움에 휘말렸습니다. 두 번씩이나 아내를 누이라 속여 분란을 일으켰습니다. 소돔을 침략한 왕들에게 끌려가던 조카 롯을 구출하기 위해 남의 전쟁에도 뛰어듭니다. 극적인 승리를 거두고 돌아오자 소돔 왕이 그를 맞으러 나왔습니다. 모든 전리품을 가지라고 제의하는 왕에게 퉁명스레 대꾸합니다. "네 말이 내가 아브람으로 치부하게 하였다 할까 하여 네게 속한 것은 실 한 오라기나 들메끈 한 가닥도 내가 가지지 아니하리라"(창 14:23). 이 말이 소돔 왕에게 모욕으로 들렸을 것 같습니다. 그와 반대로, 아무런 실익을 베풀 수 없는 멜기세덱의 축복에는 십일조로 보답합니다. 세상을 누구와 함께해야 하는지 알았던 것이지요.

'블루오션'으로 인도하는 비전

비전의 사람은 안목이 다릅니다. 아브라함 또한 남다른 눈을 가지고 있었습니다. 창세기 13장에는 아브라함이 목초지 부족 때문에 롯과 결별하는 이야기가 나옵니다. 피붙이 한 사람이 아쉬운 상황에 조카마저 떠나갑니다. 이민자들이 가장 싫어하는 것은 떠나는 사람입니다. 그러나 아브라함은 헤어지는 마당에 롯에게 먼저 원하는 땅을 선택하도록 아량을 베풉니다. 갈 곳을 살피던 롯과 아브라함의 안목은 달랐습니다. 롯도 "눈을 들어" 보고 아브라함도 "눈을 들어" 봅니다(창 13:10, 14). 하지만 롯이 자신의 뜻을 따라 소돔을 택한 반면, 아브라함은 믿음의 눈으로 소돔을 피해 다른 쪽을 택합니다.

이렇게 그들의 행보가 갈립니다. 롯은 소돔 골짜기로 내려가고 아브라함은 헤브론의 마므레 상수리 숲으로 올라갑니다. 롯은 장막을 점차 옮겨 죄악이 가득한 소돔에 이릅니다. 아브라함도 장막을 옮겨 "여호와를 위하여 제단을 쌓았"습니다(창 13:18). 아브라함은 물이 넉넉한 골짜기 대신 험한 산지로 갑니다. 그러나 보이는 것이 전부가 아닙니다. 그에게는 하나님의 약속과 계획이 있는 곳이 진정으로 풍성한 곳입니다.

비전의 차이로 둘의 삶은 차츰 달라집니다. 비전이 삶을 이끌기 때문입니다. 결과는 곧 드러납니다. 롯의 비전은 현실적으로 합리적이었는지 모릅니다. 그러나 소돔 땅을 덮고 있던 멸망의 그림자를 보지 못했습니다. 실리적 계산과 이기심은 눈을 멀게 합니다. 그러다 보면 경쟁자들이 몰려 아귀다툼을 벌이다 핏물로 가득 찬 지옥 같은 "레드오션"에 빠지게 마련입니다. 반면에 양보한 아브라함은 하나님의 약속에 따라 땅을 얻습니다. 훗날 미국으로 건너간 청교도들이 그랬듯이, 비전에 이끌린 사람은 언제나 무한한 성장과 창조적 발전이 가능한 "블루오션"으로 나아갑니다.

롯이 떠나자 하나님께서는 아브라함에게 자신의 계획을 보다 구체적으로 보이십니다. "롯이 아브람을 떠난 후에 여호와께서 아브람에게 이르시되 너는 눈을 들어 너 있는 곳에서 [동서남북]을 바라보라.······너는 일어나 그 땅을 종과 횡으로 두루 다녀 보라. 내가 그것을 네게 주리라"(창 13:14-17). "자손이 땅의 티끌 같게 하리라"는 약속도 거듭하십니다. 약속을 세 번이나 강조적으로 반복하실 뿐 아니라 "땅 밟기"를 통해 체험하도록 하십니다. 더 중요한 것은 언약을 통해서 맺어지는 관계입니다. 나는 네 하나님이 되고 너는 내 백성이 된다는 것입니다. 하나님께서는 이를 언약을 통해 확증하십니다. "말씀이 환상 중에" 임하며 구체화되는 순간입니다(창 15:1).

훗날 아브라함에게 소돔 땅에 정착할 수 있는 기회가 옵니다. 앞서 본 대로 소돔 왕이 호의적인 제안을 했을 때입니다. 이것은 기회가 아니라 유혹입니다. 연단보다 더 힘든 것이 유혹일 수 있습니다. 이를 물리치고 다시 마므레 수풀로 돌아온 아브라함에게 위로의 환상이 펼쳐집니다. "두려워하지 말라. 나는 네 방패요 너의 지극히 큰 상급이니라"(창 15:1). 약속을 어떻게 이루실지에 대한 증거도 주십니다. 아브라함은 이렇게 하나님 나라를 보기 시작합니다. 오랜 시간 하나님과 동행한 결과입니다. 사실 약속은 아브라함의 생애 속에서도 조금씩 이루어집니다. 많은 시련이 있고 의심에 부딪치는 일이 계속되는 중에서도 약속은 성취되어 갑니다. 복의 근원이란, 세계 열방을 품을 비전입니다. 그의 이름도 '열국의 아비'를 뜻하는 이름으로 바꿔 주십니다. 이 비전은, 땅끝을 바라보며 복음을 증거하고 선포하는 복의 근원이 되는 비전으로 우리에게 상속되었습니다(행 1:8).

여기서 주목할 것은 아브라함이 그것을 어떠한 자세로 받았는지입니다. 믿음이 하나님의 선물을 받는 것과 어떻게 연관되는지 보여 주기 때문입니다. 약속은 실물이 아니라 말(言)입니다. 말을 믿는 것은 그것을 말한 사람을 신뢰하는 것입니다. 그의 능력과 선함, 의지와 사랑을 믿는 것입니다. 이는 확고한 인격적 관계를 바탕으로 해서만 가능합니다. 사람들이 수표보다 현찰을 선호하는 것은 믿지 못하기 때문입니다. 거래를 할 때도 계약서를 만들어 도장 찍고 공증해도 실물을 손에 쥐었을 때만큼 안심하지 못합니다. 아브라함이 가졌던 믿음은 그와 반대입니다. 믿음은 하나님께서 행하심을 신뢰를 가지고 받아들이는 것입니다.

하나님의 친구_동행과 동역

성경의 많은 사람들이 하나님과의 관계 속에서 하나님의 종, 하나님의 사자, 하나님의 일꾼, 하나님의 자녀 등 이런저런 이름으로 불립니다. 그러나 "하나님의 벗"으로 불린 사람은 아브라함 한 사람뿐입니다(약 2:23). 아브라함은 하나님과의 관계에서 특별했습니다. 하나님의 벗이란, 하나님께서 그분의 속사정을 모두 의논하고 일도 같이 하는 그런 관계를 말합니다. 이는 모든 성도들이 아브라함을 따라서 누려야 할 신앙의 모범입니다. 신앙생활의 가장 큰 복은 하나님의 벗이 되는 것입니다.

창세기 18장에는 하나님께서 아브라함을 찾아오시는 이야기가 나옵니다. 아브라함은 하나님을 즉각 알아보았습니다. 장막 문에 앉아 있다 곧 달려나가 영접하되, 몸을 땅에 굽혀 예의를 다해 모십니다. 그와 달리, 우리 삶에 찾아오신 하나님을 알아보지 못하고 영접하지 못하는 사람들이 많습니다. 「인애하신 구세주여」라는 새찬송가 279장의 원제목은 '인애하신 구주여, 나를 지나치지 마소서'(Pass Me Not, O Gentle Savior)입니다. 이 찬송의 가사를 쓴 화니 크로스비(Fanny Crosby)는 시각장애인이었습니다. 마치 예수 그리스도를 향해 "다윗의 자손 예수여"라고 소리 질렀던 바디메오와 같은 심정으로 이 찬송을 지은 것입니다. 눈을 뜨고 있다고는 하나, 우리도 역시 "나를 지나치지 마소서"라는 기도를 가볍게 여겨서는 안 됩니다. 우리도 그를 향해 부르짖어야 할 것입니다.

인간은 누구나 창조주에 대한 그리움을 갖고 있습니다. 그러나 정작 찾아오신 하나님을 알아보고 모셔들이지 않는 경우가 많습니다. 주님께서 얼마나 섭섭해하시겠습니까? 언젠가 한 지인의 전시회에 갔다가 20년 만에 친구를 만났는데, 그를 곧바로 알아보지 못했습니다. 그 친구는 너무나 반가워서 일어나지도 못할 정도로 가슴이 뛰었다고 하는데, 이 사실을 그 친구가 알았더라면 얼마나 섭섭해했을까요. 하나님의 형상으로 지음받은 우리는 하나님께서 언제 어떤 모습으로 오시더라도 알아볼 수 있습니다. 하나님을 알지 못한다고 억지를 부리지만 않는다면 말입니다.

아브라함은 하나님을 자기 집으로 영접하고 그분과 먹고 마시며 허심탄회하게 의논하는 모습을 보여줍니다. 이 광경은 신앙생활의 진수를 돌아볼 눈을 열어 줍니다. 아브라함은 이 만남에서 아들을 낳게 될 것이라는 약속을 받게 됩니다. 그에게 그 이상의 선물은 없습니다. 에녹은 300년을 "하나님과 동행"했다고 성경은 말합니다(창 5:24). 아브라함도 마찬가지였습니다. 하나님께서는 시간과 장소를 바꾸어 가면서 아브라함과 더불어 여러 상황을 겪으셨습니다. 갈대아 우르에서 아브라함을 부르신 이래 늘 그와 동행하셨습니다. 창세기 18장은 육신의 모습을 한 "주의 천사"로 오신 하나님과 아브라함이 동역하는 모습을 보여줍니다. 소돔을 위한 중보기도를 통한 동역입니다. 아브라함은 티끌과 같은 자신의 본질을 잊지 않습니다. 그럼에도 불구하고 하나님께 간구함으로 창조주와 함께 일했습니다.

신약성경은 예수님을 영접하여 모시는 이들이 이와 동일한 복을 누린다고 말합니다. "볼지어다. 내가 문 밖에 서서 두드리노니 누구든지 내 음성을 듣고 문을 열면 내가 그에게로 들어가 그와 더불어 먹고 그는 나로 더불어 먹으리라"(계 3:20). 예수님은 영접하는 이들 속에 거하실 것과 자기 살과 피로 우리를 먹이시고 영혼의 갈증과 배고픔을 해결해 주실 것을 약속합니다. 하나님께서 아브라함의 집에 찾아오시고 같은 식탁에 앉으실 뿐 아니라 일을 함께하십니다. 여기서 하나님의 벗이라 칭한 이유를 보게 됩니다.

친구라도 관심이 다르고 주거가 다르면 거리가 생깁니다. 자주 보지 못하면 서먹해집니다. 그런데 동행하고 동거하며 같이 먹고 자고 같은 일을 하면, 그 이상의 친구가 없습니다. 제 친구 중에 가장 친한 친구였고 저를 목사로 만들려고 무던히 애썼던 친구가 있습니다. 세상적으로 말하자면 엄청나게 질긴 인연으로 가는 데마다 만났던 친구이고, 어려서는 주변 사람들이 늘 그림자처럼 붙어 다닌다고 했던 친구입니다. 그런 친구지만 결혼하고 나서는 자주 만나지 못했습니다. 저는 목사이고 그 친구는 화학자라 업무상 볼 기회도 없습니다. 더욱이 교회마저 다르니 만날 일이 없습니다. 그래서 친구 집에 자주 안 가면 잡초가 난다고 했나 봅니다. 결국, 아무리 친한 사람도 자주 못 보면 이웃사촌만 못한 것이 됩니다.

그러나 한평생을 동행하고 같이 즐거움과 기쁨을 나누며 모든 일을 털어놓고 의논하면, 그보다 더한 친구는 없을 것입니다. 하나님께서는 "내 계획을 네게 숨기랴" 하시며 두 가지를 말씀하십니다(창 18:17-21). 첫째는 '장기 계획'입니다. 아브라함을 통해서 세상에 축복을 가져오는 하나님의 계획을 숨김없이 말씀하십니다. 둘째는 바로 '눈앞의 일'입니다. 이제 곧 소돔에 가서 하실 일에 대해 아브라함에게 숨김없이 말씀하십니다.

하나님을 만나 사귀어 친구가 되면, 내 개인적인 일을 할 뿐 아니라 그분의 일에 동참하는 특권을 누리게 됩니다. 더 놀라운 것은, 일방적인 통고가 아니라 의논으로 발전하고 있다는 점입니다. 하나님께서 말씀하신 계획 가운데, 아브라함의 간구를 들으시고 그분의 계획을 조정하고 계시다는 것입니다. 하나님과 가까운 관계 속에 있으면 우리 모두가 아브라함의 복을 누릴 수 있습니다. 특히 외람될 정도의 담대함을 가진 사람이 됩니다. 이런 사람이 세상을 바꿉니다. 아브라함처럼 비전의 사람이 되면, 하나님과 동행하며 세상을 함께 만들어 가는 엄청난 복을 누립니다.

3

노숙자를 회복시킨 꿈

| 야곱

꿈과 비전에 대해 생각할 때면 기억나는 이야기가 있습니다. 제가 좋아하는 찰스 스윈돌(Charles Swindoll) 목사의 일화입니다.[1] 그의 고등학교 졸업앨범에는 각자의 사진 아래 "앞으로 무엇이 되려는가"(What do I want to do?)라는 질문의 답이 적혀 있다고 합니다. 훗날 꿈을 이루었는지를 확인하려는 것이지요. 백만장자가 되겠다는 답이 가장 많았을 것이라 어림짐작할 수 있습니다. "농구나 축구 선수가 되겠다. 메트로폴리탄 오페라 가수가 되겠다. 자동차 경주대회 '인디 500'의 우승자가 되겠다. 돈 많은 영화배우와 결혼해 베벌리힐스에 입성한다. 체이스맨해튼 은행을 털고 피지 섬으로 도망가서 산다. 되도록 젊을 때 죽어, 보기에 흉하지 않은 시체를 남긴다.' 이 가운데 어떤 꿈과 비전은 칭찬하고 기대할 만합니다. 하지만 어떤 것은 의심스럽습니다. 허황되다고 할까, 아니면 미친 짓으로 보이는 것도 있습니다. 고등학교 졸업 때 같은 질문에 답해야 했다면 여러분은 무슨 꿈을 적었겠습니까? 그리고 지금 그 꿈과 비전은 어떻

게 되었나요? 이루어졌나요? 계속 열리고 있습니까? 아니면 돌이켜 보니 어리석고 헛된 꿈이었습니까? 또는 뭐가 되었든 여전히 꿈이 있기라도 했으면 좋겠습니까?

야망이 낳은 절망

어린 시절의 꿈을 완전히 잃은 사람이 있습니다. 꿈만이 아닙니다. 꿈 때문에 모든 것을 잃었습니다. 그리고 집에서 도망쳐 노숙하는 신세가 되었습니다. 언약과 믿음의 조상 아브라함의 손자 야곱이 그 사람입니다. 창세기 28장에는 광야에서 돌을 베고 잠든 야곱의 이야기가 나옵니다. 그 광경도 처량하지만 더 큰 문제는 꿈을 잃은 것입니다. 야곱은 빈손으로 쫓겨나다시피 집을 떠나왔습니다. 다시 돌아갈 수 있을지도 의문이었습니다. 형 에서의 분노를 피해 한 번도 본 적 없는 외삼촌 집으로 도망가는 중이었습니다. 누구를 원망할 수도 없습니다. 모두 그가 자초한 일이었기 때문입니다.

야곱은 어려서부터 야망으로 가득 찬 사람이었습니다. 실은 태어나기 전부터 그랬습니다. 먼저 태어나기 위해 어머니 복중에서부터 쌍둥이 형과 싸웠습니다. 결국 에서의 발목을 잡고 뒤따라 나왔습니다. 자라면서도 장자의 자리를 차지할 방법에 골몰했습니다. 이들이 잉태되었을 때 하나님께서 이렇게 말씀하셨습니다. "두 국민이 네 태중에 있구나. 두 민족이 네 복중에서부터 나누이리라. 이 족속이 저 족속보다 강하겠고 큰 자가 어린 자를 섬기리라"(창 25:23). 우리 식으로 말하자면 태몽이요, 아이들의 인생에 관한 계시입니다. 에서와 야곱 모두 이 말씀을 들어 알고 있었을 것이고, 몰랐더라도 달라질 것은 없었을 것입니다. 에서는 그것에 대해 관심조차 없던 반면에, 야곱은 형의 자리를 차지하려는 일념으로 살았으니까요. 비극은 그렇게 싹텄습니다.

에서는 야곱과 근본적으로 다른 사람이었습니다. 동생과 달라도 너무 달랐습니다. 별 생각 없이 인생을 사는 사람으로, 자고 깨면 벌판에 나가 짐승을 쫓거나 친구들과 어울렸습니다. 배고프면 먹고, 졸리면 아무 데서고 자고, 깨면 또 뛰쳐 나가는 타입입니다. 격정적이긴 해도 통이 컸고, 사내다웠습니다. 훗날 장자의 권리를 빼앗은 동생을 쾌히 용서하는 모습에서도 그의 성품이 드러납니다. 문제는 하나님의 언약에 대해서 관심이 없었다는 것입니다. 아무 생각 없이 장자권을 죽 한 그릇에 넘기는 것이 그 증거입니다. 아버지 이삭이 이런 에서를 편애한 것도 문제였습니다. 호걸풍의 에서가 사는 모습은 세속적이었습니다. 대를 이을 남자다운 녀석이라고 생각했을지도 모를 일입니다. 그러나 하나님께서는 사람의 외모가 아닌 중심을 보십니다(삼상 16:7). 야곱의 비뚤어진 야망이 옳았다는 말이 아닙니다. 하나님의 언약에 대해서 전혀 관심이 없는 것과 이기심으로 왜곡된 것이나마 갈망이 있다는 것이 두 사람의 차이라는 것입니다.

한편, 야곱은 세심하고 치밀한 성격의 소유자였습니다. 그는 야망을 따라 주도면밀하게 움직이는 사람이었습니다. 태어날 때 놓친 기회를 만회하는 데 무섭게 집착합니다. 밖으로만 나도는 형과는 달리, 집안에 박혀 지내며 부엌일도 잘했던 것 같습니다. 어떻게 보면 어머니 치마폭에 싸여 지내는 마마보이로 보입니다. 어머니의 편애 또한 문제를 악화시킵니다. 형의 방만한 성격을 이용해 장자의 권한을 죽 한 그릇으로 접수합니다. 결국, 어머니와 합작해 눈이 어두운 아버지를 속여 장자의 축복도 가로챕니다. 이런 심성은 훗날 피난살이하던 외삼촌의 집에서도 그대로 드러납니다. 라반은 결코 만만한 사람이 아니었습니다. 둘째 딸을 사랑하던 조카를 속여 언니부터 결혼시키고, 결혼을 빌미로 야곱을 철저히 부려 먹습니다. 십수 년을 품삯을 주지 않고 착취합니다. 하지만 당하고 있을 야곱이 아닙니다. 꾀를 내어 자기의 몫을 철저히 챙깁니다. 딸들도 자기 편으로 만들어 나중에는 라반이 가보처럼 여기던 드라빔까지 훔쳐 함께 도주하게 만듭니다.

아브라함의 가정은 언약의 후손입니다. 하나님의 구속 역사를 이루어야 할 집안입니다. 아버지 이삭은 어느새 세상에 많이 물든 것 같습니다. 애써 판 우물을 여러 차례 원주민들에게 빼앗기면서 쓴 마음이 생겼는지 모릅니다. 세상에서는 역시 힘이 필요하다는 생각을 했을 수 있습니다. 하나님께서 새로운 우물을 계속 주셨지만 원한이 쌓이는 것을 다스릴 수 없었는지 모르지요. 그래서 사나이다운 에서를 편애했을 수 있습니다. 야곱은 이런 아버지의 모습이 불안했을 것이고요.

누구도 '복중 예언'에 관심을 두지 않았던 것 같습니다. "큰 자가 어린 자를 섬기리라"는 말씀 말입니다(창 25:23). 그런 기묘한 일을 잊어버렸을 리는 없습니다. 왜 그런 말씀을 하셨는지 알아내 순종하려는 마음이 없었던 것입니다. 이삭과 에서는 잊으려 했고 야곱은 자기 좋을 대로 해석했을 가능성이 큽니다. 이처럼 우리에게는 하나님의 명백한 계시와 비전을 왜곡하고 내 마음대로 해석하려는 경향이 있습니다. 하나님의 분명한 뜻을 몰라서가 아닙니다. 내 좋을 대로 생각하려는 욕심 때문이지요. 비전을 놓고 생각할 때 중요한 것은 하나님의 뜻 앞에 자신을 낮추어 따르려는 마음입니다. 그것이 없으면 비전은 왜곡되기 시작합니다. 하나님의 뜻이 아니라 자신의 욕망을 이루려는 고집만 난무하게 됩니다. C. S. 루이스의 말처럼, 하나님은 그런 상황에서 일단 우리의 뜻이 이루어지도록 내버려 두시는 경우가 많습니다.² 이삭과 에서, 야곱과 리브가는 결국 그들 자신의 비전을 좇다 불행하게 됩니다.

꿈을 잃은 야곱

뭔가에 극단적으로 집착하는 것을 보고 흔히 "눈이 멀었다"고 표현합니다. 명예에 눈이 멀었다든가 돈 또는 정욕에 눈이 멀었다는 말 모두가 좋지 않은 뜻입니다. 욕심과 야망은 눈을 멀게 합니다. 허황된 비전을 만들어 냅니다. 비전처럼 보이지만 사실은 신기루입니다. 그것은 목표 외에는 아무것도 볼 수 없게 합니다. 말 그대로 맹목적이 되게 합니다. 야망과 비전은 본질적으로 다릅니다. 우선 그 폭에서 차이가 납니다. 비전은 하나님께서 주십니다. 반면 야망은 이기심에서 비롯됩니다. 야망의 세상은 온통 자기를 중심으로 돌아갑니다. 비전은 하나님 나라의 본질인 정의와 평화가 어우러지는 '샬롬'을 지향합니다. 하지만 야망은 세상을 생지옥으로 만듭니다. 남을 배려하지 않기 때문입니다. 야곱이 품은 꿈은 야망이었습니다. 야망이 어떻게 삶을 망치는지 보여주는 좋은 예입니다.

야곱은 야망에 눈이 멀어 아버지나 형제에 대한 도리를 저버렸습니다. 가족의 화평도 저버리고 자기 욕심을 위해 살았던 것입니다. 무책임한 형보다는 자기가 장자가 되는 것이 하나님의 계획과 가문을 위해 유익하다고 자신의 행동을 정당화했을지 모릅니다. 일을 치르고 이런 기록을 남겼는지도 모릅니다. "오늘 형으로부터 장자의 명분을 죽 한 그릇으로 사다. 무슨 일이 있어도 물러 주지 않으리라!" 그의 야망은 자신을 포함해 가족 모두를 불행하게 만들었습니다.

무엇보다 큰일은, 야곱의 야망과 가족의 어리석음이 하나님의 비전을 망쳐 버릴 위기를 불러온 것입니다. 일찍이 하나님께서는 아브라함을 택하여 부르시면서, 장차 자손 가운데 인류를 구원할 구주를 보내실 것을 약속한 바 있습니다. 어머니 리브가가 우려하는 대로, 이삭이 죽은 후 두 사람이 골육상쟁을 벌이는 날에는 대가 끊어질 판이었습니다. 야곱의 야망은 자신과 가족뿐 아니라 하나님의 구속의 비전을 위태롭게 하는 것이었습니다. 그는 야망 때문에 자신의 꿈만 잃은 것이 아니었습니다. 하나님의 구원 계획마저 위기에 처하게 만들었던 것입니다.

꿈과 비전은 그 자체가 악한 것이 아닌 선한 것입니다. 특히 젊은이들에게 없어서는 안 될 것입니다. 그러나 방법과 과정이 불의한 야망은 결국 자신과 가족과 사회를 막다른 좌절로 몰아넣는 경우가 많습니다. 피츠제럴드(F. Scott Fitzgerald)의 『위대한 게츠비』(*The Great Gatsby*)나 드라이저(Theodore Dreiser)의 『미국의 비극』(*An American Tragedy*)과 같은 소설이 바로 이런 비극을 다루고 있습니다. 이 두 작품은 우연치 않게 같은 해인 1925년에 쓰여졌습니다. 당시 미국이 본격적으로 세계적인 부국으로 부상하던 시기였습니다. 수많은 젊은이들이 돈, 정욕, 야망에 눈이 멀어 비극적 막장으로 치닫던 때이기도 했지요. 근래 우리의 상황을 돌아보면, 이런 소설이 허구이거나 남의 이야기만은 아닌지라 마음이 무거워집니다.

야망에 눈먼 야곱은 결국 꿈과 함께 둘째 아들의 권리마저 잃고 광야에 홀로 누운 도망자 신세가 되었습니다. 야곱이 광야에 누워 바라보았을 별은 하나님께서 아브라함에게 보이시며 언약을 확증하던 바로 그 별들입니다. 사실 그가 가는 길도 언젠가 그의 조부 아브라함이 걸었던 길입니다. 하지만 가는 방향은 반대였습니다. 그 별들을 바라보는 눈도 할아버지와 전혀 달랐을 것입니다. 하나님께서 길을 잘못 든 사람을 되돌려 보내실 때가 있습니다. 아브라함은 믿음을 가지고 비전 속에서 이 길을 내려왔었습니다. 야망에 눈이 멀어 하나님 나라의 비전을 잃은 야곱은 그 길을 되돌아 올라가고 있는 중입니다.

야곱은 라반의 집에 도착한 후 또다시 야망에 사로잡힙니다. 사랑에 빠져 라헬에 눈이 먼 것입니다. 그런 다음에는 부(富)에 눈이 멉니다. 안정에 집착합니다. 하나님께서는 그때마다 극적인 사건을 통해서 그의 시각을 바로잡으십니다. 세겜에서 딸 디나가 욕을 보는 사건이 그렇습니다. 라헬의 아들 요셉을 편애하다 생기는 마음고생도 그중 하나입니다. 야곱의 일생은 '위대한 게츠비'의 삶과 여러 모로 닮아 보입니다. 큰 차이는 하나님께서 지독히 그의 삶에 간섭하신다는 것입니다.

혹시 꿈이 깨지고 비전이 닫히는 일을 당해 보셨나요? 한 수재가 대학교 3학년 때 아인슈타인의 꿈을 버렸다며 한숨 쉬더라는 이야기를 들은 적이 있습니다. 대학교 3학년이면 꿈과 현실 사이의 갈등이 가장 심할 때입니다. 꿈의 상실이 가져오는 아픔과 두려움을 충분히 경험할 시기라고 생각합니다. 그러나 광야에 홀로 눕는 경험은 답답한 일을 당해서만 하는 것이 아닙니다. 꿈꾸던 것들이 이루어지고 명예와 안정과 성공을 다 이루고도 광야에 홀로 드러누운 야곱이 되는 경우도 얼마든지 있습니다. 고등학교 시절 원하던 대학, 학과에 들어가서 잘나가도 꿈과 비전이 사라지는 수가 있다는 말로 바꿀 수 있겠습니다. 꿈은 깨어지기도 하지만, 이루는 과정에서 혹은 그것을 이루는 동시에 상실하게 되는 경우가 많은 것을 봅니다.

언젠가 한 선배가 한 간증을 옮겨 봅니다. 과학을 전공하던 이분께서 어느 날 꿈을 가지게 되었다고 합니다. 그것은 바로 기(氣) 수련을 통해 10년 뒤 앉은 자리에서 공중에 1미터 이상 뜨는 꿈이었습니다. 이른바 공중부양의 비전입니다. 꿈을 이루기 위해 부지런히 수련을 계속하던 어느 날, 그는 문득 이런 생각이 들더랍니다. '그런데 떠서 뭐하지?' 당시는 서울에서 제주도까지 가는 비행기 값이 3만원도 채 안 되던 시절이었다고 합니다. '몇 만원만 주면 수천 미터 떠서 바다를 건너갈 수 있는데, 10년 노력해 겨우 앉은 자리에서 뜨면 뭐하겠는가?' 그 순간이 공중부양 비전의 끝이었음은 말할 필요도 없습니다. 대신 그분은 지금 교육계에서 열심히 활동하고 있습니다.

변화된 가족

이 이야기가 광야에서 끝나거나 라반의 집에서 그쳤다면 참으로 안타까울 일입니다. 꼬일 대로 꼬인 상황이지만 하나님의 은혜로 그 난관을 극복합니다. 그 해결의 시작은 '벧엘의 비전'입니다. 지쳐 잠든 야곱이 하늘에 닿은 사다리를 꿈속에서 보고 삶이 변화되기 시작합니다. 꿈속 사다리의 비전을 보고 하나님과 인격적으로 만납니다. 깨어난 후에는 그곳을 벧엘 곧 '하나님의 집'이라 부르는 사건에서 이야기는 극적으로 반전됩니다. 그러나 이 사건의 진정한 의미는 전체 이야기의 맥락 속에서만 이해할 수 있습니다. 창세기 28장부터는 인간이 얽어 놓은 이 가정의 비극을 하나님께서 어떻게 푸시는지를 주목합니다. 27장까지가 인간의 어리석음과 죄를 말한다면, 28장부터는 하나님께서 그것을 수습하시는 이야기입니다.

우선 이삭의 변화가 소개됩니다. 이것은 창세기 27:27-29과 28:3-4을 비교해 보면 분명해집니다. 27장에서 이삭은 야곱을 에서로 착각하고 진심으로 축복을 빕니다. 그런데 그 내용이 철저히 세속적입니다. 간단히 말하면 잘 먹고 잘살라는 축복입니다. 부와 안전을 빌어 준 것입니다. 아브라함의 언약을 따라 천신만고 끝에 태어난 이삭이 자신의 아들에게 비는 축복이라고 생각하기에는 너무도 세속적입니다. 반면에 28장의 축복은 완전히 딴판입니다. 일이 벌어진 후에 화를 피해 집을 떠나는 야곱을 제대로 알고 빌어 주는 말입니다. 이번에는 물질적인 축복에서 하나님의 언약과 뜻을 기억하며 아브라함의 복을 말합니다. 복중 비전을 따라 하나님의 계획으로 돌아온 것이지요.

리브가 역시 야곱을 편애하던 것에서 돌이켜 상황을 제대로 파악하게 됩니다. 두 쌍둥이 아들이 서로를 죽이지 못해 칼을 가는 상황 속에서 마음 편할 어머니는 없습니다. 생각하다 못해 오빠 집으로 야곱을 피신시킬 꾀를 낸 것입니다. 이 계획은 야곱을 집 밖으로 내몹니다. 홀로 길을 떠나게 된 야곱은 아무도 의지할 수 없는 상황에서 하나님을 광야에서 만나게 됩니다. 형 에서 또한 달라집니다. 자신이 택한 가나안 여인들이 이삭과 리브가를 흡족하게 하지 못하는 것을 보고 이스마엘의 딸을 다시 아내로 맞이합니다. 그러나 이 사건으로 삶의 길이 극적으로 달라지는 것은 역시 야곱입니다. 리브가의 제안에 따라 야곱이 피신하나, 이 길은 아브라함이 출발했던 곳으로 다시 돌아가는 길입니다. 하나님의 약속만 믿고 따르는 길로 돌아가도록 강제된 것입니다. 그는 자기 꿈의 상실을 체험하지만 하나님과의 관계 회복을 위해서는 불가피한 일이었습니다. 일종의 치료 과정에서의 아픔인 셈입니다.

도망하는 야곱은 집에서 쫓겨났으나, 벧엘 곧 "하나님의 집"에 돌아오는 사람이 되었습니다. 그는 아브라함과 이삭의 하나님 품으로 돌아옵니다. 자기 정체성과 방향, 그리고 계획을 회복합니다. 벧엘의 꿈이야말로 야곱의 정체성을 바꾸는 경험입니다. 그 꿈속에서 그는 비로소 할아버지와 아버지의 하나님을 자신의 하나님으로 모십니다. 이제 "아브라함과 이삭의 하나님" 뒤에 "야곱의 하나님"을 말할 수 있게 됩니다. 제가 섬겼던 교회의 장로님 한 분은 기도할 때 늘 "여호와 하나님"을 부르면서 시작하곤 했습니다. 그 이유를 물어보니 참으로 일리 있는 답을 내놓습니다. 성경의 하나님을 특정하여 기도하기 위함이라는 것입니다. 저도 결혼식 주례나 가정심방에서는 자주 "아브라함과 이삭과 야곱의 하나님"께서 이 가정의 주인이 되어 주시기를 간절히 빌어 주곤 합니다.

아름다운 꿈

여러분이라면 모든 것을 잃고 집에서 쫓겨나 노숙을 하는 상황에서 잠이 오겠습니까? 더욱이 돌베개를 베고 말입니다. 외국생활 중 공항에 나가는 경우가 많았습니다. 오는 사람 마중과 가는 사람 배웅뿐 아니라 저 자신도 적잖게 드나들었기 때문입니다. 가끔 공항에서 베개 가진 여행자들을 보게 됩니다. 처음에는 이상했는데 여행을 많이 하면서 이해가 되었습니다. 낯선 곳에서는 잠이 잘 안 올 경우가 많습니다. 이때 베개라도 익숙하고 편하면 잠드는 데 큰 도움이 됩니다.

그토록 야심차고 세심한 야곱이 돌베개를 베고 잠이 들었다는 사실과 그 잠 속에서 꿈꾸는 자가 되었다는 것은 놀라운 일입니다. 바로 이런 때에 시편 127:1-2의 말씀은 의미가 있습니다.

여호와께서 집을 세우지 아니하시면 세우는 자의 수고가 헛되며 여호와께서 성을 지키지 아니하시면 파수꾼의 깨어 있음이 헛되도다. 너희가 일찍이 일어나고 늦게 누우며 수고의 떡을 먹음이 헛되도다. 그러므로 여호와께서 그의 사랑하시는 자에게는 잠을 주시는도다.

과연 그의 잠은 여호와께서 주신 잠이요, 그 잠 속에서 그는 아름다운 꿈을 꾸는 사람이 되었습니다. 자기 머리맡에 하늘에 닿은 사다리가 서 있는 꿈입니다. 천사가 위에서 내려와 하늘의 메시지를 전합니다. 그러고는 다시 땅의 이야기를 하늘로 가져가는 광경입니다. 뿐만 아니라, 하늘로부터 음성이 들려옵니다. "여호와께서 그 위에 서서 이르시되 나는 여호와니 너의 조부 아브라함의 하나님이요 이삭의 하나님이라"(창 28:13). 더 놀라운 것은 그 다음 일입니다. 모든 일을 그르친 야곱에게 그의 할아버지 아브라함에게 주셨던 언약을 들려주십니다. 이 언약은 이제 이삭을 넘어서 야곱의 것이라는 말씀입니다. 놀라운 것은 이삭에게는 이 언약을 직접 하신 적이 없다는 사실입니다.

이삭은 번제물이 될 뻔한 상황에서도 순종했던 사람입니다. 개인적인 언약을 받지 않았음에도 평생을 아브라함의 믿음을 이어서 살았습니다. 야곱은 그와 정반대의 사람입니다. 이런 야곱에게 언약이 주어진 것은 오직 하나님의 은혜입니다.

네가 누워 있는 땅을 내가 너와 네 자손에게 주리니 네 자손이 땅의 티끌 같이 되어 네가 서쪽과 동쪽과 북쪽과 남쪽으로 퍼져나갈지며 땅의 모든 족속이 너와 네 자손으로 말미암아 복을 받으리라(창 28:13-14).

아브라함에게 주셨던 언약을 그대로 야곱에게 주십니다. 거기서 한 걸음 나아가 그를 철저히 보호하실 것을 약속하십니다. "내가 너와 함께 있어 네가 어디로 가든지 너를 지키며 너를 이끌어 이 땅으로 돌아오게 할지라. 내가 네게 허락한 것을 다 이루기까지 너를 떠나지 아니하리라"(창 28:15).

야곱은 잠에서 깨어나 그곳에 하나님께서 계심을 깨닫습니다. 이제 할아버지의 하나님이 아니요 아버지의 하나님이 아닌 자신의 하나님을 섬기게 됩니다. 육신의 아버지 이삭의 집에서 죄를 짓고 도망했으나, 이제 영혼의 아버지 집으로 돌아오게 된 것입니다. 미국의 국민적 사랑을 받는 작곡가 스테판 포스터(Stephen Foster)가 쓴 노래 중에 「꿈길에서」(Beautiful Dreamer)라는 노래가 있습니다. "아름다운 꿈을 꾸는 자/ 깨어 내게 오라"는 가사로 시작되는 곡으로, 이민자들의 꿈을 그리고 있습니다. 이른바 아메리칸 드리머에 관한 노래입니다. 야곱은 실망 속에 잠이 들었습니다. 거기서 그는 아름다운 꿈을 꾸었습니다. 그리고 그 꿈에서 깨어 하나님께로 나아갔습니다.

하나님은 더 이상 아브라함과 이삭의 하나님만이 아니십니다. 이제는 야곱의 하나님이 되시려는 것입니다. 아브라함의 언약이 야곱의 비전이 됩니다. 이제 그는 새로운 안목으로 자신의 삶을 보게 됩니다. 물론 이 사건은 시작에 불과합니다. 야곱은 그다지 쉽게 성격이 바뀌거나 삶의 태도가 거룩해질 만한 사람이 아니었습니다. 인생 종반의 회고처럼 조상들보다 길지 않은 인생을 살았으나 "험악한 세월"을 삽니다. 그럼에도 불구하고 그의 인생은 이제 하나님 나라의 비전으로 비추어집니다. 그가 원해서건, 원치 않은 때에도 이날 하나님과 맺은 언약 속에서 살아갑니다.

지금 우리는 여기서 무엇을 꿈꾸고 있는가

야곱은 그 길을 따라 걸으며 변화됩니다. 마침내 죽기 전 자녀들을 축복하는 자리에서는 하나님 나라의 비전을 가진 사람이 됩니다. 심지어 유다의 자손으로 오실 예수 그리스도와 그의 나라를 바라보는 눈이 열렸습니다(창 49:10). 이스라엘의 역사가 그의 열두 아들을 통해서 이미 시작된 것입니다. 하나님께서는 아브라함처럼 기꺼이 순종하는 이를 통해서만 역사하시지 않습니다. 야곱처럼 자신의 의지로 인해 그의 뜻을 역행하는 이를 통해서도 하나님 나라의 꿈을 이어 가십니다. 장자의 명분에 목을 매던 소인배가 하나님 나라를 꿈꾸는 영적 거인이 된 것입니다.

눈에 불을 켜고 야망 성취를 위해 뛸 때 닫힌 비전이 오히려 벧엘의 꿈속에서 열렸습니다. 우리는 잠을 자는 동안 의식을 잃다시피 합니다. 프로이트(Sigmund Freud)는 사람을 지배하는 것은 의식이 아니라 무의식이라고 주장합니다. 어쨌든 야곱이 거의 무의식과 수동적인 상태에서 하늘을 향한 비전을 보게 된 것은 오로지 하나님의 은혜입니다. 야망으로 멀었던 눈이 열려 하늘로 열린 계단을 보게 된 것은 위로부터 온 것입니다. 하나님께서는 야곱을 잠재우시고 그의 야망도 잠재우십니다. 그리고 아름다운 꿈을 꾸게 하셨습니다. 그 아름다운 꿈의 핵심은 하나님과의 만남입니다. 늘 거기 계시고 말씀하시지만 미처 깨닫지 못하고 듣지 못하던 하나님의 말씀을 듣게 되는 것입니다. 이 꿈속에서 야곱은 아브라함의 하나님, 이삭의 하나님께서 또한 자신의 하나님이 되심을 체험하게 됩니다.

언약은 한 세대에 그치는 것이 아닙니다. 그래서 개혁신앙은 유아세례를 강조합니다. 신앙교육도 그 출발점이 교회가 아니라 가정임을 강조합니다. 하지만 신앙이 유전되는 것은 아닙니다. 그래서 유아세례는 아이의 신앙이 아니라 아이를 위해서 기도하고 함께하겠다는 부모의 서약에 근거하여 베풀어집니다. 하지만 결국 신앙은 각 세대가 하나님 앞에 서는 것에서 진정한 것이 됩니다. 이스라엘이 실패하는 것은 바로 이 부분에서입니다.

흥미로운 점은, 야곱의 이야기에는 선교학자들의 경고와 일치하는 내용이 있다는 것입니다. 이른바 "명목상의 신앙"에 관한 것입니다. 명목상의 신앙은 글자 그대로 이름만 신앙인인 경우를 말합니다. 여전히 교회를 잘 출석할 수 있습니다. 교인으로서의 의무도 잘 할 수 있고, 심지어는 봉사도 하고 목회자가 될 수도 있습니다. 하지만 거기까지입니다. 본바탕이 없기 때문입니다. 신앙의 실체인 하나님과의 관계가 살아 있지 못한 경우입니다. 특히 셋째 세대에 그 위험이 가장 크다고 하는데, 그 이유는 넷째 세대에는 아예 신앙을 버리기 때문입니다.[3]

우리나라에 개신교가 본격적으로 활발하게 된 것은 1970년대부터이고, 지금 교회에서 자라는 청소년이 바로 이 셋째 세대입니다. 사회적으로도, 가난이나 고통에 대한 체험은 물론이고 그에 관한 이야기조차 희미해져 가는 세대입니다. 아브라함은 깊은 믿음과 많은 경험을 통해 믿음의 조상이 되었습니다. 이삭은 훌륭한 신앙의 아들이었습니다. 하지만 그의 삶에는 아브라함에 비할 만한 극적인 신앙의 경험이 없다시피 합니다. 그의 안목은 세속화의 조짐마저 보입니다. 삼 대째 신앙인인 에서는 글자 그대로 명목상의 신앙인입니다. 야곱은 왜곡된 신앙인입니다.

명목상의 신앙인이 실질적 신앙인이 되는 길은 단 하나입니다. 벧엘의 경험이 있어야 합니다. 세상적인 꿈을 닫는 일이 필요합니다. 지난날 우리나라 사람들은 하나같이 배고픔과 빈곤을 넘어서고자 하는 꿈을 꾸었습니다. 잘살고 싶은 것은 인류의 공통적인 소망입니다. 한국은 그 꿈을 이룬 몇 안 되는 나라 중 하나입니다. 20세기 초 최빈국에서 세계 10위 안팎의 경제대국이 되었습니다. 그러나 외환 위기가 닥친 1998년 이후 모든 것이 변했습니다. 지금 우리는 선진국 그룹인 OECD 회원국 가운데 출산율 최저에 자살률은 최고라는 문제를 안고 삽니다. 자살이 많은 것은 현실이 힘들기 때문이고, 아이를 낳지 않는 것은 미래가 불투명하기 때문입니다. 그것이 우리의 현주소입니다. 삶의 의미를 줄 비전이 사라졌다는 증거가 아닐까요? 문화 시대를 이야기하지만 비전은 어두워져만 갑니다. 우리나라의 텔레비전과 스마트폰은 세계를 선도합니다. 그런데 삶의 현실은 암담합니다. 동남아와 세계의 가난한 나라 사람들은 우리나라에서 '코리안 드림'을 이루겠다고 옵니다. 정작 우리는 비전을 잃은 것이 아닌지 걱정스럽습니다.

신앙인은 비전을 잃으면 곧 세속화됩니다. 먼 미래가 문제가 아니라 지금 당장 발걸음이 흐트러집니다. 명목상의 신앙은 바로잡아야 합니다. 각 세대가 하나님을 만나는 실존적 체험이 필요합니다. 그것이 하나님의 집으로 돌아오는 길입니다. 그것이 아브라함의 하나님, 이삭의 하나님이 이야기 속 하나님에서 나의 하나님으로 고백되는 길입니다. 지금 여러분은 여기서 무엇을 꿈꾸고 있습니까?

4

총리가 된 노예 소년의 꿈

| 요셉

여러 해 전 MBC TV에 '성공시대'라는 프로가 있었습니다. 주일 밤 시간이라 매번 볼 수는 없었지만, 기회가 있는 대로 보곤 했습니다. 그중에 '노르웨이 라면왕 이철호' 편이 기억납니다. 이분은 한국인으로는 처음으로 노르웨이 교민이 된 사람입니다. 6·25 전쟁 통에 가족을 잃고 크게 다친 열일곱 살의 소년을 UN 의료진 가운데 한 사람이 치료를 위해 자신의 나라로 데려갔습니다. 훗날 소년은 그곳에서 온갖 역경과 편견을 이기고 훌륭한 사업가가 되었습니다. 호텔 벨보이를 시작으로 잡역부, 화장실 청소부, 식당 일을 전전하다 음식업계에서 그의 이름을 딴 "미스터 리"(Mr. Lee)라는 이름의 라면으로 크게 성공합니다. 하지만 그가 돈을 많이 벌어서만 유명해진 것이 아닙니다. 노르웨이뿐 아니라 북유럽 전역을 다니며 청소년들에게 꿈을 심어 주는 일로 존경을 받고 있습니다.[1] '성공시대'에 소개되었던 이들은 대부분 그런 사람들입니다. 고난과 역경을 이기고 빛나는 업적을 이루었기에, 그들의 이야기는 사람들에게 용기를 줄 수

있습니다. 그러나 그들 중 누구도 요셉의 성공에 비견될 사람은 없었던 것 같습니다. 변방 가나안에서 태어나 당대 최고 대국인 애굽에 노예로 팔려 갔다가 왕 다음으로 높은 사람이 되었으니까요. 하지만 그것이 그가 꿈꾸던 바는 아니었습니다. 그의 진정한 성공은 다른 데 있었습니다. 요셉의 이야기는 입지전적 성공담에 그치지 않습니다. 거기에는 하나님께서 주신 꿈이 어떻게 이루어지는지를 보여주는 가장 좋은 예가 담겨 있습니다.

꿈꾸는 소년

유년주일학교 때 성경암송대회에 나가 이야기 성경책을 상으로 탄 적이 있습니다. 너무 재미있어 책이 해어질 정도로 여러 번 읽었던 기억이 납니다. 지금까지 지은이 이름이 생각나고 삽화까지 떠오릅니다. 특히 요셉의 이야기는 엄청 읽어 외울 정도였지요. 요셉은 제가 성경에서 가장 좋아하는 인물입니다. 요셉의 이야기는 고등학생 시절 다시금 큰 도전을 주었습니다. 그러던 어느 날 예배에서 '선한 소망'이라는 제목의 설교를 들었고, 그날 저는 요셉처럼 선한 꿈을 꾸는 사람이 되겠다는 비전을 품게 되었습니다. 이 글을 쓰게 된 것도 그때 시작된 일인지 모릅니다. 신학교수나 목회자가 되려는 구체적인 꿈을 꾸게 된 것은 아니었습니다. 다만 요셉 같은 사람이 되고 싶었습니다. 그 후 요셉은 계속해서 저의 모델이었습니다. 그것은 지금도 마찬가지입니다.

어릴 때는 요셉의 꿈 이야기가 좋았습니다. 대학생 시절에는 고난을 참고 인내하며 최선을 다하는 모습에 도전을 받았습니다. 수년 전부터는 그가 어린 시절 꿈을 통해 하나님께서 보여주신 삶의 의미를 깨달아 가는 과정에 큰 교훈을 받습니다. 나이를 먹으면서 그의 이야기를 더 깊이 알아 가고 있는 셈입니다. 성경의 모든 이야기가 그렇듯 요셉의 꿈은 개인적 일화만이 아닙니다. 그것은 하나님 나라 역사의 한 장입니다. 집안싸움에 휘말려 요셉의 꿈이 깨지는 듯한 순간조차도 그렇습니다. 그 꿈이 바로 이해되기까지 긴 시간이 지나갑니다. 하지만 그 꿈은 이루어집니다. 하나님 나라의 비전이 좌초하는 일은 없으니까요. 꿈은 이루어집니다. 월드컵의 응원 구호가 아닙니다. 요셉에게 꿈을 주신 분은 하나님입니다. 인간들의 오해와 방해에도 불구하고 하나님께서 이루십니다.

요셉은 어려서 꿈을 꾸었고 커서는 꿈을 해석했습니다. 남의 꿈뿐만 아니라 자신의 꿈도 새롭게 이해했습니다. 철모를 때 요셉은 마냥 꿈 자랑만 했습니다. 형들의 곡식단이 그의 단에 절하는 꿈이나, 해와 달과 열한 별이 그의 별에 절하는 둘째 꿈은 해석이 필요 없을 정도로 노골적입니다. 야곱 이야기에서 형이 아우를 섬길 것이라는 '복중 예언'보다 훨씬 더 도발적입니다. 꿈 자랑도 이쯤 되면 듣는 사람 속을 뒤집어 놓게 마련이지요. 요셉을 편애하던 아버지 야곱조차 그를 꾸짖을 수밖에 없었습니다. 그런 이야기를 자랑하듯 모두 모인 자리에서 떠들었다니 보통 철이 없는 것이 아닙니다. 더욱이 집안 분위기가 그것을 웃어 넘길 수 있는 상황이 아닌데도 말입니다.

꿈과 비전은 좋은 것입니다. 단 내 꿈이 남에게 불행을 가져온다면 문제가 됩니다. 히틀러의 꿈은 유대인들에게는 악몽이었습니다. 지도자의 잘못된 비전이 나라와 사회를 망치고 사람들을 불행에 빠뜨리는 일이 적지 않습니다. 『서편제』, 『이어도』 등으로 유명한 이청준의 대표작 가운데 『당신들의 천국』이라는 소설이 있습니다. 이 소설의 이야기는 소록도의 한센병 환자촌을 무대로 삼고 있습니다. 그 섬에 부임하는 병원장들마다 지옥과 같은 그곳을 "천국"으로 만들겠다는 비전을 펼칩니다. 일제강점기 인물로 등장하는 주정수 원장의 경우, 소록도를 버림받은 환자들의 낙원으로 꾸미려고 '낙토건설'이라는 대규모 역사를 일으킵니다. 이에 원생들은 감동을 받고 손가락이 썩어 떨어져 나가도록 일을 합니다. 그러나 섬은 점점 원장 자신을 위한 천국이 되고 맙니다. 원장이 자신의 업적을 기릴 동상을 세울 무렵 "문둥이들"은 절망하고, 결국 원장은 누군가의 칼에 맞아 살해당하고 맙니다.

요셉의 꿈은 형들을 분노케 했습니다. 집에서 멀리 떨어진 곳에서 양을 치던 형들은 심부름 온 그를 보자 다음과 같이 의논합니다.

> 꿈꾸는 자가 오는도다. 자, 그를 죽여 한 구덩이에 던지고 우리가 말하기를 악한 짐승이 그를 잡아먹었다 하자. 그의 꿈이 어떻게 되는지를 우리가 볼 것이니라(창 37:19-20).

아무리 꿈 자랑에 기분이 나빴다고 해도 동생을 죽이려고까지 한다는 것은 이해가 안 됩니다. 버릇없는 막내의 개꿈이라고 웃어넘길 상황이 아니었기에 그랬을 것입니다. 복잡한 야곱의 가정상황을 생각해 보면 그들의 심정을 이해할 수 있을 것 같기도 합니다.

또다시 왜곡된 비전

왜곡된 비전은 야곱의 세대에도 살기 어려운 싸움을 불렀습니다. 장자의 축복을 탐하는 야망이 하나님의 비전을 위태롭게 했습니다. 요셉의 꿈도 비슷한 상황을 불러왔습니다. 요셉의 꿈 자랑이 폭탄이었던 것은, 야곱의 가족이 한마디로 "콩가루 집안"이었기 때문입니다. 사이가 좋지 않은 자매 레아와 라헬, 그리고 몸종 빌하와 실바까지 모두 야곱의 아내가 된 탓입니다. 게다가 아들만도 "한 다스"인 복잡한 가정입니다. 쌍둥이 둘이 다투던 것과는 비교도 안 됩니다. 사랑하던 라헬이 막내 베냐민을 낳다 죽자, 야곱은 그녀가 낳은 아들들을 편애합니다. 자신이 편애의 쓰라린 경험자면서도 같은 실수를 이어 갑니다. 요셉의 꿈은 가족 간 긴장 때문에 오해될 수밖에 없었습니다. 아브라함의 비전은 또다시 집안싸움으로 위기에 처합니다.

신앙 공동체의 치명적 위험 중 하나가 내부분열입니다. 야곱의 집안싸움은 특히 레아와 라헬의 아들들 사이의 주도권 다툼에서 비롯됩니다. 요셉의 라이벌은 레아의 첫째 르우벤이 아니라 넷째인 유다였습니다. 에스겔서를 보면 이들의 갈등이 이스라엘 역사 전반에 그림자를 드리우고 있는 것을 알 수 있습니다. 북쪽 이스라엘은 요셉 족속, 남쪽 유다는 유다 족속인 것처럼 말하고 있으니까요. 실제로 이런 불화에 불안감을 느낀 야곱은 요셉을 과도하게 보호합니다.

집을 떠나 멀리 생활하는 것이 흔한 유목생활에서 야곱은 결코 요셉을 레아의 아들들과 함께 보내지 않습니다. 항상 몸종이었던 부인들의 아들과 어울리게 할 뿐이었습니다. 또 요셉에게는 특별한 의복을 입혔습니다. 요셉 역시 그리 현명하게 행동하지 않습니다. 요셉의 두 가지 행동이 형들의 마음을 완전히 틀어지게 하는데, 그 첫째가 형들의 잘못을 고자질한 것이고, 둘째가 꿈 자랑입니다.

요셉의 꿈은 하나님의 계시였습니다. 성경이 없던 시절이라 자주 꿈을 통해 하나님의 뜻을 보이셨습니다. 꿈 자체가 잘못은 아닙니다. 아무도 그 꿈의 의미를 제대로 몰랐다는 것이 문제였습니다. 어떤 과정을 거쳐서 그 꿈이 이루어질지는 더욱 몰랐습니다. 요셉도 자신이 첫째가 되야 하는 까닭을 오해했습니다. 무지에 교만이 더해져 갈등을 키웁니다. 꿈을 가지는 것은 중요합니다. 하지만 꿈의 질이 더 중요합니다. 아무리 훌륭해도 이기적인 꿈은 사람들의 존경과 이해를 받기 힘듭니다. 흔히들 말하는 꿈처럼, 세속적인 야망은 시기와 분노의 표적이 되기 쉽습니다.

몇 해 전 일본 북해도를 돌아볼 기회가 있었습니다. 삿포로에는 농학으로 유명한 홋카이도 대학이 있습니다. 일본정부가 이 대학의 전신인 삿포로 농업학교의 초대 부총장으로 영입한 윌리엄 클라크(William S. Clark)는 미국인이었습니다. 훗날 그는 북해도뿐만 아니라 일본의 스승이 됩니다. 그는 1867년에 어느 연설 중에 한 "소년이여 야망을 가져라"(Boys, be ambitious)는 말로도 유명한데, 그의 동상에도 바로 그 글귀가 적혀 있더군요. 하지만 그 말은 "야망"이란 단어 때문에 자주 오해를 받고 있습니다. 비전을 가지라고 번역해야 그의 의도에 맞았을 것입니다. 그 다음에 이런 말이 따라오니까요. "돈이나 이기적인 성취를 위한 야망이 아닌, 사람들이 명성이라 부르는 덧없는 것을 위한 야망이 아닌, 인간으로서 마땅히 갖추어야 할 모든 것에 도달하기 위한 야망을 가져라."

꿈보다 더 중요한 것은 그것을 이루는 과정입니다. 하나님께서 주신 꿈이지만 성취 과정은 순탄하지 않았습니다. 비전은 큰 산을 멀리서 바라보는 것 같습니다. 목표는 분명하지만 길은 보이지 않으니까요. 산마루에 도착해 오르기 시작해야 비로소 조금씩 보입니다. 고속도로처럼 활짝 열린 길이 아닙니다. 구불거리며 돌아가는 길입니다. 산 너머 산이 겹겹이 나옵니다. 다 올랐다 싶은데, 다시 골짜기로 내려가 험한 절벽을 기어올라야 할 때가 많습니다. 요셉의 꿈 이야기가 꼭 그렇습니다. 꿈 때문에 온갖 고난이 덮치니까요. 꿈을 이루시는 역사는 흔히 그렇게 시작됩니다.

비전과 시련

꿈을 따라 사는 사람은 고난을 각오해야 합니다. 남들이 꿈을 조롱하고 짓밟으려 해도 요셉은 낙심하지 않습니다. 포기하지 않습니다. 악과 타협하거나 굴복하지 않습니다. 야곱과는 매우 다른 모습입니다. 요셉은 정말 흠잡을 데가 없습니다. 앞일을 전혀 알 수 없는 가운데도 하루하루를 성실히 사는 참을성이 있었습니다. 무엇보다 자신의 선한 소망에 진실한 자세로 살았습니다. 노예로 팔렸어도 절망치 않고 성실히 살았습니다. 인정도 받고 편안할 만하자, 이번에는 추한 욕정의 대상이 됩니다. 유혹을 물리치다 누명을 쓰고 감옥에 갇힙니다. 거기서도 간수의 인정과 죄수의 존중을 얻습니다. 하나님께서 함께하심으로 매사에 형통했던 것입니다(창 39:3, 23).

노예로 팔리고 누명을 쓰고 감옥에 갇힌 것이 무슨 형통이냐고 할지 모릅니다. 형통은 하나님께서 함께하심에 있습니다. 요셉은 늘 주변 사람들의 닫힌 눈을 열어 줍니다. 그들의 꿈의 의미를 밝혀 복을 나누어 줍니다. 아브라함의 경우처럼 요셉의 꿈도 오랜 연단을 통해서 현실이 됩니다. 비전은 실제적이지만 아직은 현실이 아닙니다. 보통 쓰라린 연단을 견디며 오랜 기다림이 수반되곤 합니다. 그 이유는 아직 비전을 이룰 준비가 되어 있지 않기 때문입니다. 그래서 하나님께서는 비전을 주신 뒤 곧바로 골짜기로 내모시는 경우가 많습니다. 요셉은 꿈 때문에 형제들의 미움을 사고 결국 우물에 떨어지는 신세가 되었습니다. 찬란한 비전을 품은 요셉은 구렁텅이와 감옥 속에 처박히는 일을 겪었습니다.

하나님께서는 서두르실 이유가 없습니다. 시간을 만드신 분이시기에 그러합니다. 세상의 모든 기회를 손에 쥐고 계시는 분이십니다. 사람을 세우고 폐하시는 분이십니다. 형통은 하나님께서 함께하실 때 옵니다. 하나님께서는 비전을 주시면 성취를 위해 곧바로 일에 착수하십니다. 그 중요한 부분이 비전의 사람을 연단하는 것입니다. 하나님의 비전은 공중에 낙원을 만드는 일이 아닙니다. 험한 세상에서 하나님의 역사를 이루어 가는 일입니다. 신앙의 사람들은 환란을 당하나 담대합니다. 세상을 이기신 분을 의지하기 때문입니다 (요 16:33). 환란은 마치 격심한 체력훈련과 같아서 영적 근육을 강하게 합니다. 비전의 성취를 위한 기초체력을 키우는 셈이지요.

하나님께서는 때로 침묵 속에서 우리를 연단하십니다. 그 침묵은 무관심이 아니라 친밀의 증거입니다. 자주 잔소리를 하실 때보다 침묵으로 일관하실 때 더 가까이 하십니다. 보고 들을 수 있는 증거를 요구하면 주실 경우도 있습니다. 하지만 참고 견디면 하나님 자신에 대한 놀랍고 성숙한 이해를 갖게 될 것입니다. 하나님의 침묵은 우리에게도 전염이 됩니다. 몸부림치고 절규하기보다 하나님은 거기 계시다는 임재를 믿으며 잠잠히 그분을 바라게 됩니다.²

한편 하나님께서는 자신의 계획에 따라 일을 착착 진행시키십니다. 요셉이 고통 속에서 성숙해 가는 동안 또 다른 꿈을 애굽 왕 바로에게 주십니다. 그리고 그것에 대한 해몽은 요셉에게 주셨습니다. 한 세트로 된 이 꿈은 해석하기 어려운 것이 아니었습니다. 그 뜻을 그토록 많은 박사들이 알지 못했다는 것이 정말 이상할 정도입니다. 어쨌든 그 꿈을 통해 애굽의 미래를 조명한 요셉은 감옥에서 나옵니다. 아울러 당장 바로의 가장 총애를 받는 사람이 됩니다.

꿈을 기억하게 하신 하나님

그런 과정을 통해 요셉은 결국 총리가 되었습니다. 모든 일이 잘되었습니까? 아니, 그렇지 않습니다. 성경은 이를 절정으로 보지 않고 오히려 위기로 봅니다. 바로 이것이 세상의 성공담과 다른 점입니다.

애굽의 2인자가 된 요셉에게는 막대한 권력과 부와 명예가 주어졌습니다. 세상에서 부러워할 것이 없는 지위에 올랐습니다. 노예로 팔려와 그리되었으니 이만한 성공이 없습니다. 하지만 성경은 요셉을 꿈을 상실할 위기에 처한 사람으로 그립니다.

첫째, 그는 애굽 여인과 결혼합니다. 그것도 애굽 제사장의 딸입니다. 이스라엘 왕 아합은 광신적 우상숭배자인 시돈 왕 엣바알의 딸 이세벨과 결혼하여 망조가 듭니다. 요셉이 그렇게까지 간 것은 아닙니다. 하지만 정황이 그리 낙관적으로 보이지 않습니다. 우선 이름을 '사브낫바네아'라고 바꿉니다(창 41:45). 애굽에서 공인으로 살려니 필요했을지 모릅니다. 저도 외국에서 오래 살다 보니 이름을 바꾸라는 권고를 받은 적이 몇 번 있었습니다. 기숙사 식당에서 보조 '쿡'(요리사)이 되었을 때의 일입니다. 주방장이 국원(Kuk-Won)이란 제 이름이 마음에 안 든다고 투덜거렸습니다. 자기가 쿡 원(Cook One)이니 내 이름은 쿡 투(Cook Two)로 바꾸라는 겁니다. 우리나라 사람은 일제 시대 창씨개명이라는 아픈 역사 때문인지 이름 바꾸는 것을 그리 내켜 하지 않습니다. 어쨌든 요셉은 이름을 바꿉니다. 다니엘과 세 친구를 바벨론 시종으로 만드는 일이 이름을 바꾸는 것에서 시작된 것에 비추어 볼 때, 결코 좋은 조짐이라고 할 수 없습니다.

아들들의 이름도 시사하는 바가 많습니다. "요셉이 그의 장남의 이름을 므낫세라 하였으니 하나님이 내게 내 모든 고난과 내 아버지의 온 집 일을 잊어버리게 하셨다 함이요 차남의 이름을 에브라임이라 하였으니 하나님이 나를 내가 수고한 땅에서 번성하게 하셨다 함이었더라"(창 41:51-52). 므낫세의 의미를 정확하게 알기는 쉽지 않지만, 가나안에 두고 온 고향집에 얽힌 골치 아픈 모든 일을 잊는다는 말일 수 있습니다. 에브라임은 애굽에서 번영을 누리자는 야망의 표현일 수 있습니다. 만약 이러한 해석이 맞다면, 요셉은 성공으로 오히려 위기에 빠진 셈입니다.

요셉의 꿈은 총리가 되어 성취된 것이 아닙니다. 그것은 과정이었을 뿐입니다. 그런데 성공 때문에 꿈을 잊을 위험에 처한 것입니다. 비전의 위기는 포기보다 성취에서 올 수 있습니다. 우리의 비전이 영원한 하나님 나라가 아니면 그럴 수 있습니다. 그럴 수 있는 것이 아니라 반드시 그렇습니다. 꿈은 이루어지면 더 이상 꿈이 아닙니다. 비전은 신기루가 아닙니다. 그것은 실상이 있습니다. 그러나 비전이 곧 실상은 아닙니다. 요셉의 꿈은 아직 이루어진 것이 아닙니다. 하지만 고생을 하면서 변했을지도 모르지요. 꿈보다 더한 성공을 이루었다고 생각했을지도 모릅니다.

하지만 하나님 편에서 보면 꿈의 상실이요 왜곡입니다. 변질된 꿈과 비전은 삶을 지탱하고 이끄는 이상과 용기의 근원이 되지 못합니다. 그러니 위기입니다. 더욱이 아브라함의 비전을 이어 가야 하는 요셉이 '이집션 드림'에 빠져들 수는 없습니다. 하나님께서 그런 요셉을 가만히 두지 않으십니다. 꿈을 기억하게 만드십니다. 어느 날 갑자기 찾아와 그의 발아래 꿇어 절하는 형제들을 통해서 그 일을 하십니다. 형제들의 출현이야말로 되살아난 악몽이 아니고 무엇이겠습니까? 성경은 요셉이 그들을 보자마자 옛날 꿈을 기억했다고 친절히 이야기합니다. "요셉은 그의 형들을 알아보았으나 그들은 요셉을 알아보지 못하더라. 요셉이 그들에게 대하여 꾼 꿈을 생각하고"(창 42:8-9). 다시는 기억하기 싫은 일이었는지 모릅니다. 하지만 열 명이나 되는 증인들이 떼를 지어 나타나 첫 번째 꿈을 현실로 만듭니다. 그러나 그의 마음은 후련하지 않습니다. 아직 그 꿈의 의미가 성취된 것은 아니기 때문입니다. 하나님께서 비전을 주셨다면 그보다 못한 일에서 결코 만족하도록 내버려 두시지 않습니다.

유다의 회개

꿈을 기억하며 요셉은 성공과 창성의 단꿈에서 깨어납니다. 그리고 서서히 옛꿈의 의미를 바로 이해합니다. 이때부터 요셉은 그 꿈의 의미를 이루는 일에 전념합니다. 이는 형들을 용서하고 품는 일이자, 이를 통해 진정한 으뜸이 되는 일입니다. 요셉의 용서는 매우 치밀한 계획 속에 이루어집니다. 용서와 화해가 계획 없이 감정만으로 이루어질 수 없음을 보여줍니다. 사랑의 실천은 미움을 의지적으로 극복할 때 가능하다는 것을 가르쳐 줍니다.

요셉은 형들을 스파이로 몰아칩니다. "그들에게 이르되 너희는 정탐꾼들이라. 이 나라의 틈을 엿보려고 왔느니라"(창 42:9). 그러면서도 곡식 속에 돈을 넣어 돌려보냅니다. 이런 억지를 부리는 것은 형들을 되찾기 위한 노력입니다. 함정에 빠뜨려 곤혹스럽게도 하지만 복수를 위함이 아닙니다. 끝내 베냐민을 데려오게 하는 것도 어머니 라헬의 피를 나눈 하나뿐인 동생을 보고자 하는 것만은 아닙니다. 야곱에게서 베냐민을 데려오는 것이 어떤 의미를 가지는지 계산하고 하는 일입니다.

베냐민을 본 요셉은 자신의 잔을 곡식 부대에 넣어 그들을 도둑으로 몰고 갑니다. 베냐민을 붙잡아 두겠다고 합니다. 이때 놀라운 일이 일어납니다. 레아의 아들 중 가장 목소리 큰 사람이요 요셉을 팔았던 유다가 대신 종이 되겠다고 나섭니다. 야곱의 아들들 가운데 두 라이벌 리더가 유다와 요셉이었다면 유다의 이런 모습은 정말 극적이라 할 수 있습니다(창 44:33-34). 악역을 도맡던 유다의 회개라고 할 수 있습니다. 요셉은 이 말을 듣고서 자신이 누구인지를 밝힙니다. "나는 당신들의 아우 요셉입니다." 잠시 감겼던 그의 눈이 다시 열린 것입니다.

요셉은 비로소 어린 시절의 꿈을 바로 깨닫게 되었습니다. 왜 하나님께서 자기를 형제들 사이에서 으뜸이 되게 하셨는지를 알았습니다. 으뜸됨의 의미가 무엇인지도 이해했습니다. 요셉은 이제 옷이나 자랑하고 고자질하여 형들을 곤란하게 하는 철부지가 아닙니다. 아버지의 사랑을 믿고 형들을 무시하던 못난이도 아니었습니다. 세상 권세를 가지고 한을 풀려 하지도 않습니다. 그간의 하나님의 역사와 연단이 제대로 가치를 발휘하기 시작합니다. 요셉은 형들을 향해 복수심으로 불타는 대신 진정한 사랑으로 그들을 되찾는 성숙에 이른 것입니다.

요셉은 형제들을 모두 용서하고 진정으로 품습니다. 하지만 형들은 두려워합니다. 시간이 한참 지난 후에도 불안을 떨쳐내지 못합니다. 아버지 야곱이 죽자 불안해져 요셉에게 종 되기를 자청합니다. 요셉은 또다시 눈물을 흘립니다. "두려워하지 마소서. 내가 하나님을 대신하리이까" 하고 형들을 안심시킵니다(창 50:19). 요셉은 불화로 깨진 언약 공동체의 비전을 다시 살립니다. 아브라함의 비전을 이어 가는 일에 쓰임을 받았습니다. 그러므로 요셉의 이야기는 세속적 성공담이 아닙니다. 애굽에서 총리가 되고 형제들이 그의 발밑에 꿇은 것도 과정일 뿐입니다.

화해자가 된 꿈쟁이

파스칼(Blaise Pascal)은 『팡세』(Pensées)에서 요셉을 예수님과 가장 닮은 구약의 인물이라고 말합니다.[3] 요셉은 예수님의 모형이요 예표입니다. 요셉은 아버지로부터 자신을 미워하는 형제들에게 보내졌습니다. 그들에게 잡혀 애굽에 노예로 팔리는 절체절명의 위기를 맞습니다. 예수님도 하나님의 보내심을 받아 세상에 오십니다. 그리고 고난받고 죽임을 당했습니다. 똑같이 유다라는 이름을 가진 사람에게 은전 이십, 삼십에 팔립니다. 감옥에 갇힌 요셉은 떡 굽는 관원장과 술 맡은 관원장의 꿈을 풀이해 줍니다. 한 사람에게는 죽음을, 다른 사람에게는 생명을 예고하며, 술 맡은 관원장에게 감옥에서 나가면 자신을 기억해 주기를 부탁합니다. 예수님도 십자가에서 다른 두 죄수의 말을 들으며, 자신을 기억해 주시기를 간청하는 자에게 "오늘 네가 나와 함께 낙원에 있으리라" 말씀하십니다(눅 23:43). 한 사람에게는 죽음을, 다른 한 사람에게는 구원을 베푸신 것입니다. 참으로 우연이라 할 수 없을 정도로 닮았습니다.

하지만 요셉이 예수님을 예표하는 가장 분명한 모습은 다른 데 있습니다. 그것은 바로 자신의 목숨을 드려 형제들의 생명을 구하는 부분입니다. 자신의 목숨을 건 고난을 통해 형제들을 구할 뿐 아니라 화해자가 된 모습입니다. 용서란, 원한을 복수하는 대신 그 분노와 상처를 대신 감당하는 것입니다. 죄악과 불의는 결코 그냥 용서될 수 없는 것입니다. 요셉은 자기를 죽이려 했던 형들의 죄를 용서하는 짐을 졌습니다. 그리하여 아브라함의 가족이 이스라엘을 이룰 열두 족속의 화평을 이룬 것입니다. 예수 그리스도는 우리가 지은 죄를 대속하여 하나님의 백성이 되게 하심으로 구속을 이루셨습니다. 요셉은 바로 그 구속 역사의 예표가 된 것입니다.

이런 역사는 오늘도 계속됩니다. 남아프리카 공화국의 '아파르트헤이트'(Apartheid)는 역사상 가장 잔혹한 인종차별정책으로 꼽힙니다. 데스몬드 투투(Desmond Tutu)는 그에 맞서 싸운 공로로 1984년 노벨 평화상을 받았습니다. 그는 『용서 없이 미래 없다』(*No Future Without Forgiveness*)라는 책에서, 흑인들에게 정권이 넘어간 후 어떻게 오랜 흑백 간 갈등의 상처가 치유되었는지 보여줍니다.[4] 진실화해위원회(Truth and Reconciliation Commission)가 택한 길은 "잘못은 인정하도록 하되 복수하지 않는다"는 것입니다. 세상에서 온전한 정의가 구현되기란 어려운 일입니다. 피를 피로 갚는다고 진정한 복수가 되는 것도 아닙니다. 사회적 불의를 극복하지 않고서는 평화는 불가능합니다. 한을 쌓아 두고 화평을 이룰 수 없습니다. 매우 성경적인 정의 구현 방식이라 할 수 있습니다. 요셉이 택한 방법 역시 바로 그것이었습니다. 결국 화해자가 세상을 하나님의 나라로 만들어 갑니다.

한국의 근대사는 한(恨)의 역사입니다. 외침(外侵)과 내분의 역사 속에 수많은 불의가 자행된 탓입니다. 무엇보다 일제 식민통치 시절을 제대로 정리하지 못한 아픔을 품고 있습니다. 과거사위원회가 노력해 봤으나 큰 결실을 만들어 내지 못했습니다. 지난날의 불의를 바로잡는 일은 그처럼 어렵습니다. 독재의 잔재 청산도 속 시원히 이루어지지 않습니다. 이래저래 우리 사회는 한을 풀어내기보다 더 쌓아 가는 것 같습니다. 신앙인들도 별로 도움이 되지 못합니다. 이념 갈등과 계층 간, 세대 간 갈등으로 가득한 오늘날 한국 사회는 이런 화해의 비전가를 기다립니다.

"아주 먼 옛날 하늘에서는/ 당신을 향한 계획 있었죠"라는 가사의 CCM 곡이 있습니다. 요셉은 그 꿈을 아는 사람이었습니다. 진짜 리더가 되는 길이 무엇인지를 배웠습니다. 화해자가 된 요셉은 자신에게 주어진 권한과 능력을 통해 모든 이를 살리는 꿈의 사람이 됩니다. 그로 인해 가족 모두가 하나님의 비전을 제대로 이해하게 됩니다. 자기에게 주신 꿈을 따라 성실히 살아간 요셉으로 인해 깨어진 가정이 회복되었습니다. 요셉은 꿈꾸는 사람이요, 그것을 이룬 사람이었습니다. 나아가 그 꿈을 통해 계획하신 하나님의 역사를 이루는 사람이었습니다.

5. 도망자의 삶을 변화시킨 비전

| 모세

인상파 화가 고갱(Paul Gauguin)의 그림은 그의 격정적인 삶처럼 선과 색채가 강렬합니다. 「우리는 어디서 왔으며 누구이며 어디로 가는가」는 칠판보다 큰 초대형 작품입니다. 오른쪽 끝에 아기가 누워 있고, 먼 곳을 바라보는 이, 생각에 잠긴 여인을 지나 중앙에 과일을 따는 남자 뒤쪽으로 우상이 하나 있습니다. 그림은 양손으로 머리를 감싸고 괴로워하는 늙은 여인으로 끝납니다. 제목처럼 인생의 근본적인 질문과 씨름한 걸작입니다. 안타까운 점은 답을 보여주지 못했다는 것입니다. 고갱의 삶이 방황으로 끝났듯, 질문의 답을 찾지 못한 것 같습니다. 모세의 삶도 오랜 방황으로 점철되어 있습니다. 태어난 지 석 달 만에 강물에 띄워진 모세는 애굽의 공주에게 건짐을 받고 궁궐에서 왕자의 신분으로 자랍니다. 훗날 자신이 히브리 사람임을 깨닫고 그것을 받아들이기로 결단하지만, 성급히 행동하다가 살인을 하고 도망자 신세가 됩니다. 방황은 40년이 지난 후에야 끝이 납니다. 하나님께서 떨기나무 불꽃 속에서 그를 부르신 때였습니

다(출 3:1-15). 모세는 여호와 앞에 신을 벗고 무릎을 꿇고서야 자기가 어디서 왔고 누구이며 어디로 가야 하는지를 알게 됩니다.

정체성의 회복

입양아들은 흔히 철이 들면 친부모를 찾아 나섭니다. 자신이 누구인지 알기 위해서입니다. 모세도 마찬가지였을 것입니다. 그가 어떻게 자기가 히브리 사람임을 받아들였는지 확실히 알 수 없습니다. 하지만 그것이 믿음에 기초한 결단이었음은 분명합니다.

> 믿음으로 모세는 장성하여 바로의 공주의 아들이라 칭함 받기를 거절하고 도리어 하나님의 백성과 함께 고난받기를 잠시 죄악의 낙을 누리는 것보다 더 좋아하고 그리스도를 위하여 받는 수모를 애굽의 모든 보화보다 더 큰 재물로 여겼으니 이는 상 주심을 바라봄이라(히 11:24-26).

모세가 애굽의 부귀영화를 버리고 하나님의 백성과 함께 고난받는 길을 택한 것은 삶에 대한 새로운 안목이 생긴 증거입니다.

저는 이민가정의 자녀들이 정체성의 갈등을 겪는 것을 많이 보았습니다. 자신이 누구이며 어떤 이들을 벗 삼아 살 것인지를 결정하는 것은 쉽지 않은 일입니다. 하지만 이 과정은 이민자뿐 아니라 사람이면 누구나 거치는 통과의례입니다. 보통은 부모와 가족이 정체성과 친밀감을 제공합니다. 커 가면서는 사회와 문화가 영향을 미칩니다. 그리고 언젠가는 하나님 앞에서 자신이 누구이며 어떤 사람들과 더불어 무엇을 위해 살아야 할지를 깨닫게 되면서 비전이 달라집니다.

모세는 고생하는 동족과 함께하려는 뜨거운 마음이 있었을 뿐 하나님의 계획을 볼 눈이 없었기 때문에 성급히 행동해 일을 그르칩니다. 눈앞에서 벌어지는 불의에 대한 의분이 어떤 결과를 가져올지 깊이 생각하지 못한 것이지요. 진정한 비전은 계획이 함께 있어야 합니다. 모세가 이런 안목을 갖추기 위해서는 다른 하나님의 일꾼들처럼 오랜 훈련이 필요했습니다.

하나님께서 모세를 훈련시키신 곳은 미디안 광야였습니다. 그는 거기서 40년간이나 양치기생활을 하게 됩니다. 앞날에 무엇이 기다리고 있는지 모른 채 살았습니다. 하지만 그곳이 고향이라고 생각하지 않았습니다. 아들의 이름을 "내가 타국에서 나그네가 되었다"는 뜻인 '게르솜'이라 지은 것이 그 증거입니다(출 2:22). 모세도 아브라함처럼 유랑민으로 살았던 것입니다. 물론 헛된 시간은 아닙니다. 양떼를 돌보는 일은 훗날 이스라엘 백성을 인도하는 훈련이었으니까요. 기다림은 턱을 괴고 앉아 시간을 죽이는 것이 아닙니다. 하나님의 방식을 몸과 마음으로 익히는 기간입니다.

한편 애굽에서는 이스라엘 백성들 사이에서 출애굽의 여건이 익어 가고 있었습니다. 백성들은 바로의 학대 속에 그곳이 영원한 거처가 아님을 깨닫고 하나님께 부르짖습니다. 하나님께서 아브라함과 세우신 언약을 기억해 낸 것입니다. 주님도 그들을 돌아보고 애굽에서 이끌어 내어 약속의 땅 가나안으로 인도하고자 하십니다. 이제 구속 역사가 선민의 나라를 이루는 단계에 왔습니다.

하나님께서 모세를 부르신 것이 그 일의 시작입니다. 먼저 불붙는 가시덤불로 모세의 눈을 사로잡으십니다. 놀라운 광경에 이끌려 온 모세에게 소명을 주십니다. 강한 시각적 이미지로 이목을 끌고 음성으로 메시지를 각인시키는 방식은 영화의 한 장면처럼 보입니다. 비전은 이런 방식으로 주어지는 경우가 많습니다. 이사야를 선지자로 부르실 때나 바울을 사도로 부르실 때도 그랬습니다. 에스겔도 소명을 받기 앞서 엄청난 비전에 압도되었습니다. 이런 전인적인 강렬한 체험은 평생토록 비전을 좇아 소명을 붙드는 힘의 원천이 됩니다.

하나님을 아는 지식_비전의 원천

모세는 불꽃 속에서 자신의 이름을 부르시는 여호와 앞에 신을 벗고 무릎을 꿇은 채 자신을 돌아봅니다. "내가 누구이기에" 그토록 큰 사명을 감당하겠냐고 머리를 조아립니다(출 3:11). 하나님 앞에서 자기가 누구인지를 아는 일이 소명의 시작입니다. 새로운 정체성은 새로운 비전의 시작입니다. 모세는 광야에서 홀로 많은 생각을 했을 것입니다. 하지만 자신을 온전히 발견하지 못했습니다. 오로지 하나님 앞에 섰을 때, 그의 부르심 앞에서 자신을 제대로 보게 됩니다. "내가 누구이기에"는 정말 중요한 질문입니다. 그리고 이내 "당신은 누구십니까"라고 묻습니다.

하나님과 모세의 만남에서 이런 문답이 오가는 데는 이유가 있습니다. 존 칼빈이 『기독교 강요』(*Institutes of the Christian Religion*)

첫머리에서 강조했듯이, 하나님을 아는 지식과 우리 자신을 아는 지식이 밀접하기 때문입니다.[1] 하나님이 어떤 분인지 모르고서는 우리 자신도 알 수 없습니다. 모세가 이스라엘 백성을 이끌고 출애굽의 역사를 이룰 비전을 갖기 위해서는 하나님과 자신을 아는 것이 필수적입니다. 비전은 하나님을 알고 자신을 아는 지식에 기초해서만 열립니다.

물론 모세는 하나님에 대해서 어머니 요게벳에게서 들어 알고 있었을 것입니다. 하지만 야곱이 그랬던 것처럼 모세에게도 여호와는 조상의 하나님일 뿐이었습니다. 인격적 친밀감을 느끼지 못했을 것입니다. 하나님이 자신의 삶을 끊임없이 간섭하고 있다는 생각은 들었을 것입니다. 그처럼 우여곡절이 많은 삶을 산 이도 많지 않으니까요. 하지만 그런 지식이나 경험은 좋은 믿음을 보장하지 못합니다. 오히려 하나님을 부담스럽고 껄끄러운 존재로만 인식하게 만들 수도 있지요.

모세는 이렇게 묻습니다. "내가 이스라엘 자손에게 가서 이르기를 너희의 조상의 하나님이 나를 너희에게 보내셨다 하면 그들이 내게 묻기를 그의 이름이 무엇이냐 하리니 내가 무엇이라고 그들에게 말하리이까"(출 3:13). 답으로 주신 하나님의 이름은 특별합니다. "에흐예 아쉐르 에흐예." '여호와' 또는 '야훼'로 발음되는 히브리 자음 네 글자(יהוה)는 구약에 총 5321회나 나옵니다. 이것은 일반명사가 아니라 하나님의 고유한 이름입니다. "나는 스스로 있는 자"라 번역된 말은 "있다" 동사의 일인칭 단수형 둘을 관계대명사로 묶은 것으로, 문자적으로 옮기면 "나는 있는 …이다"입니다. 모든 이름이 그렇듯 하나님의 이름에도 중요한 의미가 있습니다.

딸을 낳은 친구를 축하하며 '소야'라고 부르라고 권하던 선배가 생각납니다. 예쁜 이름이지만 성이 염씨였기에 큰 놀림감이 될 뻔했지요. 요즘에는 뜻보다는 듣기 좋은 이름을 택하기도 하는 것 같습니다. 코닥(Kodak)과 같은 유명 상표도 그저 소리가 강해서 택한 것이라고 들었습니다. 그러나 아이 이름에는 부모의 소망과 비전이 담기게 마련이지요. 성경의 이름들이 특히 그렇습니다. 모세는 "건져 냄"이란 뜻입니다. 아브라함은 "열국의 아비"라는 의미입니다. 국원(國原)이라는 제 이름에는 나라의 들처럼 넓은 사람이 되라는 선친의 뜻이 담겨 있습니다. 제 첫째 딸의 이름에는 '기쁠 희'(喜)를 넣었고, 둘째는 '참 진'(眞)을 넣었습니다. 기쁨과 진리를 드러내고 펼치라는 의미입니다.

하나님의 이름은 계시 가운데 계시입니다. 문제는 그 의미를 알기 어렵다는 데 있습니다. 저도 그 이름을 놓고 무척 고심했던 적이 있습니다. 대학 시절, 아르바이트로 『적극적인 순종』이라는 십계명 해설서를 번역하던 때였습니다.[2] 제3계명 부분에서 하나님을 "I am"이라고 표현한 문장이었습니다. 영어로도 그렇지만 한글로 번역해 놓으면 정말 어색합니다. 고민 끝에 "나는 …이다"라고 번역했습니다. 그런데 까다롭기로 이름난 편집부장도 어쩔 수 없었던지 그대로 출판이 되었습니다. 그 시절이니 가능한 일이긴 해도 어쩌다 그 책이 눈에 띄면 얼굴이 붉어지곤 합니다. 사실 지금 번역해도 별다른 방법은 없을 것 같습니다.

"나는 스스로 있는 자"라는 이름은 어색하게 들리지만 그보다 하나님을 잘 계시하는 말은 없습니다. 하나님은 인간의 지적 능력으로 규정할 수 없는 분입니다. 교리문답에서는 하나님이 누구시냐는 질문에, 하나님은 영이시고 눈에 보이지 않으시며 무한하시고 영원하시며 전능하신 분이라고 답합니다. 그 내용 중 어느 하나 우리가 체험적으로 아는 것이 없습니다. 우리는 육이고 눈에 보이며 유한하고 약한 존재이기 때문입니다. 하나님은 초월해 계시는 분입니다(계 1:4, 8, 11:17, 16:5). 하나님은 스스로 존재하시는 분입니다. 모든 것의 근원이요 시작이 되시며, 무엇에도 의존하지 않는 분입니다(계 22:13). 그런 분이 스스로를 친히 알게 하시고 우리 삶의 의미를 밝혀 주십니다. 모세는 하나님을 만나 그 앞에 무릎을 꿇고 소명을 받습니다. 비전은 스스로 있는 분에게서만 옵니다.

거기 계시는 하나님

하나님을 아는 지식 중 가장 중요한 것은 "그가 계신 것"을 믿는 것입니다. 이 단순한 내용이 믿음의 조상들 모두의 공통점이었습니다. 보이지도 않고 만질 수도 없는 하나님의 존재를 믿음으로 시작한 것입니다. 더욱이 삶을 그분께 온전히 맡기고 걷는 것입니다. 그 길 끝에서 "상 주시는 이"심을 믿고 그렇게 하는 것입니다(히 11:6). 언약을 따라 살았던 믿음의 조상들은 이방인들처럼 "알지 못하는 신"을 더듬고 추측하며 산 것이 아닙니다. 물론 신을 파악하고 잘 알고 있다고 망령되이 행동하지 않았습니다. 이방인들 가운데는 감히 자기가 도통했거나 신이 될 수 있다거나 되었다고 믿는 이들도 있습니다. 우리는 그런 것을 꿈꾸지 않습니다. 그러나 신을 도무지 알 수 없다고 포기하거나 실망하지도 않습니다.

스스로 있는 자라는 말의 "있다"는 히브리 동사 중에 계속되는 상태를 나타내는 미완료 시제입니다. 하나님의 이름이 보여주는 가장 중요한 의미는 "존재"입니다. 그는 시간을 초월하여 영원부터 영원까지 계신 분입니다(계 1:4, 8). 그분은 또한 무엇으로 규정할 수 없는 분이시기도 합니다. 하나님은 존재이시되 그냥 …이신 분입니다. 뻔한 존재가 아닙니다. 우상을 만들고 섬기는 사람은 손아귀에서 주무를 수 있는 신을 섬깁니다. 여호와 하나님은 만유를 주관하시는 주권자입니다.

아이 둘이 있는 집에서 첫째는 "실험용" 둘째는 "애완용"이라고 한답니다. 신도 실험용과 애완용을 따로 두기 십상입니다. 평상시에는 매만져 닳고 닳아 반들반들해진 애완용 신을 섬깁니다. 마치 늘 아끼고 쓰다듬는 노리개처럼 말이죠. 하지만 위기를 만나 찾는 신은 따로 있습니다. 절박한 사정에 처하면 평소에 주무르던 우상으로는 감당이 안 되니까요. 참 하나님은 우리의 상상을 초월하는 분입니다. 이해할 수 없는 부분도 믿고 따르는 신앙이 필요합니다. 욥의 경우처럼 어느 날 갑자기 온갖 고난을 허락하신 분을 믿고 따르기란 쉽지 않습니다. 언약으로 주신 아들 이삭을 번제로 드리라고 명하시는 모습도 납득하기 어렵습니다. 모세를 40년간이나 광야에서 목자생활을 하게 버려 두신 일도 그렇습니다. 우리 인생 가운데서도 알 수 없는 분으로 다가오는 하나님을 만나게 될지 모릅니다. 우리가 온전히 파악하고 조작까지 할 수 있는 신은 참 하나님이 아닙니다. 낯설고 섭섭하게 느껴지는 하나님 앞에 잠잠히 바라며 그분이 하시는 말씀을 들을 때 비전은 열립니다.

무엇을 말씀하시든지 믿을 수밖에 없는 분 앞에 서면 신발을 벗어야 합니다. 여호와 하나님은 떡 한 시루 바치고 돼지머리에 돈을 물리듯 섬길 수 있는 분이 아닙니다. 하나님이 아닌 것이 신이 되는 것은 우리가 원하고 예배하기 때문입니다. 우리가 그렇게 하지 않으면 신이 아닌 것이 절대로 하나님을 대신하지 못합니다.

> 주와 같은 이가 없고 주 외에는 신이 없음이니이다(삼하 7:22).
>
> 위로 하늘에나 아래로 땅에 오직 여호와는 하나님이시요 다른 신이 없는 줄을 알아 명심하라(신 4:39).
>
> 나 외에 다른 신이 없나니 나는 공의를 행하며 구원을 베푸는 하나님이라. 나 외에는 다른 이가 없느니라(사 45:21).

이런 하나님만이 역사를 주관하시며 우리를 그분의 원대하신 비전 가운데 초대하십니다. 그 비전 속에서 우리는 하나님의 백성이 됩니다. 그분과 깊은 언약의 관계 속에 들어갑니다.

언약의 하나님, 조상의 하나님

하나님은 다음으로 이렇게 자신을 밝힙니다. "엘로히 아바드, 엘로헤 아브라함, 엘로헤 이삭, 엘로헤 야곱"(너희 조상의 하나님, 아브라함의 하나님, 이삭의 하나님, 야곱의 하나님). 그 말은 조상의 하나님이 모세의 하나님이요, 우리의 하나님이시기도 한다는 뜻입니다. 하나님은 인간과의 관계 가운데로 기꺼이 들어오시는 분입니다. 개혁주의 신앙의 핵심인 '언약'이 그것입니다. 주도권을 가지고 그리하십니다. 구체적인 의도를 가지고 역사와 상황 속에 들어오셔서 언약을 맺고 자기 백성과 함께 역사를 만드시는 분입니다. 그 하나님께서 모세에게 하시듯 우리에게도 그 역사와 비전을 보여주십니다.

제가 미국에서 목회하던 미시간 주의 앤 아버(Ann Arbor)라는 도시는 큰 대학이 있는 곳입니다. 그래서 학기 초에는 새로 온 학생들을 환영하는 만찬이 교회의 중요 행사였습니다. 미시간 대학 교수로 재직중이던 장로님이 있었는데 자신을 소개하는 방법이 독특했습니다. "나는 아무개 권사 남편입니다." 이 소개에 기존 교우들은 모두 배꼽을 잡습니다. 자신보다 권사님이 교회에 더 잘 알려져 있어 그리하신 것입니다. 그러나 그것은 겸손의 표현일 뿐입니다. 권사님도 열심이지만 중요한 일은 모두 장로님이 했기 때문입니다. 하나님께서 "아브라함의 하나님"이라고 하시는 말씀은 그런 겸양과 우스개에 비할 바가 아닙니다. 하나님께서 인간과의 관계를 통해 자신을 나타내고 계신 것입니다. 이것이 바로 언약과 비전의 핵심입니다.

여호와 하나님은 우주의 주권자시나 또한 아무개의 하나님입니다. 그분은 죽은 자의 하나님이 아니라 산 자의 하나님입니다. 우리를 인격적으로 알고 계시는 분입니다. 어거스틴은 하나님 스스로를 지칭하는 이름과 우리에게 알리신 이름을 구별했습니다. "스스로 있는 자"는 고유명사입니다. 둘째 것은 관계의 이름입니다. 파스칼도 철학자들의 신과 구별하기 위해 의도적으로 "아브라함의 하나님, 이삭의 하나님, 야곱의 하나님"이라는 긴 이름을 즐겨 사용했습니다.[3] 하나님께서는 우리 이름을 알고 부르시며 머리털까지 세고 계십니다. 특히 고난 중에 있는 이를 알고 기억하시는 분입니다. 일꾼으로 부르고 능력을 주시는 분입니다. 하나님은 아브라함을 불러 벗으로 삼으셨습니다. 인간과 가까이서 동고동락하기를 기뻐하십니다. 인간과 동행하고 동역하며 마음이 상하기도 하고 기뻐하기도 하시는 하나님입니다. 언약을 하시고 그것을 기억하시며 열심으로 이루시는 분입니다. 그 인격적인 분이 모세를 불러 출애굽의 비전을 주십니다.

　모세에게 이토록 여러 모로 이름을 밝히시는 모습은 사람들이 인사를 나눌 때 명함을 주고받는 것을 연상케 합니다. 명함을 교환하는 것은 관계를 트기 원한다는 표시입니다. 상대방이 알아주고 기억해 주기를 바라고 건넵니다. 명함에는 많은 정보가 담겨 있습니다. 사진이 들어 있는 것도 본 적이 있습니다. 직업과 지위는 꼭 적혀 있습니다. 주소뿐 아니라 전화번호도 집, 직장, 핸드폰 셋은 기본이고 이메일도 있습니다. 어떤 명함에는 고등학교부터 대학원까지 학력, 저서, 모 교회 장로인 것까지 적혀 있는 것을 봤습니다. 정보뿐만 아니라 취향도 짐작할 수 있습니다. 명함은 힘을 발휘하기도 합니다.

예전에 저는 판교에 있는 한국학연구원 앞을 지나 교회에 가곤 했습니다. 한번은 딸들에게 보여줄 생각에 그곳을 잠시 들렀습니다. 출입을 통제하며 사무적으로 용무를 묻던 수위에게 대학원장의 명함을 내밀자, 바로 태도를 바꾸어 경례를 하더니 직접 사무실까지 친절히 안내해 주더군요. 명함 없이 이름만 말해도 같은 힘을 발휘했을 겁니다.

하나님의 이름은 우리에게 부르라고 주신 것입니다. 언약의 사람들은 하나님의 이름을 불러 예배해 왔습니다. 에노스 자손이 여호와를 불렀고, 아브라함도 그분을 불러 예배했습니다(창 14:22). 그런데 지금은 이름의 정확한 발음을 아무도 모릅니다. 유대인들이 하나님의 이름을 망령되이 부르지 말라는 계명 때문에 그 단어를 발음하지 않았기 때문입니다. 대신 "나의 주"라는 뜻의 "아도나이"(Adonai)로 바꾸어 불렀습니다. 그렇게 오랜 시간 발음을 하지 않다 보니 아예 음을 잃어버렸습니다. 히브리 글자에 자음만 있기에 일어난 일입니다. 이름을 주신 것은 기억하고 그를 불러 기도하라고 주신 것입니다. 영원히 변치 않을 구호라고 하십니다. 부를 이름을 가르쳐 주는 것도 관계를 열어 주는 것입니다. 연락할 방법을 제시하는 것입니다. 세상에서는 일반적으로 아랫사람이 윗사람에게 먼저 명함을 줍니다. 하지만 하나님께서는 우리에게 자신의 이름을 먼저 주셨습니다. 그분의 명함을 먼저 받은 셈입니다. 그런 적이 없다고 할 수 없는 것은 온 우주가 하나님을 선포하기 때문입니다. "하늘이 하나님의 영광을 선포하고 궁창이 그의 손으로 하신 일을 나타내는도다"(시

19:1). 우리 삶 속에서 많은 일들이 그분의 쪽지요 명함입니다. 성경의 한 장 한 장이 다 그분의 명함입니다.

그 이름에 담긴 뜻은, 나를 믿으라는 것입니다. 내가 존재한다. 내가 절대자요 자존자임을 믿으라 하십니다. 이를 믿는 것은 신앙의 첫발이기도 하지만 궁극적 복의 시작입니다. 둘째, 믿고 순종하여 나의 일을 하는 사람이 되라는 것입니다. 나와 교제하자는 것입니다. 하나님께서 자신을 밝히신 것은 응답하라는 초청입니다. 어떻게 응답합니까? 믿고 순종하며 그분과의 관계 속에 들어가는 것입니다. 요즘 사람들은 어지간해서는 남에게 다가가지 않습니다. 그것을 생각하면 하나님의 낮추심을 엿볼 수 있습니다. 비전은 그런 교제를 바탕으로 열립니다. 하나님을 아는 지식을 통해 그분이 우리에게 하기 원하는 일을 깨닫게 하니까요.

부르심과 비전

하나님께서 모세를 찾으시는 것은 그를 불러서 일을 주시기 위함입니다. 하나님은 부족한 것이 없으십니다. 그분의 역사를 이루시기 위해 우리의 도움이 필요해서가 아닙니다. 하지만 우리는 그분을 위해 무언가를 할 수 있습니다. 또 하기를 원하십니다. 사람을 불러 당신의 일 맡기는 것을 기뻐하십니다. 일을 맡기고 그것을 감당할 능력도 주십니다. 그의 더러운 발에서 신을 벗기시나, 다시 신도록 하십니다. 애굽으로 내려보내기 위함입니다.

하나님께서는 이처럼 사람을 부르시나 그 비전을 보고도 따르는 이가 많지 않습니다. 자신의 환상적 야망에 도취되거나 세상의 소리에 귀가 먹어서입니다. 영국의 시인 엘리자베스 브라우닝(Elizabeth Browning)이 쓴 『오로라 리』(Aurora Leigh)의 한 구절을 들어 보세요.

> 땅이 하늘에 사무치며
> 모든 관목이 하나님으로 인해 불타는 그때에,
> 그 소리를 듣는 자만이 신발을 벗는다.
> 나머지는 둘러앉아 열매나 따먹고 있을 뿐.[4]

때로는 하나님의 음성을 들어도 모른 척하는 우리의 모습입니다. 그런가 하면 다른 부름에는 너무도 적극적으로 대답합니다. 오늘날 사람들은 온갖 광고에 즉흥적으로 반응하여 바로 나가서 물건을 삽니다. 몇 년 전 유행하던 '생각대로 하면 되고'라는 모 통신사의 CM송을 듣고서 바로 핸드폰을 바꾸지는 않으셨는지요. 루이 알튀세르(Louis Althusser)라는 프랑스 철학자는 여기에 착안하여 '호명'(interpellation)이라는 이론을 만들어 냈습니다.[5] 마치 모세가 하나님의 음성에 응답하듯, 현대인들은 미디어의 부름에 응답하여 자신의 정체성과 친밀감을 채우며 산다는 것입니다. 하지만 천지만물 속에 역사하시는 하나님의 호명에 대해서는 들을 귀가 없습니다.

모세는 하나님의 부르심에 "내가 여기 있습니다"라고 대답했습니다. 부름을 받는 것은 준비된 사람에게 주어집니다. 부름받은 뒤에 준비하겠다는 것은 비전의 방식이 아닙니다. 준비가 되어 있다는 것은 하나님과의 바른 관계 속에서 자신이 어디에 있는지를 아는 것을 의미합니다. 많은 이들이 어디로 가고 싶은지에 대해 하나님께 이야기하는 데 분주합니다. 하나님과 그분의 일을 위해 준비된 사람은 그의 부르심에 대한 준비가 되어 있어 소명을 상으로 받습니다. "내가 여기 있습니다"라고 대답할 때, 모세는 자신이 어디에 있는지 알고 또 준비되어 있었습니다.

뭔가 대단한 기회나 극적인 일이 벌어지면, 그때 "제가 여기 있습니다"라고 외치며 뛰어나갈 생각을 가지고 기다리는 사람이 많습니다. 그러나 그들을 보면 정작 작고 불분명한 일조차 준비가 안 되어 있는 것을 봅니다. 문제는 일이 크든 작든, 원하든 원하지 않든 '준비가 되어 있는가' 하는 것입니다. 무엇보다 하나님과의 관계가 긴밀한 것이 중요합니다(요 17:22). 하나님께서 갑자기 찾으실 수 있습니다. 준비된 사람은 당황할 일이 없습니다. 하나님께서 부르시는데 그제야 준비하려고 부랴부랴 서두르는 것을 생각해 보십시오. 그것은 적군에게 허를 찔린 후에야 대비책을 마련하려 허둥대는 것과도 같습니다. 불타는 떨기나무 사건은 잘 준비된 사람의 모습을 보여주는 예입니다.[6]

하나님의 부르심에 가장 중요한 준비는 관계입니다. 모세에게 주신 유일한 도구가 이미 손에 쥐고 있는 지팡이뿐이라는 것에서 그것을 알 수 있습니다. 그는 하나님의 말씀을 대언하기 위해 가는 것이지 기적을 행하러 가는 것은 아닙니다. 말씀을 선포하면 일은 하나님께서 하십니다. 그 지팡이는 하나님의 신임장인 셈입니다. 그는 그것으로 백성들의 불신앙을 깨트립니다. 그 지팡이로 홍해를 가르고, 광야에서 반석을 쳐 물을 냈습니다. 그것을 들고 전쟁에서 이기고 백성을 인도했습니다. 비전의 사람에게서 볼 수 있는 중요한 특징은 도구와 수단에 대한 철저한 간과입니다. 모세의 지팡이와 다윗의 물맷돌, 여호수아의 여리고 성 돌기와 기드온의 횃불과 나팔은 모두 부적절한 도구처럼 보입니다. 하나님만을 전적으로 의존하도록 하시는 것입니다.

하나님은 모세를 부르시기에 앞서 이미 출애굽의 계획을 세워 두셨습니다. 그 계획은 상세하고 구체적입니다. 부르심과 함께 출애굽의 모든 내용을 그에게 비전으로 보여주셨습니다. 그들이 어떻게 애굽을 떠날 것인지, 어디로 갈 것인지, 심지어 애굽을 떠날 때 많은 보화와 의복을 취할 것까지 말씀하십니다. 하나님의 비전은 이처럼 매우 구체적이기도 합니다(출 3:15-22).

모세는 이 비전을 따라 또 다른 40년을 걸었습니다. 기나긴 여정이나 낙심하지 않았습니다. 단지 "우리의 손이 행한 일을 우리에게 견고하게 하소서"라고 기도할 뿐이었습니다(시 90:17). 결국 그는 약속의 땅에 들어가지 못했습니다. 그러나 비스가 언덕에서 그 땅을 바라보는 모세의 눈에는 회한보다는 소망이 가득했을 것입니다(신 34:1-4). 비록 가나안에 들어가는 것이 허락되지 않았으나, 믿음의 조상의 뒤를 따라 하나님 나라에 들어가는 길을 확실히 보았기 때문입니다.

6

꿈을 잃은 시대의 비극

| 여호수아

고려청자는, 초기에는 소박했으나 비취색 청자와 상감청자에 이르러 극치에 이른 독창적 기술로 세계적인 문화유산이 되었습니다. 하지만 안타깝게도 그것을 똑같이 재현할 길이 없다고 합니다. 대가 끊어졌기 때문입니다. 문화유산의 소실보다 훨씬 불행한 것은 민족과 국가적 비전의 상실입니다. 여호수아 이후 사사기에 나타난 이스라엘의 안타까운 모습이 그 예입니다. 가나안 정복을 통해 아브라함의 비전이 외형적으로 이루어질 환경이 되었으나 후손들이 그것을 이어 가지 못했기에 더욱 그렇습니다. 광야 시절 믿음의 눈으로 가나안을 살폈던 여호수아와 갈렙만은 그 땅에 들어갈 수 있었습니다. 비전은 이런 사람들을 통해 계승됩니다. 그러나 가나안에 정착한 다음 세대는 "다른 세대"였습니다. "묵시[선지자적 비전]가 없으면 백성이 방자히" 행한다는 말씀처럼, 이스라엘은 "각기 자기의 소견에 옳은 대로" 방자히 행하는 상황으로 떨어집니다(잠 29:18, 삿 17:6; 21:25).[1] 여호수아와 마지막 사사인 삼손을 비교해 보면 이 안타까운

역사의 진행과정을 요약적으로 볼 수 있습니다. 그토록 어두운 시대에 비전의 대가 아주 끊어지지 않은 것은 오로지 하나님의 주권적 은혜의 역사가 계속되고 있었기 때문입니다.

후계와 후회_다음 세대와 비전의 계승

여호수아는 모세에 이어서 두 가지 힘든 일을 감당해야 했습니다. 첫째는 가나안 정복이고, 둘째는 땅을 공평히 분배하는 일이었습니다. 어느 것도 쉬운 일은 아니기에 하나님께서 여호수아를 반복하여 격려하십니다. "내가 모세와 함께 있었던 것같이 너와 함께 있을 것임이니라. 내가 너를 떠나지 아니하며 버리지 아니하리니 강하고 담대하라"(수 1:5-6). 여호수아는 그 말씀을 믿고 요단 강을 마른 땅처럼 건넜고, 여리고 성을 넘어서 가나안 정복의 대역사를 이루어 냈습니다.

겁먹은 열 명의 정탐꾼과 달리 여호수아는 갈렙과 더불어 승리를 확신했던 믿음의 사람이었습니다. 그는 모세 곁에서 40년이 넘는 세월 동안 산전수전을 겪으며 훈련을 받았습니다. 이제 가나안 땅 문턱에 선 그의 행동거지는, 그 믿음의 연단이 어떤 결실을 맺는지 보여줍니다. 요단 강을 건너면 40년, 아니 400년 넘게 지속된 기다림이 이루어질 것입니다. 때마침 봄철 우기이고 북쪽 산들에 쌓였던 눈이 녹는 홍수철이었습니다. 요단 강을 200만이 넘는 백성들과 더불어 건너는 것은 간단한 일이 아닙니다. 그러나 여호수아는 백성들에게 사흘 안에 가나안에 들어갈 것이라고 확언합니다(수 1:11). 어떻게 믿음이 장애를 극복하는 비전과 확신으로 번역될 수 있는지를 보여준 예입니다.

백성들도 이전과는 달라진 모습을 보여줍니다. 여호수아도 모세처럼 정탐꾼을 보냅니다. 땅을 탐지하기 위함이 아니라 백성들의 믿음을 견고하게 하기 위함입니다. 이번에는 정탐꾼들도 과거와 달리 그 땅 거민들이 두려워하고 있음을 보고합니다(수 2:24). 여호수아가 정탐꾼으로 갔던 40년 전과 상황이 달라진 것은 없습니다. 안목이 달라진 것입니다. 눈이 달라져야 비전이 보입니다. 지난날 하나님께서 어떤 사랑과 능력으로 이끄셨는지를 기억하는 것은 큰 자산입니다.

요단 강을 건너는 방법도 하나님의 법궤를 앞세워 행진하는 믿음의 방식을 따릅니다. 가나안 정복의 장애물인 요단 강을 하나님 말씀을 따라 넘어서는 첫걸음은 믿음으로 내딛는 것입니다. 법궤와 백성들 사이에 약 천 미터의 간격을 둔 것은 경외심의 표현입니다. 법궤가 군사적으로 보호될 것이 아님을 믿음에 따른 것입니다. 또 하나 중요한 준비는, 하나님께서 그들 가운데 큰 이적을 베푸실 것이므로 자신들을 성결하게 하라는 것입니다. 요단 강뿐 아니라 강성 여리고 역시 이런 믿음의 무장으로 넘어서게 됩니다.

가나안 정복은 출애굽과 홍해를 건너 광야에서 수많은 일을 겪으며 확고해진 비전입니다. 특별한 환상이나 신비한 체험이 없어도 과거의 이야기에서 확실히 보여진 비전입니다. 하나님의 계획은 이미 아브라함 이후 족장들과 모세를 거쳐 분명하게 드러났습니다. 약속의 땅과 하늘의 별처럼 많은 자손, 우주의 복의 근원이 되는 비전이 문자적으로도 일부 성취되어 실감이 날 만한 때가 되었습니다. 문제는 이스라엘 백성들이 그 꿈을 잃었다는 데 있습니다.

갈렙과 같이 여든다섯 살 노년에도 꿈과 비전을 간직한 사람이 있기는 했습니다. 그는 아무도 올라가려 하지 않는 거친 황무지 땅인 헤브론 산지를 불타는 의지를 가지고 정복하여 얻습니다(수 14:12). 훗날 종교개혁자인 존 낙스(John Knox)가 그를 본받아 스코틀랜드 전체를 바라보며 "이 땅을 내게 주소서"라고 기도했다는 이야기는 유명합니다. 하지만 갈렙과 달리 이스라엘 백성 대부분은 가나안에 들어가 어느 정도 자리를 잡자마자 현실에 안주하여 신앙과 비전을 모두 잃어버렸습니다. 신앙을 잃으면 비전도 없어집니다. 비전이 닫히면 현실에 매달릴 수밖에 없는 악순환이 시작됩니다.

보김의 통곡

여호수아가 죽은 후 사사 시대의 불안한 모습은 처음부터 나타납니다. 가나안에 정착하기 시작하자 백성들은 그곳 문화에 물들어 갔습니다. 결국 여호와의 사자가 나타나 이스라엘을 질타하는 일이 벌어집니다(삿 2:2). 여호와의 사자는 아주 중요한 상황에 나타나는 특별한 천사로, 하나님의 현현이라고 보는 견해가 지배적입니다. 이삭을 제물로 드리려는 순간 중단시키는 것이 바로 그 천사였지요(창 22:11). 바로 그 사자가 길갈에서 보김에 이르는 여러 지역에 나타났습니다. 길갈은 이스라엘이 요단을 건너 처음 밟은 가나안 땅이었습니다. 거기서 유월절도 지켰고 땅의 소산을 먹음으로 만나가 그쳤습니다. 남자들 모두 할례를 받았던 잊지 못할 곳입니다(수 5:9).

보김이 어디인가에 대해서는 의견이 많습니다. 보김은 지역명이 아닙니다. 거기서 백성들이 말씀에 찔려 통곡한 일로 인해 생긴 이름입니다(삿 2:4-5). '통곡한다'라는 뜻의 동사 '바카'의 복수형 명사인 '보키임'에서 유래된 것입니다. 대개 보김을 당시 성막이 있던 실로였을 것으로 추정합니다. 이 말이 맞는다면 길갈에서 보김까지란 이스라엘 주요 지역 전체를 의미합니다. 마치 한반도를 부산에서 신의주까지라고 부르는 것과 같습니다.

천사의 메시지는 준엄했습니다. "너희가 내 목소리를 듣지 아니하였으니 어찌하여 그리하였느냐?"(삿 2:2) 이 말씀은 수사적인 질문이 아닙니다. 정말로 답변을 요구하는 준엄한 꾸지람입니다. 하나님께서는 자신의 약속을 신실하게 지키셨습니다. 이스라엘 백성을 애굽의 종살이에서 해방시키고 약속의 땅 가나안에 들이셨습니다. 몇 차례의 결정적인 전쟁을 통해 이제는 안정에 이르렀습니다. 하지만 선민들은 살 만하게 되자 하나님과의 약속을 버리고 멋대로 행했습니다. 여호와의 사자는 그 점을 꾸짖고 있습니다.

이에 백성들은 소리 높여 울었습니다. 그러나 보김의 통곡은 후속 역사를 볼 때 일시적 찔림에 불과했던 것으로 드러납니다.

> 그들이 그 사사들에게도 순종하지 아니하고 오히려 다른 신들을 따라가 음행하며 그들에게 절하고 여호와의 명령을 순종하던 그들의 조상들이 행하던 길에서 속히 치우쳐 떠나서 그와 같이 행하지 아니하였더라(삿 2:17).

이 말씀은 향후 오랫동안 반복될 악순환을 예고하는 듯합니다. 최근 우리는 잃어버린 10년을 이야기합니다. 이스라엘의 사사 시대는 잃어버린 200년입니다. 보김의 통곡은 역사를 바꾸는 회개에 미치지 못했습니다. 감정적이고 일시적인 몸부림은 충분하지 않습니다. 하나님은 겉옷이 아니라 마음을 찢기 원하십니다(욜 2:12-14, 시 51:17).

이스라엘만 그런 것은 아닙니다. 오늘의 한국사회와 특히 교회의 형편도 그에 못지않습니다. 경제적 불황이 계속되는 가운데 정치나 사회의 기강이 풀릴 대로 풀려 있습니다. 어쩌다 이 지경이 되었느냐는 한탄이 터져 나오는 것은 당연합니다. 길갈로부터 보김에 이르며 이스라엘을 책망하신 하나님께서 한국을 어떻게 꾸짖으실까 생각해 봅니다. 한국의 예루살렘이라 불리던 평양에서부터 서울까지 이르며 경고하시지 않을까 생각하면 지나친 것일까요? 잊을 만하면 북으로부터 들려오는 위협적인 소식은 지난날 전쟁의 비극을 잊을 수 없게 합니다. 너희는 지금 어찌하여 그러하느냐고 외치는 소리가, 들을 귀만 있다면 지금도 한반도에 울려 퍼지고 있습니다.

이럴 때에 교회만이라도 바로 서 있다면 얼마나 좋을까요? 안타깝게도 현실은 어느 불교 승려의 말처럼 세상이 종교를 걱정하는 상황이 되었습니다. 사명을 망각하고 안일에 빠진 탓입니다. 우리 신앙의 선조들은 나라를 잃고 방황하던 시기에 민족을 끌어안고 고민하며 복음의 능력을 실증했습니다. 또 근대화의 시기에도 부지런히 복음을 전해 교회를 성장시켜 가장 활력 있는 신앙 공동체가 되게 했습니다. 하지만 그 후세대는 안일과 교회 안의 안락에 취하는 지경에 놓이게 되었습니다. 어찌 여호와의 질책이 옛날 이스라엘만을 향한 것이겠습니까?

미완의 사명_언약의 갱신과 망각의 세대

이스라엘 백성은 한 세대 만에 기강이 풀렸습니다. 우선 약속의 땅을 차지하는 일에서 게을러졌습니다. 이방 민족을 다 쫓아내지 않고 남겨 두었습니다. 그들의 노동력을 활용하여 경제적 이익을 챙기기에 급급했습니다. 전쟁을 계속하는 것도 피곤했을 것입니다. 문제는 이방 민족이 종교적, 도덕적 타락의 올무가 되었다는 것입니다. 여호수아가 우려한 그대로였습니다(수 24:19-20). 그는 이미 이방 신의 유혹을 받아 혼합주의가 일고 있는 것을 보았습니다. 그래서 죽기 전 백성의 장로들을 세겜에 모아 여호와와 이방 신 사이에서 선택하라고 엄히 경고합니다.

여호수아가 이스라엘 백성들에게 주문한 것은 언약의 갱신입니다. 아브라함이 헤브론의 마므레 상수리 숲에서 하나님께서 보여주신 비전을 생각하며 제단을 쌓을 때 주신 약속에 기초를 둔 것입니다. 그것은 단지 전통의 계승이 아닙니다. 확대되고 새로워진 언약입니다. 과거에 뿌리를 두고 미래를 향해 열리는 비전입니다. 여호수아의 부탁은 단순합니다. "너희가 섬길 자를 오늘 택하라"(수 24:15). 이스라엘 백성들은 "우리가 여호와를 섬기겠나이다"라고 답하지만 여호수아는 확신하지 못했습니다(수 24:21). 냉소적인 불신이 아니라 후대가 그 언약을 신실하게 지킬 것에 대해 자신할 수 없었기 때문입니다. "여호와께서 이스라엘을 위하여 행하신 모든 일을 아는 자들이 사는 날 동안"은 백성들이 여호와를 섬겼습니다(수 24:31). 문제는 그 다음 세대였습니다.

똑같은 말씀이 사사기 2:7에도 나오는데 차이가 하나 있습니다. 여호와께서 하신 일이 신실했음을 강조하면서 이스라엘의 불성실을 대조적으로 드러내고 있습니다. 여기에는 망각이 크게 작용합니다. "그 후에 일어난 다른 세대는 여호와를 알지 못하며 여호와께서 이스라엘을 위하여 행하신 일도 알지 못하였더라"(삿 2:10). 여기서 여호와를 알지 못한다는 말은 듣지 못했다는 것이 아니라 체험적으로 알지 못한다는 의미입니다. 하나님의 은혜를 잊은 세대는 그분의 계획과 비전에 정면으로 반하는 일들을 합니다.

출애굽을 경험했던 세대는 물론이고 가나안 정복 시 하나님의 위대한 역사를 본 세대도 갔습니다. 새로운 세대는 체험 없이 외형만의 신앙을 가진 세대였습니다. 각 세대는 하나님과의 살아 있는 교제와 경험 속으로 들어와야 합니다. 출애굽과 홍해를 건넌 경험, 요단을 가르고 여리고를 무너트린 경험이 아무리 크더라도 신세대에게는 과거사일 뿐입니다. 그것이 살아 있는 자신들의 이야기가 되도록 도와주어야 합니다. 기드온이 했던 것처럼, 지정한 양털만 젖든지 젖지 않든지 하는 것과 같은 작은 경험이라도 좋습니다. 신세대에게 "어른들이나 잘하세요"라는 소리를 듣는 기성세대가 되어서는 안 됩니다. 삶과 헌신이 배어 있고 그래서 확신이 있는 이야기로 그것을 가르치고 보여주어야 합니다. 이야기에서 비전이 나오기 때문입니다.

가나안의 주력은 여호수아 시대에 무너졌습니다. 하지만 아직 할 일이 많았습니다. 가나안 정복은 미완성의 과업이었습니다. 애굽에서의 종살이나 광야에서의 유랑생활에 비하면 살 만해졌습니다. 그러나 천국이 이루어진 것은 아니었습니다. 더욱이 이스라엘의 사명은 자신들만의 안락과 복지가 아니었습니다. 백성들은 이방에 하나님 나라를 확장하는 일에는 전혀 관심이 없었습니다. 정착하고 안정된 삶을 누리는 데 눈을 돌렸습니다. 그 땅의 문화와 인력 자원을 이용하기 위해 정벌을 멈췄습니다. 심지어는 문화적으로 동화되는 것도 마다하지 않았습니다.

가나안 정복은 계속되었어야만 했습니다. 비전은 실제적이지만 아직 현실은 아닙니다. 광야가 그들이 살 곳이 아니었듯이 이제 가나안에 들어온 것으로 만족해서는 안 됩니다. 그 땅이 변해야 하고 문화가 바뀌어야 합니다. 옛 언약은 새로운 사명을 향해 길을 열어줍니다. 언약의 핵심은 하나님만을 섬기는 것입니다. 이 점이 계승해야 할 전통입니다. 아브라함과 이삭과 야곱과 요셉 그리고 모세의 신실한 신앙입니다. 하나님 중심과 그분만을 섬기는 전통은 보수되어야 합니다.

그러나 신앙의 실천은 시대에 따라 달라집니다. 이스라엘 백성들은 이 점에 실패합니다. 구약 역사 전반이 그렇습니다. 이제는 애굽의 신이 아니라 가나안의 바알과 아세라와 싸워야 했습니다. 애굽

군대가 아니라 블레셋과 싸워야 했고, 그들 속에 있는 나태와 싸워야 했습니다. 광야에서 부딪쳤던 도전이나 가나안 정복의 사명과는 다른 도전입니다. 제국들과도 맞설 수 있어야 했습니다. 그러기 위해서는 신앙적 통합도 필요했습니다. 언약은 단지 계승되지 않고 갱신되어야 합니다. 비전은 시대적 소명에 맞춰 새롭게 되어야 하기 때문입니다. 그렇지 못하면 아무리 좋은 여건이라 할지라도 비전을 잃고 눈먼 질주를 하게 됩니다. 마지막 사사인 삼손을 여호수아의 모습과 비교해 보면, 이스라엘이 본래의 비전에서 얼마나 멀리 떨어졌는지를 살펴볼 수 있습니다.

비전을 상실한 세대

여호수아가 비전을 계승한 좋은 예라면 삼손은 비전을 잃은 세대의 상징적 인물입니다. 그는 특별한 하나님의 섭리로 괴력을 타고난 사람이었습니다. 그러나 그에게는 그것을 볼 눈이 없었습니다. 적에게 눈을 뽑히기 전부터 눈이 먼 사람이었습니다. 정욕에 눈이 멀었고 잔꾀로 멀리 보지 못했습니다. 무엇보다 자신에게 왜 그런 능력을 주셨는지 돌아보지 못했습니다. 매사에 맹목적이었습니다. 눈이 멀고서야 비로소 하나님의 뜻을 생각하게 된 비극적 인물입니다. 사사가 이 정도니 백성들의 상태는 알 만합니다. 지도자가 눈이 멀었다는 것은 상징적인 의미를 가지니까요.

삼손은 단순한 괴력의 인물이 아니었습니다. 수수께끼를 내서 블레셋 사람들을 괴롭히는 재치와 문학적 재능과 뛰어난 감수성까지 갖춘 사람이었습니다. 단지 터미네이터나 골리앗 같은 괴물이 아니라, 머리 회전이 무척 빠른 맥가이버 같은 인물이었습니다. 여우를 삼백 마리나 잡아 둘씩 묶고 꼬리에 횃불을 달아 적의 보리밭을 태우는 작전이 그것을 보여줍니다. 하지만 그는 은사를 사소한 일에 재미 삼아 허비했습니다. 그가 벌인 전투들도 대개는 우발적이며 산만하며 무계획적인 것이었습니다. 결혼을 하러 갔다가 장난스런 게임에 빠져 블레셋의 보리밭에 불을 지르는 큰일을 저질렀습니다. 가사 지방에서 포위되자, 아예 성문을 틀째 빼서 어깨에 지고 밤새 헤브론 앞산 꼭대기까지 갔습니다. 가사에서 헤브론은 60킬로미터가 넘는 길입니다. 이런 쓸데없는 힘자랑을 하고 나서, 곧바로 소렉에 사는 기생 데릴라에게 빠졌던 것입니다. 마치 투우처럼 펄럭이는 허상에 힘을 모두 쏟은 것입니다. 소는 색맹이라고 합니다. 무슨 색깔인지도 분별을 못하면서 거기에 모든 힘을 쏟다가 칼을 맞고 쓰러진다는 것이지요.

더 한심한 것은 그가 정욕에 이끌렸다는 사실입니다. 하나님의 말씀과 언약에 인도를 받기보다 자기가 좋아하는 것들에 끌려다녔습니다. 이방 여인을 아내로 데려오는 것을 꾸짖는 부모에게 다음과 같이 대답하곤 했습니다. "내가 그 여자를 좋아하오니 나를 위하여 그 여자를 데려오소서"(삿 14:3). 게다가 그는 매우 폭발적이고 즉흥적이며 감정적으로 살았습니다. 그는 특별한 소명과 은사를 받았지만 그에 적합한 훈련을 받지 못한 사람이었습니다. 무엇에나 자기 마음대로 하는 사람이었습니다. 앞뒤 생각을 별로 하지 않고 계획

없이 자신의 힘만을 믿고 움직이는 사람이었습니다.

이러다 보니 평생토록 그는 혼자였습니다. 그래서 데릴라와 같은 여인에게 빠질 수밖에 없었는지 모릅니다. 동족들로부터 배척을 받고 붙잡혀 블레셋 사람들에게 넘겨지는 수모까지 당합니다. 그래서 그는 늘 혼자서 움직일 수밖에 없었습니다. 여우를 잡아서 사용할지언정 사람들을 모을 수는 없었다는 사실은, 그가 어떤 지도자였는지 짐작케 합니다. 삼손은 결국 남은 구원하면서 배척받는 지도자였습니다. 그는 점차 오만과 자기망상에 빠져들었습니다. 하나님께서 그를 떠나셨는데도 여전히 힘을 떨칠 수 있을 것으로 착각했습니다. 여호와의 신이 함께하시지 않음을 알았을 때에는 이미 늦은 뒤였습니다.

삼손이 기도의 아들이었기에 더욱 비극적입니다. 그의 부모들은 하나님을 경외하는 사람들이었습니다. 기도의 응답으로 얻은 아들을 하나님의 계획에 기꺼이 맡긴 이들이었습니다. 아들을 하나님의 사람으로 키우기 위해 헌신적인 수고와 정성을 아낌없이 기울였습니다. 사람이 받을 수 있는 사랑 중 가장 큰 것이 부모의 눈물 어린 기도입니다. 삼손은 그것을 낭비했습니다. 명목상의 신앙인들 가운데 그처럼 신앙의 부모를 가졌더라면 좋았겠다고 부러워할 이들이 참으로 많습니다. 그런데 본인은 전혀 아닌 모습을 보면 안타깝기 그지없습니다. 우리 신앙의 부모들은 훌륭했습니다. 그런 신앙의 선조들의 기도와 사랑을 낭비하는 사람들이 되지 않아야 할 것입니다.

낭비된 은사

삼손은 하나님의 특별한 계획 속에 태어났습니다. 그의 출생일화는 이삭, 사무엘, 세례 요한, 심지어 예수님과 흡사합니다. 아이가 없던 가정에 여호와의 천사가 직접 나타나 약속한 아이였습니다. 그것도 하나님의 일에 평생을 헌신하도록 나실인이 되는 특별한 소명을 받은 몇 안 되는 인물 중 하나였습니다. 하나님께서 이렇게 삼손을 택하신 것은 그에게 시키실 특별한 역사적 사명이 있었기 때문입니다. 삼손이 태어난 시대와 사회 상황 역시 그를 장차 큰 인물로 만들기에 적합한 조건이었습니다. 이스라엘이 가장 강력한 블레셋과의 갈등을 시작하는 시기였고, 삼손이 속한 단 족속은 이로 인해 결국 북쪽으로 이동할 수밖에 없었습니다. 그가 일을 잘 감당했더라면 다윗과 같은 인물이 되고도 남습니다.

삼손은 하나님의 계획을 진지하게 따르지 않았습니다. 그는 나실인으로서 지켜야 할 규례에 대해 신실하지 못했습니다. 주검에 손을 대지 않고 포도주나 독주를 마시지 않아야 한다는 것도 지키지 않은 것이 분명합니다. 사자의 시체에 다가갔고, 신분이 모호한 여인들과 어울렸습니다. 삼손의 치명적인 잘못은 거룩한 부르심에 신실치 못했던 점입니다. 그는 나실인으로 다른 무엇을 하기에 앞서 구별된 삶을 살아야 하는 사람입니다. 그것을 기초로 하여 다른 일을 수행할 수 있습니다. 그는 나실인의 서약 가운데 오직 머리털에 관한 것만을 붙들고 있었습니다. 그것도 미신적으로 지켰을 따름입니다. 하지만 그나마 여인의 간청에 놓아 버렸습니다.

신약 시대에는 나실인이 따로 없습니다. 오늘날에는 나실인이 필요 없어서가 아닙니다. 오히려 우리 모두가 나실인이기 때문입니다. 사실, 이스라엘은 모두가 거룩한 백성으로 부르심을 받았습니다. 그들이 그렇게 살지 못하니까 그것을 보여줄 사람을 별도로 세우신 것입니다. 기독교 방송국이나 기독교 대학에 신우회를 만든다면 웃을 일입니다. 우리는 모두 거룩한 산 제사요 하나님의 제사장으로서 살아야 할 소명을 받았습니다. 성도는 성령이 감동하시고 거하시는 전입니다. 술과 담배 등으로 더럽히지 않는 것은 단지 상징적인 징표일 뿐입니다. 그렇다고 이를 가볍게 여기고 세상 상식을 따라 사는 것은 능력 없는 그리스도인을 만드는 주 원인입니다.

하나님의 소명을 소홀히 하고 헌신된 삶을 살지 못한 것은 삼손뿐만이 아닙니다. 사사 시대에는 이스라엘 모두가 "자기 소견에 옳은 대로" 행했습니다(삿 17:6). 이 이야기는 우리에게도 많은 교훈을 줍니다. 하나님은 우리 모두에게 성령을 부으시고 은사들을 주십니다. 삼손만큼은 아니더라도, 우리 또한 삼손에 못지않은 힘과 은사를 가지고 있습니다. 또한 우리를 위해서 기도하고 돕는 부모와 아내들도 있습니다. 그런 은혜에도 불구하고 우리가 하는 일이 변변치 못하다면, 그것은 문제입니다. 그 실패의 원인을 새기는 것이 도움이 될 것입니다.

눈먼 최후의 봉사

그래도 삼손은 사사였습니다. 그에게도 신앙과 애국심이 있었습니다. 동족인 이스라엘을 향해 괴력을 휘두르는 일은 없었습니다. 마지막에는 회개와 더불어 생명을 바쳐 평생에 한 일보다 더 큰일을 했습니다. 마지막을 하나님께 의탁하고 호소하는 기도와 행위도 있었습니다. 성실하지 못했고 의도적이지 않았더라도 자신에게 맡겨진 일을 한 셈이었습니다. 그러나 그가 칭찬을 받기에는 턱없이 부족합니다. 삼손은 하나님의 일을 홧김에 불장난하듯 했던 것입니다. 충동적이고 아무 생각 없이 무계획적으로 하는 봉사였습니다. 마치 소가 뒷걸음치다 쥐를 잡은 격이었습니다. 거기에는 기도로 하나님의 지시를 받는 평범한 기본조차 보이지 않습니다.

그는 이런 행동을 통해 자신에게 부어진 모든 것을 낭비했습니다. 모태로부터 그에게 부어진 사랑과 기도와 소원을 낭비했습니다. 그는 성령의 은사들을 낭비했습니다. 그는 육신적인 힘을 정욕에 낭비해 인생 전체를 망쳐 버렸습니다. 정복하고 다스려야 할 블레셋 사람들의 노리개로 전락하고 말았습니다. 그의 마지막 봉사는 그야말로 '눈먼 봉사'입니다. 모든 것이 그 위에 무너져 내리고서야 끝이 났습니다.

이런 모습에도 불구하고 삼손은 히브리서 11:32에 기드온, 바락, 입다, 다윗, 사무엘과 함께 믿음의 열조 중 한 사람으로 소개되고 있습니다. 모범을 삼기보다 반면교사로 보아야 하겠지요. 그가 입산, 엘론, 압돈과 같이 이름만 나오거나, 자녀를 많이 거느린 것으로만 소개된 평화 시대의 사사보다 나아서가 아닙니다. 사사기도 그의 탄생 내력부터 죽음까지를 비난 없이 담담하게 비교적 길게 서술합니다. 사사기의 5분의 1에 해당하는 네 장이 삼손의 이야기입니다. 세 장에 걸쳐 기록된 기드온의 일화보다 깁니다. 이것은 삼손이 위대해서가 아닙니다. 그가 사사기라는 시대를 누구보다 잘 보여줄 수 있는 표상이기 때문입니다. 삼손은 특별한 하나님의 은총을 받았으나 소명을 감당하지 못하는 이스라엘의 비극을 보여준 대표적인 사람입니다.

어떤 성도가 꿈에서 하나님을 뵈었는데, 하나님께서 백만 원을 줄 수 있는지 물으셨답니다. 평소에 헌신 봉사를 제대로 못해 죄송하던 터인지라 그는 기꺼이 드리겠다고 말했습니다. 그리고 즉시 수표를 준비해 새 봉투에 담아 드렸습니다. 그런데 하나님은 그것을 오십 원짜리 동전으로 바꾸어 매일 하나씩 주라고 하시더랍니다. 그것을 다 드리려면 54년하고도 344.5일이 걸립니다. 평생 드리라는 말씀입니다. 한번에 크게 헌신하려 하지 말고 매일을 드리는 삶이 되어야 한다는 교훈적 예화입니다. 헌신의 기도는 실패 끝에 "이제는 맡깁니다"라는 절망의 절규가 되어서는 안 됩니다. 매일을 거룩한 산 제사로 드리는 삶의 결심이 서야 합니다.

삼손의 불행은 자신이 누구인지를 망각한 것에서 비롯되었습니다. 하나님의 부르심을 가볍게 생각했으며 주어진 엄청난 은사를 남용하고 허비했습니다. 머리칼은 상징일 뿐입니다. 그것은 마술이 아니었습니다. 하나님 말씀에 따라 순종하는 삶이 목적 있는 삶입니다. 삼손은 본능에 충실한 삶을 살았습니다. 성도는 일회성, 우발적인 헌신이 아닌 지속적인 봉사의 삶을 살아야 합니다. 언약에 충실한 거룩한 사람이 되어야 합니다. 인생을 다 허비한 후 마지막에 한 번 힘쓰는 봉사가 아니라, 매일 삶을 부어 드리는 사람이어야 합니다.

7

두 여인, 두 아이의 비전

| 사무엘

찰스 디킨스(Charles Dickens)의 소설 『두 도시 이야기』(A Tale of Two Cities)는 파리와 런던을 배경으로 벌어지는 프랑스 혁명기의 삶과 죽음의 이야기입니다. 마찬가지로 사무엘서도 "두 도시 이야기"입니다. 사실 라마와 실로는 산골 마을과 작은 성읍이라 해야 맞겠지요. 그곳에는 두 여인 한나와 비느하스의 아내가 살았습니다. 이들은 각기 사무엘과 이가봇이란 아이를 낳습니다. 이야기는 결국 사울과 다윗의 대조로 이어집니다. 이 두 이야기들 중 하나는 비극적이고, 다른 하나는 소망을 불러일으킵니다. 성경은 자주 이런 대조를 통해 매우 분명한 교훈을 주곤 합니다. 신명기 끝에 나오는 모세의 유훈처럼 삶과 죽음의 길을 놓고 선택하도록 하는 교훈 방식입니다. 학생들이 가장 어려워하는 시험방식은 주관식입니다. 단답형이나 객관식은 조금 낫겠지요. 물론 맞으면 동그라미 틀리면 가위표를 하는 방식이 제일 쉽습니다. 하나님께서는 이스라엘을 그렇게 가장 쉬우면서도 분명한 방식으로 교훈하셨습니다. 두 도시, 두 여인, 두 아

이, 그리고 그 뒤를 잇는 두 왕 사울과 다윗의 이야기도 마찬가지입니다. 모세 이후 이스라엘의 역사는 모두 그런 관점에서 쓰여졌기에 학자들은 이를 가리켜 "신명기적 역사"라고 부릅니다.

이가봇 이야기_절망과 절규

두 여인과 두 아이의 이야기는 같은 이야기의 앞뒤면입니다. 이가봇은 그 뜻 그대로 "하나님의 영광이 떠났다"는 슬픈 이야기입니다. 이 비극은 갑자기 닥친 것이 아닙니다. 그것은 이미 사사기를 통해서 예비되었습니다. 죄악과 심판의 악순환이 반복되면서, 출애굽과 가나안 정복의 영광이 희미해져 가고 있었습니다. 노쇠한 사사 엘리는 이런 이스라엘의 모습을 상징적으로 보여줍니다. 그도 한때는 용맹한 전사였을 것입니다. 그러나 이제는 눈이 멀고 몸도 가누지 못하는 아흔여덟 살의 노인일 뿐입니다. 지도자가 앞을 보지 못하는 시대에 비전이 있을 수 없습니다.

그를 돕던 두 아들 홉니와 비느하스는 악당들이었습니다. 이들은 "행실이 나빠" 하나님을 알지 못했습니다(삼상 2:12). 제사장이요 사사가 하나님을 알지 못했다는 것은 머리로 모른다는 뜻이 아닙니다. 경외하는 마음이 전혀 없었다는 말이지요. 이들은 제사를 무시하며 제물을 도적질하고, 회막에서 수종 드는 여인을 범하기까지 했습니다. 교회 안에서 일어날 수 있는 타락을 망라한 것입니다. 지도자로서도 낙제점이었습니다. 결국 사사 시대 내내 이스라엘을 괴롭히던 블레셋과 맞선 첫 전투에 백성들을 이끌고 나섰다가 4천 명이 죽는 참패를 당합니다(삼상 4:2).

　이들은 패배의 원인을 바로 진단했습니다. 하나님께서 돕지 않으셨기 때문이라고 본 것입니다. 그러나 처방을 잘못합니다. 회개하고 하나님의 은혜를 구했더라면 얼마나 좋았겠습니까? 하지만 그들은 하나님의 임재의 상징인 법궤를 끌고 나가면 이길 것이라는 미신에 빠집니다. 그 싸움에서는 오히려 열 배 가까운 3만이 죽고 법궤를 빼앗기는 치욕을 당합니다. 물론 홉니와 비느하스도 죽습니다. 비극은 거기서 끝나지 않습니다. 엘리는 패전의 소식을 듣고서, 앉은자리에서 뒤로 나가떨어져 목이 부러져 죽습니다. 충격을 받은 비느하스의 아내 역시 난산 끝에 죽음을 맞게 됩니다.

　저도 지독한 난산을 직접 겪어 본 적이 있어서 비느하스 아내의 형편을 조금은 알 것 같습니다. 저희 둘째가 탯줄을 다리 사이에 감고 꺼꾸로 서 있던 탓에 밤새 진통 끝에 수술로 태어났습니다. 옛날 같았으면 아기는 물론 아내도 어려웠을 것입니다. 저도 수술실에 들어오라고 해서 꼼짝없이 수술하는 것을 지켜보고 서 있다 의사가 건네주는 피투성이 아기를 품에 안았습니다. 아빠를 알아보는지 방실거리며 웃더군요. 그러나 제 신경은 온통 아내에게 쏠려 있었습니다. 그날 저는 사람의 뱃가죽이 여러 겹이라는 것을 알게 되었습니다. 장기들을 추스르고 복부를 한 겹 한 겹 봉합하더니, 마지막에는 종이를 철하는 기계 같은 것으로 철커덕 찍더군요. 지금도 저는 아내에게, 당신 속을 본 사람이니 내게 뭐든 숨길 생각 말라고 농담 삼아 말하곤 합니다. 지금이니 이런 이야기도 할 수 있지만 그때는 아무 생각도 없었습니다. 아이 낳은 기쁨보다 아내 걱정에 혼이 나가 있었으니까요.

이가봇은 출애굽 이래 가장 치욕적인 사건이요 최대의 위기였습니다. 온통 초상집이 된 것입니다. 비느하스 아내의 말처럼 "영광이 떠나간" 시대가 되었습니다. 그녀를 슬프게 했던 것은 해산의 고통이나 남편과 시부의 죽음이 아니었습니다. 영광 곧 하나님이 이스라엘을 떠난 사실입니다. 바로 그런 의미에서 이가봇 이야기는 우리에게 경각심을 불러일으킵니다. 한 사회의 위기 이면에는 늘 종교적 위기가 있습니다.

예견된 비극

이가봇은 어쩌다가 임한 비극이 아닙니다. 하나님은 떠나기를 기뻐하시는 분이 아니니까요. 지옥은 어쩌다 실수로 가는 곳이 아니라는 C. S. 루이스의 말이 떠오릅니다. 오죽하면 하나님께서 떠나시겠습니까? 이가봇은 이스라엘의 현실에 대한 애가요 암울한 예언입니다. 영광 곧 빛이 사라졌으니 세상은 캄캄할 뿐입니다. 우리는 빛을 보는 것이 아니라 빛으로 다른 모든 것을 보기 때문입니다.[1] 영광의 빛이 사라진 곳에 비전이 있을 수 없습니다. 이가봇은 신앙인과 교회가 당할 수 있는 가장 큰 비극이요 재난입니다. 이 여인이 다른 사람들보다 위기의 핵심을 꿰뚫어 보는 안목을 가졌다는 것은 역설입니다. 이런 슬픔에는 그 무엇도 위로가 되지 못합니다.

성도라면 하나님의 영광이 떠나는 것에 대한 두려움이 있어야 합니다. 부활하신 예수께서 에베소 교회를 향해 경고하셨습니다(계 2:5). 어디서 처음 사랑이 떨어졌는지를 스스로 돌아보고 회개하지 않으면 촛대를 옮기신다는 것입니다! 우리들이 살아가는 오늘의 상황도 간단치 않습니다. 경제 위기는 일상화되어 둔해질 정도입니다. 정치적 불안과 북한의 위협을 염려합니다. 이른바 "남남 갈등"에 대한 우려도 큽니다. 그러나 정작 두려워 염려해야 할 것은 번영의 상실이나 혼란이 아닙니다. 오히려 이런 어려움들이 하나님의 영광이 떠난 증상이 아닌지를 두려워해야 합니다. 하나님께서 이 민족을 저버리시지는 않았는지 염려해야 합니다.

우리도 잘못된 해결책에 매달리고 있지 않은지 모르겠습니다. "이 나라에 개신교인이 25퍼센트라는데 망하겠는가?" "세계 2위의 선교 대국이고, 세계에서 가장 큰 교회들이 서울에 있는데 별일이 있겠는가?" 이스라엘이 바로 그런 생각을 했던 것입니다. 법궤는 소원을 들어주는 마술상자가 아닙니다. 하나님 말씀과 순종의 상징입니다. 순종과 회개는 없고 그 힘만 이용하려는 것은 미신일 뿐입니다. 하나님을 내 뜻대로 끌고 다니려는 것은 신앙이 아니라 패역입니다. 하나님에 대한 두려움과 순종은 없으면서 아무 데나 말씀을 내세워 이익을 도모하는 모습이 지금도 흔합니다.

하나님의 법궤를 앞세우는 것이 문제의 해결이 아니었다면 참된 위기의 해결은 어디에 있는 것일까요? 그것은 바로 진정한 회개에 있습니다. 진리는 항상 단순합니다. 아무리 현실이 어두워도 위기를 직시하고 하나님께 매달리는 사람에게서 희망의 씨앗을 보게 됩니다. 한나와 그 아들 이야기가 그것을 보여줍니다. 사무엘의 이야기는 암흑 시대에 비친 소망의 비전입니다.

사무엘 이야기_소망의 불꽃

한나의 이야기는 개인적 슬픔에 얽힌 평범한 사연입니다. 아기를 낳지 못해 쓰라림을 끌어안고 눈물로 기도한 작은 여인의 이야기입니다. 하지만 그 기도는 민족을 절망에서 건지는 구원자의 잉태로 응답됩니다. 뿐만 아니라, 역사의 새로운 장이 열립니다. 사사의 시대가 지나고 왕의 시대가 열리는 역사가 한 여인의 기도에서 비롯된다는 것에 놀라게 됩니다.

역사가 이가봇의 절망으로 빠져들 즈음 하나님께서는 소망의 불씨를 지피십니다. 그것도 슬픔으로 몸부림치는 한 여인의 기도를 통해서였습니다. 사무엘의 이야기가 서두에 나오는 것은 절망적 상황에 앞서 하나님께서 치유를 준비하고 계심을 보여줍니다. 사무엘은 기도의 응답으로 얻은 아들이라는 뜻입니다(삼상 1:20). 모든 것이 갖추어 있어도 하나님이 떠난 곳에는 미래가 없습니다. 아무리 깊은 어두움이 내린 곳이라도 기도가 응답되는 곳에는 소망이 싹틉니다.

한나는 기도로 시작하고 헌신으로 마치는 사람입니다. 이런 개인의 삶은 하나님의 역사와 조율됩니다. 하나님께서 자주 성도의 눈물 어린 기도와 헌신을 통해 역사하시기 때문입니다. 아들을 구하는 한나의 기도는 소박했습니다. 그러나 그 아들을 영광의 불씨로 키우는 데는 그녀의 헌신이 큰 몫을 합니다. 한나는 기도와 감사와 찬양으로 삽니다. 비느하스 부인의 절망과 절규와 대조적이지요. 사무엘은 이가봇뿐 아니라 홉니와 비느하스와도 대조됩니다. "행실이 나쁜" 이들은 버림받지만 기도의 아들은 여호와와 사람들에게 은총을 받으며 지도자로 커 갑니다.

앞에서 말한 대로 이 이야기는 양자 선택을 제시하고 있습니다. 이가봇과 그 어머니의 길을 갈 것인가, 아니면 사무엘과 한나의 삶을 살 것인가를 묻습니다. 구로사와 아키라 감독의 「라쇼몽」(羅生門)이란 영화는 하나의 사건을 여러 사람이 관점에 따라 달리 그리는 기법으로 유명하지요.² 이가봇과 사무엘의 이야기는 같은 역사를 절망과 소망의 눈으로 보여줍니다. 이가봇의 길은 비극입니다. 그들은 이스라엘 중심지의 지도자 가정이었습니다. 그러나 거기에는 하나님을 경외함이 없었습니다. 영광이 떠났다는 말은 신앙적인 듯 보이지만 절망하여 외치는 매우 인간적인 절규입니다. 아들을 낳았다는 위로마저 거절하는 닫힌 마음입니다. 소망을 거부하는 모습입니다. 하나님을 원망하고 어찌 이런 일이 있을 수 있느냐는 말만 거듭하는 태도입니다. 인간의 꽉 막힌 눈에는 절망과 후회만 보입니다. 하나님께서 여신 눈에는 소망과 감사가 비칩니다.

때로 절박한 슬픔이 현실을 타개하는 힘이 됩니다. 암담한 현실에서 걸 수 있는 소망의 근거는 하나님의 구원입니다. 그런 소망은 겸비함을 요청합니다. 또한 하나님의 주권을 인정합니다. 기도로 구하고 할 수 있는 일을 합니다. 그럴 때에 하나님 역사의 도구가 되는 것입니다. 한나와 사무엘은 온전히 하나님의 일을 위해 헌신된 가정이었습니다. 눈물로 기도만 해서 사무엘이 부흥의 일꾼으로 만들어진 것이 아닙니다. 헌신된 젊은이가 미래의 소망입니다. 혼란한 시기일수록 어른들이 할 일은 분명합니다. 미래의 일꾼을 기르는 일입니다. 우리나라에도 사무엘과 같은 이들이 한나 같은 분들의 기도와 헌신 가운데 자라고 있다고 믿습니다.

또 다른 나실인

저는 어려서부터 성경에 나오는 이야기의 주인공과 자신을 동일시하며 읽곤 했습니다. 요셉, 야곱, 다니엘, 바울은 저의 역할모델이고 비전의 근원이었습니다. 이들 이야기를 읽을 때면 항상 제가 요셉이고 다니엘이 되기를 간절히 소원했습니다. 그런데 언젠가부터 제가 아닌 다른 사람을 주인공과 동일시하게 되었습니다. 나이를 먹으면서 오랜 습관에 변화가 생긴 것입니다. 그렇다고 이 말씀과 이 설교는 누구누구가 들어야 하는데 하며 주위를 돌아보는 태도도 아닙니다. 그 이야기 속에 저도 있기 때문입니다. 그런데 더 이상 제가 주인공이 아니고 조연으로 생각되는 차이입니다.

언젠가 딸들에게 사무엘 이야기를 읽어 주면서, 제 자신이 사무엘이 아니라 엘리와 동일시되는 느낌이 들었습니다. 연극에서 원치 않는 역을 맡은 기분이었습니다. 싫지만 받아들여야 하는 일이라는 생각마저 들었습니다. 이제는 어쩔 수 없이 기성세대라는 것을 인정해야 한다는 생각에 이르러서는 가슴이 서늘했습니다. 어느새 나이든 시각에서 젊은이들을 부러움으로 바라볼 수밖에 없었던 것은, 이 이야기가 자라나는 소망의 세대에 관한 것이기 때문입니다. 이 이야기 속에서 굳이 제 역할을 찾자면 엘리나 한나일 것입니다. 저는 학교에서 자주 학생들에게 사무엘처럼 되라고 권면하고 또 그렇게 기도해 줍니다. 저 자신은 우리 딸들과 제자들을 포함한 이 시대의 젊은이들이 사무엘과 같은 비전의 인물이 되도록 돕는 일에 쓰임받기를 소망합니다.

사무엘은 하나님의 특별한 섭리로 태어나 삼손처럼 나실인이 된 사람입니다. 그는 마지막 사사의 역할을 잘 담당했습니다. 가장 중요한 것은 왕을 세우는 일이었습니다. 특히 다윗 왕을 예비시키는 일은 먼 훗날 또 다른 나실인 세례 요한이 예수 그리스도를 예비한 것과 비슷합니다. 사무엘의 시대는 태평성대가 아니었습니다. 하나님의 영광이 떠났고 말씀이 희귀하고 비전도 자주 보이지 않던 어두운 때였습니다. 사람들이 각자 보기에 좋은 대로 행하는 시대였습니다. 하나님께서 이런 세대에는 침묵하십니다. 그들의 일에 바쁘도록 내버려 두셨습니다. 그러다 새로운 세대를 향해 침묵을 깨셨습니다.

사무엘은 어리지만 밤에도 법궤가 있는 성막을 떠나지 않았습니다. 어느 날 하나님께서 야심한 밤에 그의 이름을 반복하여 불러 깨우셨습니다. 마지막에는 직접 현현하셔서 말씀하십니다. 사사인 엘리가 아니라 열두 살 소년에게 하나님의 부르심이 임합니다. 기성세대만 외면하신 것이 아니라, 홉니와 비느하스도 제쳐 놓으셨습니다. 이들이 하나님을 알려고도 않았기 때문입니다. 반면 사무엘은 온전히 하나님의 일꾼으로 양육받는 사람이었습니다. 그에게는 자신을 부르시는 소리를 듣는 영적 각성이 있었습니다.

그 이면에는 부모의 기도와 헌신이 있었습니다. 한나는 매년 성전에 올라갈 때마다 작은 세마포 에봇을 지어 사무엘에게 입혔습니다. 그 옷을 만드는 어머니의 손길은 기도의 손길이며, 솔기와 바늘땀마다 그 눈물의 기도가 수놓아 있었습니다. 이렇듯 사무엘은 아들을 낳지 못해 슬퍼하고 구박받고 원한 맺힌 한 어머니의 기도의 결과입니다. 간혹 부모의 서원 때문에 망했다고 하는 이가 없지 않습니다. 그러나 오늘날 하나님의 일꾼으로 쓰임받고 있는 사람들 중에는 이와 같은 사연의 사람들이 많습니다. 사무엘의 시대와 우리 시대의 유사성은 너무도 확연합니다. 참된 메시지는 귀하고, 듣기에 수치스러운 소식뿐입니다. 흑암이 깊으면 아침이 머지않습니다. 곧 하나님의 부르심이 임합니다. 하나님은 오늘날 우리를 향한 비전을 가지고 "수고하고 무거운 짐 진 자들"을 부르십니다(마 11:28). 그 부르심에 응답한 이들은 구원이 주는 쉼과 평안을 얻습니다. 영적 각성을 가지고 소명에 예민한 청년이 이 시대의 소망입니다.

깨어라, 주께서 너를 부르신다

사무엘에게 희귀하던 하나님의 말씀이 임한 것은 매우 중요한 사건입니다(삼상 3:1-21). 사무엘은 그것이 하나님의 부르심인지 알지 못했습니다. 한 번도 그에게 하나님께서 말씀하신 적이 없었기 때문입니다. 이것이 하나님의 부르심인 줄 파악한 것은 엘리였습니다. 하지만 사무엘 대신 그 말씀을 들으려 하지 않았습니다. 대신 사무엘로

하여금 부르심에 바로 임할 자세를 갖도록 도와주었습니다.

엘리와 사무엘은 하나님의 부르심 앞에서 세 번의 시행착오를 합니다. 선생은 둔하나마 통찰을 가졌고, 학생은 힘들지만 불평 없이 신속히 달려갔습니다. 마침내 그는 엘리의 지시를 따라 하나님의 부르심에 응답했습니다. 많은 때에 우리는 하나님의 음성 대신 선생의 목소리를 듣습니다. 그저 그러려니 하고 듣습니다. 오늘날에도 많은 이들이 이런 육성으로 듣거나 환상을 체험하기를 기대합니다. 하나님께서 원하시면 물론 그렇게도 하실 것입니다.

사무엘 시대에는 성경이 아직 완결되지 않은 시대라 그렇게 부르셨습니다. 오늘날은 대개 성경읽기, 설교, 수업의 훈련을 통해서 부르십니다. 저도 그렇게 해서 오늘에 이르렀습니다. 제게도 훌륭한 스승이 여럿 있었습니다. 대학교 1학년 때 구약학, 2학년 때는 역사학, 3학년 때 철학에 큰 관심을 가졌습니다. 여러 번 시행착오를 했으나 구약과 역사학은 얼마나 훌륭한 기초가 되었는지 모릅니다. 그것이 아니면 지금 이 글을 쓰지 못했을 것입니다. 시행착오를 했다고 해서 실망하지 마십시오. 두려워하지도 마십시오. 쓰시고자 부르시는 이는 하나님이십니다. 사람은 안내자일 뿐입니다. 물론 언제 어디서 어떻게 부르실지 모르니 사무엘처럼 열심히 쫓아다녀야 합니다.

전통을 무시 말고 스승과 선배를 무시하지 않아야 할 이유는, 바로 그것들이 가장 보편화된 부르심의 도구이기 때문입니다. 한 모임에서 우연히 선생님 두 분을 뵈었습니다. 이제는 연세가 들어 약해지셨지만 힘있게 저에게 비전을 보여주셨던 분들입니다. 저는 이분들로부터 하나님의 부르심에 겸허하고도 성실하게 응답하는 방법을 배웠습니다. 대를 잇는 좋은 전통은 건강한 사회의 특징입니다. 진정한 전통은 힘이 없고 죽은 것 같아 보여도 거기에는 꺼지지 않는 빛이 있습니다. 그 불씨에 부채질하고 되살려 내는 것이 후대의 소명입니다. 영적 민감함이 있는 사람만이 그 일을 할 수 있습니다. 문제는 이 시대의 젊은이 중 나실인이 되기를 원하는 이가 거의 없다는 것입니다. 중고등학생들이 술판을 벌이고, 순결을 멸시하고 "죽도록 즐기는" 시대입니다.[3] 그러한 젊은이들은 많아도 참으로 헌신하기로 결단하는 사람은 많지 않습니다.

네 번째 부르심은 특별합니다. 하나님께서 가까이 오셔서 "사무엘아 사무엘아" 말씀합니다(삼상 3:10). 이는 '환상'(하존, hazon)이 아니라 '생생한 의식 가운데 듣는 경험'(마레, mareh)입니다. 들을 준비가 되어 있는 자에게 하나님은 하실 일을 말씀합니다. 이 순간 메시지의 흐름이 역전되었습니다. 엘리로부터 사무엘에게 흐르던 메시지가 이제 반대로 흐르기 시작합니다(삼상 3:17). 미국의 인류학자 마거릿 미드(Margaret Mead)는 이 시대를 가리켜 "지식의 흐름이 역전하는 시대"라고 말합니다.[4] 최신정보와 기술의 습득에 있어 지식의 흐름이 역전 현상이 일어나고 있습니다. 애플의 창업주인 전설적 발명가 스티브 잡스(Steve Jobs)와 같은 이들은 젊은 나이에 세상을 바꾸었습니다. 어느 시대나 비전을 가진 청년이 시대를 이끌어 갑니다. 하나님이 함께 계셔 사무엘의 말이 땅에 떨어지지 않게 합니다. 북쪽 단으로부터 남쪽 브엘세바까지 실로의 사무엘이 여호와의 선지자로 세워짐을 인정합니다. 깨어 있는 청년이 소망입니다.

에벤에셀_회고의 감사와 소망의 비전

오랜 옛날부터 사람들은 주요 사건이 있을 때마다 이를 기억하기 위해 기념비를 세우곤 했습니다. 반만년의 역사를 가진 우리 민족은 많은 기념비들이 있지요. 기회가 되면 꼭 제 눈으로 보고 싶은 기념비가 하나 있습니다. 바로 고구려 광개토대왕의 비입니다. 만주 집안현 통구에 있다는 그 비석은 한때 우리 민족이 멀리 만주까지도 기개를 펼쳤음을 증거합니다. 성경에도 개인이나 공동체가 기억할 사건을 기념해 돌비를 세우는 일이 나옵니다. 야곱이 벧엘에 세운 돌기둥이 좋은 예입니다. 벧엘은 야곱 평생의 중심이었습니다. 훗날 그가 신앙이 해이해져 고난에 빠졌을 때, 거기서 했던 약속을 돌이켜 새 출발을 합니다. 신앙인의 기념비는 인간의 업적을 찬양하기 위한 것이 아닙니다. 하나님과의 관계 속에서 경험한 놀라운 일들을 기억하고자 한 것입니다. 비문은 그냥 지나치면 별것이 아닙니다. 그러나 비바람에 깎이고 흐려진 글씨라도 의미가 살아나면 사람을 깨우는 힘이 있습니다.

이스라엘의 새로운 지도자가 된 사무엘은 새로운 역사의 전기를 마련합니다. 그가 세운 돌비인 에벤에셀도 믿음의 기념비입니다. "여호와께서 여기까지 우리를 도우셨다"(삼상 7:12). 여기란, 미스바와 센 지방 사이의 어느 곳입니다. 그곳에서 얻은 승리가 기념비를 세울 만큼 큰 의미가 있었는지는 사태를 잘 살펴야 알 수 있습니다. 이스라엘이 1948년 이후 겪어 온 분쟁을 완화시키려고 팔레스타인에게 자치구역 둘을 내준 바 있습니다. 하나는 동쪽의 여리고이고, 서쪽으로는 애굽으로 내려가는 길 지중해변의 가자지구입니다. 이곳은 사무엘 시대에도 가나안 원주민 중 하나인 블레셋의 본거지였습니다. 요단 강을 건너 온 이스라엘이 마지막까지 점령하지 못한 곳이 바로 이 지역이었습니다. 블레셋이 수시로 공격해 와서 내내 화근거리였습니다.

에벤에셀은 이곳에서의 승리를 기념한 것입니다. 그것은 굴욕의 역사로부터의 회복입니다. 내륙 산지로 쫓기던 이스라엘이 사무엘의 지도 아래 뭉쳐 승리를 얻은 것입니다. 사무엘의 군사력이 강해서가 아니었습니다. 사무엘이 한 일은 군사적이라기보다 종교적인 일입니다. 그는 이스라엘 백성을 불러모아 그들의 문제점이 무엇인지를 깨우쳤습니다. 그들로 하여금 회개하고 자세를 새롭게 하도록 했습니다. 이때 블레셋이 공격해 왔고, 그 싸움에서 전에 없던 대승리를 거둔 것입니다.

사무엘을 원수의 손에서 건지신 하나님께 감사함으로 이 기념비를 세웠습니다. 교육적 의도가 있는 기념비입니다. 이스라엘로 하여금 역사를 돌아보게 하려는 목적이 있었습니다. 애굽에서 홍해를 건너 광야를 지나 요단을 넘어 약속의 땅에 들어온 역사 말입니다. 여리고를 무너트린 후에도 크고 작은 싸움에서 본 하나님의 은혜를 기억하게 합니다. '이런 과거를 가진 이스라엘이 지금 어디에 서 있는가?' 에벤에셀의 기념비는 이 안타까운 현실을 돌이켜 보게 합니다.

하나님께서는 여기까지 인도하셨건만 오늘의 모습은 그게 무엇이냐 하는 질책도 담겨 있습니다.

에벤에셀에는 지난날에 대한 감사와 현재적 교훈 외에도 미래를 향한 비전이 담겨 있습니다. "여기까지 도우셨다"는 말에는 앞으로도 도우신다는 소망이 담겨 있습니다. 하나님은 과거만이 아니라 현재와 미래에도 하나님이십니다. 이정표는 앞으로 갈 길을 표시합니다. 서울에서 출발하여 경부고속도로를 달리다 보면 처음에는 수원까지 거리가 안내판에 나옵니다. 수원을 지나면 오산까지 몇 킬로미터 남았다고 적혀 있습니다. "여기까지 도우셨다"고 했을 때는 이제 되었으니 그대로 주저앉자는 뜻이 아닙니다. 에벤에셀은 역사를 돌아보고 감사하는 동시에 앞으로 나아가는 비전의 기도이기도 합니다. 사무엘은 역사가 변하고 있다는 것을 의식하고 있었습니다. 그는 마지막 사사였습니다. 인간적으로 가장 완벽한 사사였지만 그의 아들들은 그러지 못했습니다. 하지만 하나님께서 새 시대를 열고 이스라엘을 더 큰 영광으로 인도하실 것을 믿었기에 비전을 가질 수 있었습니다. 에벤에셀은 이제껏 이스라엘을 인도하던 사사들과 다른 참된 지도자 왕의 도래를 예고하고 있습니다.

오래전 KBS 영상실록을 통해 건국 반세기 역사를 본 일이 있습니다. 해방 50주년이라 해서 특별한 행사가 많았던 해이니 벌써 20년 전 일입니다. 일제의 잔재인 옛 중앙청 건물은 헐리고, 중국 중경의 임시정부 청사는 복원되었습니다. 잊혀진 애국자를 찾아 포상도 했습니다. 그 프로를 보면서 행사도 중요하지만 과거를 돌아보는 일을 제대로 했으면 좋겠다는 생각이 들었습니다. 일본의 압제를 스스로 떨쳐 버릴 수 없어 암담하던 때에 하나님께서 구원하신 일을 잊지 않아야 합니다. 인간의 기념비는 쉽게 잊혀지고 뒤에 오는 이가 허물어 버리는 일도 있습니다. 정부가 50주년 행사의 핵심으로 옛 중앙청 건물을 철거한 것을 보십시오. 일제가 온갖 미신적 고려와 정치적 계산으로 민족정신을 말살하기 위해 세운 건물입니다. 광개토 대왕비도 훼손되어 시비(是非)가 많습니다. 역사 속에는 이렇게 훼손되고 파괴된 기념비가 많습니다. 그러나 그와는 반대로 에벤에셀과 같은 믿음의 기념비는 지금도 믿는 이들을 그 주변으로 불러 모읍니다.

이런 에벤에셀의 기념비를 마음속에 세워야 합니다. 필요하면 기념물을 세울 필요도 있겠지요. 중요한 것은, 지난날 하나님의 은혜를 잊지 않는 것입니다. 그것을 바라볼 때마다 하나님 나라를 향한 소망을 새롭게 해야 합니다. 과거의 일을 한탄하기보다 과연 이 나라 이 민족이 어떤 은혜를 받아 여기까지 이르렀는지를 돌아보아야 합니다. 현재를 자축하며 즐기기보다 미래를 응시해야 합니다. 지금 어떻게 살고 있으며, 앞으로 어떤 소망으로 역사를 이끌어 가야 할지를 보는 눈이 생겨야 합니다. 과거에 감사하고 현재를 반성하며 미래를 소망하는 비전이 있어야 합니다.

8

왕이 된 목동의 비전

| 다윗

기업 간 경쟁은 어느 분야나 마찬가지겠지만 전자업계의 싸움은 정말 격렬합니다. 특히 컴퓨터 업계가 그렇습니다. 글로벌 컴퓨터 서비스 업체인 IBM은 타자기가 주력 상품이던 시절, 라이벌이던 레밍톤을 누르고 업계의 거인이 됩니다. 그런데 대학도 제대로 마치지 않은 젊은이 몇이 모여 감히 IBM에 도전했습니다. 자신들의 싸움을 다윗과 골리앗의 싸움에 비유하면서 말이죠. 비웃음을 산 것은 당연했습니다. 하지만 지금은 누구도 그들을 비웃지 않습니다. IBM이 휘청거리는 반면, 그 회사는 건재하니까요. 바로 매킨토시 컴퓨터와 아이폰으로 유명한 애플(Apple)입니다. 집채만 한 컴퓨터를 휴대 가능한 크기로 바꾼 발상이 주효했습니다. 현재의 노트북이나 테블릿 PC에 비하면 엄청 크지만, 애플은 컴퓨터 세계를 완전히 뒤바꿔 놓았습니다. 다윗과 골리앗의 이야기는 잘 알려져 있어 비유적으로 많이 사용되곤 합니다. 특히 모든 면에 불리한 싸움을 승리로 이끈 무용담이 그 대상입니다. 이 비유에서는 어김없이 빠른 두뇌 회전과 민첩

한 행동을 승리의 요인으로 꼽곤 합니다. 이 이야기를 그렇게 해석하지 말라는 법은 없지만, 거기서 그 정도 의미밖에 보지 못한다면 다소 아쉬움이 남습니다.

순수한 열정과 믿음의 안목

골리앗과 다윗의 싸움은 싱겁게 단 한 방에 끝나고 맙니다. 무협소설에서처럼 종일 싸우고 승부가 안 나 밥 먹고 또다시 싸우는 식의 이야기가 아닙니다. 스토리는 없고 싸움장면만 난무하는 요즘 액션영화와도 완전히 다릅니다. 비교적 자세한 묘사가 있기는 하지만 싸움에 초점이 맞추어진 이야기가 아닙니다. 그 일화의 목적은 다윗의 등장을 알리는 데 있습니다. 특히 불순종으로 왕의 자격을 잃고 편집증적 겁쟁이가 된 사울과, 용기가 넘쳐흐르는 다윗의 모습은 대조적입니다. 골리앗의 등장은 신앙을 잃은 사울의 치부를 고스란히 드러냅니다. 그 위기를 다윗이 어떻게 신앙으로 극복하는지를 보여주는 것이 이야기의 초점입니다.

성경은 다윗을 영웅으로 만들려고 하지도 않습니다. 요즘 유행하는 말처럼 "일등만 기억하는 더러운 세상"은 거기에 없습니다. 다윗은 철저히 무시된 "말째"였습니다. 사무엘이 기름 부으러 갔을 때, 다윗의 부모조차 그를 염두에 두지 않았습니다. 그런 다윗이 골리앗과 싸우게 된 것은, 바로 그의 순수한 열정 때문이었습니다. 전쟁터에 나온 것도 아버지 심부름을 갔다가 우발적으로 벌어진 일입니다. 골리앗이 하나님의 이름을 모욕하는 것에 격분해 나선 것이지요. 형들은 나서지 말라고 꾸짖습니다. 사울도 묻습니다. "일개 목동이 어찌 겁도 없이 괴물과 싸우려는가?" 다윗은 양을 치며 사자나 곰과 싸워 이겼던 경험으로 답합니다. 그의 열정은 하나님의 보호에 대한 체험에서 비롯된 것입니다.

다윗의 용기는 기억에서만 나온 것이 아닙니다. 그는 새로운 상황 속에서도 동일하게 역사하실 하나님의 돌보심을 믿었습니다. 다윗은 신앙체험을 용기로 바꿀 줄 아는 사람이었습니다. 한두 차례 놀라운 체험이 없는 신앙인은 드뭅니다. 사울도 목동 출신이니 비슷한 경험이 있었을 것입니다. 목동치고 늑대 한두 마리 안 죽여 본 사람이 없을 테니까요. 하지만 사울은 경험으로부터 현재와 미래를 내다보는 비전을 배우지 못했습니다. 이것이 차이입니다. 다른 이스라엘 사람들도 하나님이 어떠한 분이신지 잘 알고 있었습니다. 다윗이라고 별난 비밀을 가지고 있는 것이 아니었습니다. 특히 그 전투에 나온 사람들은 이미 하나님께서 주신 승리를 두 차례나 맛본 후였습니다. 그러나 골리앗에 대해 속수무책이었습니다. 하지만 다윗은 달랐습니다.

우리는 순수한 신앙적 열정이 사라진 시대에 살고 있습니다. 우리가 삶에서 직면하는 문제들에 눌리는 것은 이런 열정이 없기 때문입니다. 용기 있는 행동이 세상에서도 존경과 상을 받는다는 것을 몰라서가 아닙니다. 열정이 없는 사람은 아무리 큰 보상이 약속되어도 용기 있는 행동을 하지 못합니다. 물론 다윗의 열정이 단지 맹목적인 감정만은 아니었습니다. 참된 믿음은 지혜의 근본입니다. 열심은 좋은 엔진이지만 지혜의 운전자를 필요로 합니다. 그것이 행동의 원천이 되지만 방향성이 떨어지기 때문입니다.

안데르센의 작품 중 『벌거벗은 임금님』이라는 동화가 있습니다. 사치에 빠진 임금이 사기꾼 재단사의 거짓말에 속아 벌거벗고 길거리에 나선다는 이야기입니다. 그 이야기에서 왕은 어리석은 사람 눈에는 안 보인다는 옷을 입고 길거리 패션쇼에 나서고, 신하들은 임금의 비위를 거스를까 두려워 입을 봉합니다. 또는 자신이 어리석어 옷이 안 보이는 것이 아닐까 두려워 사기극에 동참합니다. 그런데 이 어처구니 없는 쇼는 한 어린아이가 던진 한 마디로 싱겁게 끝나고 맙니다. "임금님이 벌가벗었다!" 다윗이 골리앗과 싸운 이야기도 그와 비슷합니다. 다윗의 진실하고 신앙적인 안목이 실상을 있는 그대로 드러냅니다.

허상과 실상_준비된 일꾼

골리앗의 모습은 압도당하기에 족합니다. 키가 거의 3미터나 되는 거인입니다. 이런 괴한이 창날만도 7킬로그램에 달하고 자루가 팔뚝만 한 창을 휘두르며 악을 씁니다. 저희 집 부엌칼의 무게가 800그램이니 그보다 열 배에 가깝습니다. 그런데 재미있는 사실은, 이 거인은 공격하는 대신 사십 일 동안이나 아침저녁으로 나와서 위협만 했다는 점입니다. 골리앗은 걷기도 부자유한 철갑을 몸에 두르고 있습니다. 정강이까지 둘러싼 갑주를 걸치고 앞에는 방패를 든 호위병을 앞세웠습니다. 그래서 어떤 학자는 골리앗이 실제로 전투를 위한 용사가 아니라 위협용이었다고 주장합니다.

다윗은 이런 상황을 다른 이들과 전혀 다른 눈으로 봅니다. 사람들은 골리앗이 너무 거대해 이길 수 없다고 여깁니다. 하지만 다윗은 그러한 모습을 보고 절대로 빗나갈 수 없는 표적이라고 생각합니다. 분명 골리앗이 사자나 곰보다는 큰 표적인 것은 사실입니다. 신앙의 안목은 세상의 벌거벗은 모습을 볼 수 있게 합니다. 다윗은 골리앗의 전신을 감싼 갑옷 틈새로 보이는 이마가 취약점임을 볼 수 있었습니다. 세계 역사 속에는 신앙인이 세상의 허위를 벗겨 내고 진실을 드러낸 경우가 많습니다. 소수의 그리스도인이 로마 제국의 허상을 드러내고 복음으로 변화시킨 것이 대표적인 예입니다. 히브리서 기자의 말대로, 믿음의 사람은 세상이 감당할 수 없는 사람들입니다.

선거철이 되면 준비된 일꾼임을 자처하는 사람들이 많습니다. 하지만 그렇게 인정받아 당선이 되더라도, 임기 말이 되면 그에 대한 평가가 달라지곤 합니다. 철저히 무명의 목동이었던 다윗은 결국 왕이 되었습니다. 이것은 그가 운이 좋아서가 아닙니다. 다윗이야말로 준비된 사람이었습니다. 하나님께서 부르셨고 오랫동안 연단을 통해 준비시키셨습니다.

다윗은 시작부터가 사울과 달랐습니다. 다윗의 순수한 용기와 열정을 본 사울은 자신의 갑옷과 무기를 제공합니다. 하지만 다윗은 이를 거절합니다. 물론 처음부터 거절한 것은 아닙니다. 갑옷에 칼까지 차고 걸어 보니 익숙지 않아 그리한 것입니다. 믿음과 열정은 세상이 인정하는 방법과 도구들을 무조건 거절하지 않습니다. 그러나 목적에 부합하지 않을 때에는 상식이나 이목 때문에 받아들이지도 않습니다. 싸움에는 갑옷과 칼이 있어야 합니다. 하지만 맞지도 않는 무기를 들고 나가는 것은 똑똑한 일이 아닙니다. 갑옷만 갖추고서 싸울 준비가 되었다고 생각하는 사람은 무작정 돌진하는 돈키호테일 뿐입니다.

그렇다고 다윗이 전혀 준비 없이 이 싸움에 나선 것은 아닙니다. 자기 나름대로 충실히 준비하고 골리앗에게 나아갑니다. 방법과 준비는 믿음과 열정과 모순되지 않습니다. 다윗은 주관 있고 실력 있는 사람이었습니다. 그는 자신이 평소에 쓰던 막대기와 물매를 가졌습니다. 골리앗에게 나아가는 길목에서 매끄러운 돌 다섯 개를 골라 주웠습니다. 언제든 사용할 수 있도록 손에 쥐고 자세를 취하고 있었습니다. 다윗이 골리앗을 물매질로 쓰러트린 것은 우연이 아니었습니다. 철저한 계산과 조준에 의한 것이었습니다.

다윗은 자만하지 않았습니다. 돌을 다섯 개나 주웠다는 사실이 그것을 말해 줍니다. 하나님 일을 할 때에도 넉넉한 준비가 필요합니다. 단 일격에 결판이 나도록 돕는 것은 하나님의 일입니다. 한 개로 할 자신이 있더라도 다섯을 준비하는 것이 필요합니다. 그것이 사람의 할 일입니다. 다윗은 책임을 다한 후에 골리앗을 향하여 달려 나가며 물매를 날렸던 것입니다. 하나님께서는 이런 사람을 쓰십니다. 준비도 없이 무조건 "나는 여호와의 이름으로 나아가노라" 하고 외쳐서는 안 됩니다. 그것은 만용이요, 하나님을 시험하는 죄입니다. 믿음과 열정을 가지고 늘 준비하는 자세로 살아야 합니다. 그런 사람은 언젠가 준비한 물매를 하나님의 이름으로 날리는 순간이 오게 마련입니다.

법궤의 회복

사람마다 평생 못 잊을 순간들이 있습니다. 다윗처럼 우여곡절이 많았던 경우는 더 그럴 것입니다. 골리앗을 거꾸러뜨린 순간이나, 긴 도피생활 끝에 마침내 왕이 되던 날을 결코 잊을 수 없겠지요. 그러나 다윗 자신에게 생애 최고의 순간을 꼽으라면 법궤를 회복하던 날이라 할 것입니다. 그날 다윗은 모든 체면과 위엄을 던져 버리고 어린아이와 같이 뛰며 기뻐했습니다. 아내조차 민망해 조롱할 정도였습니다. 그런데 바로 이런 다윗의 자세야말로 그를 이스라엘 왕 중의 왕으로 서게 만든 힘이었습니다. 그는 훌륭한 군인이며 군주였습니다. 위기에 빠진 나라를 다시 일으켜 부강하게 만든 경제전문가였습니다. 그러나 무엇보다 그는 훌륭한 신앙인이었습니다.

신앙인으로서 다윗은 소박하고 순진했습니다. 그런 신앙은 하나님 앞에서 용기와 인내, 지혜와 열정보다 귀한 것이었습니다. 이 소박한 신앙이 이스라엘을 영광의 시대로 올려놓는 지도자가 되게 한 것입니다. 다윗의 신앙이 어떠했는지를 가장 잘 보여주는 것은 법궤 회복을 향한 그의 간절한 노력입니다. 우여곡절 끝에 왕이 된 다윗은 자살로 인생을 마감한 사울과 같이 되고 싶지 않았을 것입니다. 그러기 위해서 인간적으로 취할 수 있는 조치가 몇 가지 있었습니다. 그 일들은 시급한 것이고 또 마땅히 해야 할 일들이었습니다. 그러나 그가 왕권의 확립보다, 국방의 강화나 궁전의 건축보다 더 중요하고 시급한 과제로 여긴 일이 있었습니다. 그것은 바로 잃어버린 법궤를 되찾아 오는 일이었습니다. 이는 하나님께서 함께하시는 것에 대한 간절한 소원의 표현입니다.

    법궤는 하나님 임재의 상징입니다. 그것은 출애굽 내내 이스라엘의 행보의 중심이요, 선도에 있었습니다. 법궤를 앞세워 홍해와 요단을 건넜고, 여리고를 무너뜨렸습니다. 그러나 엘리의 아들들이 그것을 전쟁에 가지고 나갔다가 블레셋에게 빼앗겼습니다. 우여곡절 끝에 법궤가 이스라엘 진으로 돌아온 이후에도 여전히 이스라엘 역사의 중심에서 비켜서 있었습니다. 이것은 단지 법궤를 잠시 잊고 있었다는 의미 이상의 뜻이 있습니다. 왕으로 뽑힌 사울은 그것을 이스라엘의 삶 중심에 회복하는 일에 전혀 관심을 갖지 않았습니다. 반면 다윗은 왕이 되고 나서 법궤를 예루살렘으로 옮겨 오는 일을 최우선으로 삼았습니다. 역대기는 이를 중대사건으로 기록하고 있습니다(대상 16장).

    법궤의 회복은 간단치 않았습니다. 처음에는 순조롭게 진행되는 듯했으나 심각한 시행착오가 벌어집니다. 수레를 몰던 책임자가 법궤를 실어 오는 중에 하나님의 진노로 즉사한 것입니다. 법궤는 본래 제사장들이 메어 운반하게 되어 있었습니다. 오랫동안 잊고 있다 보니 기본적인 규칙조차 아무도 기억하지 못했던 것입니다. 이 사건도 이스라엘의 영적 상태를 보여주는 일화라고 할 수 있습니다. 계획은 일단 좌절되었으나, 법궤를 임시로 맡은 오벧에돔의 집안이 축복을 누린 것에 용기를 얻어 다시 시도됩니다. 이번에는 원래의 법대로 법궤를 운반하여 성공하게 됩니다.

십계명 돌판이 든 법궤는 주님의 임재의 상징입니다. 출애굽을 기념하는 몇 가지 물건들도 있습니다. 하나님의 언약과 그것이 성취된 증거들입니다. 이 법궤는 하나님과 백성의 언약을 기억하도록 하는 장치입니다. 우리 개인의 삶과 교회, 가정과 국가의 영적 회복은 이러한 상징을 통한 하나님의 임재, 곧 언약이 기억되고 의미가 되살아나는 것에 있습니다.

다윗의 첫 시도가 실패한 것은 하나님의 법대로 하지 않았기 때문입니다. 바른 신앙이 잊혀지면 미신이 판칩니다. 하나님과의 관계가 어떠하든지 법궤만 메고 나가면 전쟁에서 이길 것이라는 미신 때문에 그것을 잃어버렸습니다. 법궤를 수레에 실어 운반하는 것은 블레셋 사람들이 시작한 일이었습니다. 만지기 두려워 짐승에게 끌게 한 것입니다. 이렇게 하나님의 임재와 언약의 상징이 오용되고 멋대로 끌려다니고 함부로 취급되었던 것입니다. 그런데 그것을 진정 사모하고 원했던 다윗마저 블레셋 사람들과 같이 법궤를 수레에 실었던 것입니다. 부흥을 소망한다면 하나님의 원칙과 법을 알고 그것을 따라야 합니다. 우리 시대에 얼마나 기초적인 하나님의 원리들이 잊혀지고 믿는 이들마저 멋대로 신앙생활을 하고 있는지 돌아보아야 할 것입니다.

합당한 예배

법궤가 예루살렘에 돌아오자 다윗은 감격과 감사에 젖었습니다. 그와 온 이스라엘 백성이 같은 감격으로 감사의 예배를 드렸습니다. 이날 다윗은 주저하지 않고 그의 삶 속에서 가장 극적인 정서를 쏟아 내었습니다. 왕이 되던 날 그렇게 했더라면 격에 어긋났을 것입니다. 왕궁이 준공되던 날 그랬더라면 유치하고 가볍게 보였을 것입니다. 그러나 여기서 그가 보여준 모습은 오늘날까지 귀감이 됩니다. 다윗의 기쁨을 결혼반지처럼 의미심장한 물건을 잃었다 되찾은 일에 비유하면 조금은 이해될지 모르겠습니다. 그것이 단순한 물건이 아니라 언약의 징표라는 점에서 같으니까요. 법궤를 되찾고 기뻐하는 것은 하나님께서 함께하신다는 사실 때문입니다. 그는 거기서 참된 복을 체험하는 진정한 신앙의 사람이었습니다.

다윗은 감격만 한 것이 아닙니다. 법궤의 회복을 계기로 백성들과 함께 바른 역사관 회복을 다짐하며 이렇게 찬양합니다. 첫째, 하나님께서 이스라엘을 위해 행하신 일들을 잊지 말자고 합니다.

> 그의 행하신 기사와 그의 이적과 그의 입의 법도를 기억할지어다.······그의 언약 곧 천 대에 명령하신 말씀을 영원히 기억할지어다(대상 16:12-15).

둘째, 그분의 선하시고 영원하신 구원을 선포하자고 합니다.

> 온 땅이여, 여호와께 노래하며 그의 구원을 날마다 선포할지어다.······우

리 구원의 하나님이여, 우리를 구원하여 만국 가운데에서 건져 내시고 모으사 우리로 주의 거룩한 이름을 감사하며 주의 영광을 드높이게 하소서(대상 16:23-35).

히브리 성경에서는 맨 마지막 책이 말라기가 아니라 역대기입니다. 이스라엘과 유다가 바벨론에 포로로 잡혀갔다 돌아와 영욕의 역사를 회고하며 쓴 것이기 때문이지요. 그런 책에 이 이야기가 성전과 왕궁의 건축보다 더 길게 나옵니다. 역대기 기자가 왜 이 사건을 그토록 주목했을까요? 돌아온 이스라엘 백성들에게는 회복되어야 할 것이 너무도 많았습니다. 무엇보다 성벽의 보수가 시급했고, 예배 처소의 재건이 중요했습니다. 법궤는 잃어버려 회복이 영원히 불가능했습니다. 그런데 왜 법궤의 회복 이야기를 그토록 상세히 하고 있는 것일까요?

그것은 성벽과 성전의 유형적 재건보다 더 중요한 일이 있음을 말하기 위해서일 것입니다. 진정한 신앙의 감격과 순수한 신앙의 자세가 회복되는 것을 말하고 싶었던 것입니다. 다윗은 다른 무엇보다 하나님 말씀과 그의 임재가 가장 중요하다는 것을 아는 사람이었습니다. 다윗은 잃었던 법궤의 회복을 간절히 바랐습니다. 그것이 회복되었을 때 감격의 예배 가운데 이스라엘 백성이 해야 할 일이 무엇인지를 말하는 능력도 있었습니다.

다윗의 안목은 어려운 시절을 지내고 있는 지금 우리에게도 귀한 본이 됩니다. 우리나라는 1997년에 건국 이래 최악의 경제재난이라는 IMF 구제금융 사태를 맞았습니다. 공교롭게도 건국 50주년이 되는 해였습니다. 나라가 온통 위기감에 휩싸인 그 어간에 텔레비전에서 본 광복절 특집 방송을 지금도 기억합니다. 그것은 한국 근대사의 영욕을 회고하는 프로그램이었습니다. 저는 그 방송을 통해 지난날 우리 민족에게 베푸신 하나님의 은총이 얼마나 특별한 것이었는지에 대해 새삼 눈이 열렸습니다. 그리고 10년 후인 2008년, 또다시 세계적인 금융위기에 휩쓸렸습니다. 그 어려움은 지금까지 계속되고 있고요. 지금 우리 사회에는 모든 어려움을 경제 불황 탓으로 돌리는 분위기가 지배적입니다. 하지만 사실 지금보다 훨씬 힘든 시절 우리를 버티게 했던 꿈과 비전을 잃었기 때문은 아닐까요?

옛 이스라엘처럼 우리에게도 회복되어야 할 것들이 있습니다. 우리도 옛 이스라엘처럼 하나님의 임재를 상징하는 그 무엇을 잃은 것이 아닐까 생각해 봅니다. 만일 우리에게도 잃어버린 법궤가 있다면 무엇이 들어 있어야 할까 상상해 봅니다. 무너진 초대 교회당을 다시 세우는 일은 아닐 것입니다. 박물관 유리장 속에 보관된 초대 선교사들의 성경과 그들이 나누어 준 구제품 몇 가지도 아닐 것이 분명합니다. 그것들을 복원한다고 부흥이 오는 것이 아닐 테니까요. 다윗의 심령을 되찾아야 합니다. 어려운 시절 하나님의 말씀을 사모하던 열정을 회복해야 합니다. 무엇보다 우리가 회복해야 할 것은 다윗의 삶입니다. 우리에게 행하신 여호와의 놀라운 일들을 기억하며 그의 영광을 열방에 선포하려는 비전 말입니다.

회복의 조건

이스라엘 역사에서 가장 위대했던 시대를 이끌었던 사람은 다윗입니다. 역대기는 그 시대의 모습을 그리는 데 반 이상을 사용합니다. 그 시대를 미화하기 위해서가 아닙니다. 그 영광을 다시 보기 위해 되찾아야 할 것이 무엇인지를 깨우치기 위함입니다. 다윗이 마지막으로 백성들과 하나님께 예배를 드리는 장면도 그것을 강조하기 위함입니다(대상 29:10-19). 그 예배는 평생 추진해 온 성전건축 준비를 마무리하는 것이었습니다. 아직 시작도 못한 일을 놓고 감사의 고백을 합니다. 그 고백에는 어떻게 그토록 험난한 지경에서 위대한 시대를 일구어 냈는지 비결이 드러납니다.

그것은 순수한 믿음과 기도였습니다. 우선 모든 것이 주께서 주신 것임을 고백합니다. 다윗은 흠이 없는 사람이 아니었습니다. 그러나 그는 모든 신앙인이 가져야 할 기본을 분명히 간직했습니다. 겸손한 전폭적 신뢰요, 주님의 주권에 대한 고백이요, 감사의 자세였습니다. 단순한 것 같은데 그 내용은 정말 깊은 것입니다. 다윗은 극한의 어려움을 딛고 성공한 사람입니다. 참기도 많이 참고 고생도 심했고 위험한 일에서 극적으로 벗어난 경험이 한두 번이 아닙니다. 그리고 마지막에는 대단한 일들을 이루었습니다. 장황한 성공담이 있을 법한데, 오로지 모든 것이 하나님께로부터 왔고 그것을 그분께 드린다는 겸허한 고백으로 가득합니다.

다윗의 비전은 평생 지속되었습니다. 나이가 들고 세상을 떠날 때가 가까울수록 자신의 업적이 영원히 기억되기를 바라는 것이 사람들의 모습입니다. 조그마한 업적도 부풀리고, 목록을 길게 하려고 애씁니다. 다윗에게는 전혀 그런 모습이 없습니다. 그의 신앙고백은 말에서 끝나지 않고 헌신으로 실증되었습니다. 다윗과 함께 하나님께 즐거이 드린 백성들의 자세의 바탕에는 그들의 소유가 모두 하나님께서 주신 선물이라는 신앙이 있습니다. 여기서 우리는 그의 모습 속에 있는 순수한 신앙을 볼 수 있습니다. 유랑하던 시대의 열조들 같은 순수한 신앙입니다. 다윗은 번영과 성공의 정점에서 과거를 잊지 않았습니다. 그가 죽기 직전에 행한 언약의 회복이 그 사실을 잘 보여줍니다(대상 16: 8-15, 34-36).

다윗은 왕궁에 거하며 성전도 지을 수 있는 능력을 가진 정착된 사람이었습니다. 그러나 그의 마음은 늘 하나님 나라를 향해 가는 순례자요, 열조의 나그네 신앙을 버리지 않았습니다. "주 앞에서는 우리가 우리 열조와 다름이 없이 나그네와 우거한 자라. 세상에 있는 날이 그림자 같아서 머무름이 없나이다"(대상 29:15). 왕궁에 사는 다윗은 여전히 주님과 그 어느 곳이라도 떠나서 만족하고 위험을 감수하기를 기뻐하는 유랑객이었습니다. 그 역시 믿음의 선조들처럼 본향 찾는 나그네였던 것입니다. 시편 23장에서 보는 것같이, 목자이신 여호와를 따라 사망의 음침한 골짜기를 다시 걷는 것도 마다하지 않는 사람이었습니다.

우리는 언젠가부터 이런 신앙을 상실했습니다. 대략 1980년대부터가 아닐까 싶습니다. 경제부흥을 축하하고 교회성장을 기뻐하는 가운데, 정작 순수한 신앙은 잃었습니다. 그토록 많은 헌신과 준비를 하고도 이 모든 것이 주님의 것임을 고백한 다윗의 모습과는 거리가 멉니다. 다윗의 모습을 제대로 배운다면 회복을 가져올 것입니다. 혹시 나중에 크게 성공한 사람은 절대로 지난날을 잊지 않아야 합니다. 내 자신을 내세우기보다 주님의 주권을 고백하며 찬양하여야 합니다. "나와 내 백성이 무엇이기에 이처럼 즐거운 마음으로 드릴 힘이 있었나이까"라는 고백이 있어야 합니다(대상 29:14). 주님의 은혜를 감사해야 합니다. 그런 자세가 바탕이 되어서 아낌없는 헌신을 해야 합니다. 늘 현실에 안주하기보다 주께서 주시는 은혜에 만족하면서 나그네 신앙을 간직해야 합니다.

하나님의 역사에 동참함

하나님의 주권에 대한 고백과 감사, 그리고 나그네 신앙은 훌륭한 바탕입니다(대상 29:17-19). 참된 신앙은 위기와 불안정, 유랑시기를 기억하면서 울고불고하는 것이 전부가 아닙니다. 그것은 신앙의 시작일 뿐입니다. 다윗은 백성들이 그와 함께 하나님께 헌신하기를 즐거워하는 것을 보고 정말 마음이 기뻤습니다. 그의 훌륭한 모습은 하나님의 뜻과 역사를 바라보며 기도로 동참한다는 것입니다. 결코 나그네 신세로 늘 있을 것이 아닙니다. "여호와의 집에 영원히 거하리로다"라는 고백이 바로 이런 심령을 말합니다(시 23:6). 지금 이 땅에서 나그네로 지낼지라도, 결국 그의 지으신 집에서 아들과 딸이 될 것을 꿈꾸는 이들입니다. 그것을 비전이라 불러도 좋을 것입니다.

다윗은 믿음 속에서 하나님께서 허락하신 것을 바라보는 눈이 있었습니다. 그래서 그 일의 성취를 위해서 기도하고 있습니다. 순수한 나그네 신앙은 이만하면 살 만하다며 머무르지 않습니다. 하나님 나라를 향해 늘 미래로 열려 있습니다. 하나님의 주권을 인정하고 기도로 역사에 동참합니다. 그러니 비전이 열리는 것입니다. 하나님을 위해 무언가를 할 수 있다는 것은 큰 특권입니다. 더욱이 평생토록 하나님을 위해 어떤 일에 매진할 수 있다는 것은 분명 커다란 복입니다.

다윗은 일생 동안 성전건축을 사모했습니다. 그 일을 직접 착수할 수 없었으나 심혈을 기울여 준비했습니다. 어느 학자는 역대상 29:2-9 말씀을 토대로 다윗이 지금의 화폐 가치로 수조 원 정도의 예산을 확보해 놓았다고 계산했습니다. 오늘날에도 누구나 공감하는 일을 진행한다 해도 이 정도의 돈을 모으는 일은 쉽지 않습니다. 크건 작건 모금하는 사람은 악역을 담당하기 쉽습니다. 다윗은 그 어려운 일을 성공적으로 해냈습니다. 백성들 또한 억지로가 아니라 즐거움으로 참여했습니다.

그가 이 어려운 일을 헌신과 열정으로 해낼 수 있었던 비결이 바로 역대기에 적혀 있습니다. 자신이 하는 일에 대한 바른 이해와 안목이 있었기 때문입니다. 그는 현재의 자신을 과거에 비추어 보고, 그 연장선에서 미래를 들여다보았습니다. 그에게는 철저한 믿음과 기도가 있었기 때문입니다. 이 어려운 시절에 회복을 바란다면 하나님 나라를 바라는 순수한 간구가 회복되어야 합니다. 다윗은 지어질 성전을 이미 본 것이나 다름없습니다. 그것으로 인하여 이 나라가 정말 든든히 서 가기를 간구하고 있습니다. 이 간구로서 그는 미래를 열고 있습니다.

잊지 말아야 할 것은 이 이야기가 쓰여진 시대적 배경입니다. 구약의 마지막 책인 역대기 속에 이 이야기가 쓰여진 때는, 다윗이 죽고 그가 지은 궁전과 솔로몬이 완성한 성전도 모두 불타 없어진 시대입니다. 모든 영광이 지나간 시대에 그것의 회복을 위한 원리를 주는 말씀입니다. 회복의 원리는 참된 신앙입니다. 또 하나님의 뜻 안에서 드리는 간절한 기도를 통해 하나님의 역사에 동참하는 비전입니다. 우리에게 이것이 있어, 이 시대에 하나님의 나라가 회복되기를 우리 모두가 바라야 할 것입니다.

9

우리를 새롭게 하는 비전

| 이사야

웃시야는 풍운아였습니다. 역대하 26장에 나오는 그의 이야기에는 영예와 치욕이 극명하게 교차합니다. 탁월한 정치가였던 웃시야는 영토를 확장하고 경제를 일으켜 이스라엘 절정기의 영화를 거의 되찾았습니다. 북방 앗수르의 위협이 높아져 가던 때라 그의 치세는 더욱 빛났습니다. 하지만 이 모든 형통은 "그가 여호와를 찾을 동안" 은혜로 주어진 것이었습니다(대하 26:5). 그가 교만해지자 모든 것이 달라졌습니다. 마치 솔로몬의 모습을 다시 보는 듯합니다. 부친의 신앙을 본받고 제사장의 가르침을 따라 성공하지만 교만으로 무너진 것까지 그대로 닮았습니다. 문제는 이런 웃시야의 모습이 당시 이스라엘의 현실을 그대로 보여주고 있다는 점입니다. 그의 몰락은 이스라엘 멸망의 서곡이었습니다. 이를 가까이서 지켜 본 이사야 역시 낙심천만이었을 것입니다.

웃시야의 비전

이사야서는 "유다와 예루살렘에 관하여 본 계시"라는 말로 시작합니다(사 1:1). 이사야와 에스겔과 다니엘은 선견자(先見者)라고 불릴 만큼 많은 환상을 보았습니다. 그중에서도 특히 이사야가 그랬습니다. 하지만 비전의 사람 이사야 역시 처음에는 눈이 밝지 않았습니다. 웃시야의 업적에 눈이 부셔서 그랬을 수 있습니다.

웃시야의 치적은 그토록 대단했습니다. 서쪽으로 블레셋의 요새 야브네와 가드, 그리고 아스돗 땅을 정벌했습니다. 하지만 동쪽 엘롯을 탈환한 것이 가장 돋보입니다. 이스라엘은 지중해를 통해 서쪽으로는 나갈 곳이 많습니다. 하지만 반대편 인도양으로는 시내 반도 아카바 만 끝에 위치한 엘롯뿐입니다. 그렇지 않으면 아프리카를 돌아야만 합니다. 엘롯은 지금도 사우디 아라비아, 요르단, 이스라엘, 이집트 네 나라 국경이 함께 만나는 특이한 전략적 요충지입니다. 웃시야가 솔로몬 이후 잃었던 그 항구를 탈환한 것입니다. 이스라엘이 그에게서 꿈과 비전을 본 것은 놀랄 일이 아닙니다.

이런 웃시야가 교만으로 위기에 빠졌습니다. 급기야 제사장만 하는 일까지 자기가 하려는 만용을 부렸습니다. 향로를 들고 성전으로 가는 그를 80명이나 되는 제사장이 막아 섰지만 소용이 없었지요. 결국 성전에 들어가는 순간 문둥병이 발했습니다. 결국 그는 폐위당하고 궁궐 깊이 숨어 살다가 죽고 맙니다. 그리고 그와 함께 이스라엘의 비전도 닫혔습니다. 희망이 사라진 나라에는 폭력과 무질서가 난무했습니다. 밖에서는 침략의 위협이 누르고, 안에서는 불의가 팽

창합니다. 언제 어디서 무슨 일이 터질지 모르는 위험천만한 상황입니다. 이사야는 이런 상황에 낙심했던 것 같습니다. "웃시야 왕이 죽던 해에"라는 말에는 이런 무거운 역사적 배경이 깔려 있습니다(사 6:1). 이스라엘의 영광을 되찾아 줄 것으로 기대한 왕이 혐오스럽고 부정한 것의 대명사인 문둥병으로 죽은 것입니다.

이스라엘만 그렇게 비전을 잃는 것은 아닙니다. 인류는 늘 유토피아를 꿈꿔 왔습니다. 하지만 뜻밖의 사건들이 그것을 산산조각 내곤 했습니다. 1960년대 미국은 젊은 대통령 케네디(John F. Kennedy)의 '뉴프런티어'(New Frontier) 비전에 부풀어 있었습니다. 그러나 그가 백주에 군중들 앞에서 암살당하자 온 국민이 경악했습니다. 그리고 그 어두운 여파가 미국뿐 아니라 전 세계에 퍼졌습니다. 우리는 대통령의 암살뿐 아니라 자살이라는 충격도 겪어 보았습니다. 그 뒤에 오는 사회적 불안이 어떤지도 잘 압니다. 지도자의 몰락은 언제나 개인적 비극으로 끝나지 않는다는 데 문제가 있습니다.

지난날 우리는 '잘 살아 보세'와 '민주화'의 비전에 열광했습니다. 그 꿈을 따라 세계 10위권의 경제 성장을 이루었고 월드컵 4강 신화를 이루어 내기도 했습니다. 번영과 자유 속에 피어난 케이팝(K-Pop)과 한류 드라마는 세계의 꿈이 되고 있습니다. 그러나 우리는 지금 그 어느 때보다 불행합니다. OECD 국가 중 8년째 자살률 1위라는 부끄러운 기록이 그 증거입니다. 젊은이들이 꿈을 잃고 방황합니다. 경제부흥과 민주화를 토대로 문화가 꽃피기보다 꿈만 잃은 것은 아닌지 불안합니다.

입술이 부정한 세대

이사야는 답답한 심정을 안고 성전에 기도하러 갔습니다. 그는 거기서 "보좌에 앉으신 주"를 보았습니다. 웃시야가 쫓겨난 후 비어 있던 자리입니다. 거기에 천지의 권세를 쥔 분이 앉아 있음을 보았습니다. 문둥병으로 부정한 웃시야 대신 거룩하신 이가 거기에 늘 있었던 것입니다. 그분의 영광은, 천사들도 바로 볼 수 없을 만큼 밝게 빛났습니다(사 6:1-8).

이 비전 앞에서 이사야가 기뻐 뛴 것이 아닙니다. 그는 "화로다 나여, 망하게 되었도다"고 탄식했습니다(사 6:5). 자신의 모습을 보게 되었기 때문입니다. 특히 입술이 부정함을 깨닫습니다. 입술이 부정하다는 것은 인격의 중심인 '마음'이 깨끗하지 못하다는 뜻입니다. 입은 마음을 나타내는 창구이기 때문입니다. 분노로 마음이 뒤집힌 입술은 욕설, 고함, 저주로 불붙습니다. 간사한 마음은 이간질과 참소로 얼룩집니다. 가슴속 질투는 험담으로, 교만은 자랑으로, 욕정은 음담패설로 입술을 누추하게 만듭니다. 게으른 마음은 쓸데없는 한담과 가십으로 입술을 더럽힙니다.

요즘 우리 사회는 말이 너무 거칩니다. 한 신문의 지적처럼 지금 한국은 "분노의 시대"라 그럴까요? 어린 학생들조차 깡패들이나 쓰던 거친 욕을 일상대화처럼 쏟아냅니다. 아이들뿐만 아니라 모두 화가 머리 끝까지 난 것 같습니다. 그런 분위기 탓인지 대중매체에도 욕이 그득합니다. 몇 년 전 한 인터넷 방송의 진행자가 『닥치고 정치』라는 "정치교본"을 냈습니다. "쫄지마, 씨바 떠들어도 돼"라며 기염을 토한 탓인지 한 달 만에 21만부가 팔렸답니다. 시퍼렇게 살아 있는 최고 정치권력과 대한민국 역사상 가장 강력한 재벌에 대한 용기 있는 질타에는 저도 가슴이 후련했습니다. 하지만 거친 말투는 여전히 마음에 걸립니다.[1] 이 책이 아니라도 요즘 가장 흔하게 듣는 말은 "저놈들 때문"이 아닐까요? 이것이 사실이라면 "분노의 시대"가 맞습니다. 꿈은 사라지고 화만 남은 셈입니다.

놀라운 것은 우리 사회의 이름난 "독설가"들 가운데 "전직"은 말할 것도 없고 현재에도 그리스도인이 많다는 사실입니다. 걸핏하면 성경 인용도 잘합니다. 철거민과 경찰특공대가 희생된 용산 참사는 모두가 윗사람 "보시기 좋았더라"만 중요했던 경찰 간부의 탓이라 질타하는 식입니다. 천주교인이 "내 탓이오"라는 캠페인을 벌이는데 개신교인은 "니 탓" 타령만 할 수는 없습니다. 세상을 욕하고 남을 탓하기에 앞서 자신의 입술이 부정함을 깨닫는 이는 많지 않습니다.

이사야는 두려워 엎드렸습니다. 자신도 불의와 폭력으로부터 자유롭지 않음을 깨달았기 때문입니다. 베드로도 예수님 앞에서 엎드려 고백했습니다. "나를 떠나소서. 나는 죄인이로소이다"(눅 5:8). 이것은 누구나 죄인이고 나도 그렇다는 식으로 묻어 가는 태도가 아닙니다. 구체적으로 자신의 악한 실상을 깨닫게 된 것입니다. 주님께 가까이 갈수록 우리 존재가 변화되어야만 할 필요를 절실히 느끼게 됩니다. 의사에게서 "많이 안 좋으시네요"라는 말을 들은 환자는 아무리 힘들어도 치료를 받을 것입니다. 필요하면 대수술도 감수하지요. 하나님의 임재를 경험한 사람은, 신비체험을 자랑하기보다 자신의 죄를 구체적이고 명백하게 깨닫고 돌이키는 것을 갈망합니다.

변화와 소명

이사야의 입술은 성전 향로에 활활 타는 숯불로 깨끗하게 됩니다. 교만한 웃시야가 향로 불을 맘대로 하다가 부정하게 된 것과는 대조적입니다. 그렇게 변화된 사람은 안목이 바뀝니다. 새로운 소명을 받습니다. "내가 누구를 보내며 누가 우리를 위하여 갈꼬.……내가 여기 있나이다. 나를 보내소서"(사 6:8). 이사야가 전할 메시지는 회개였습니다. 자신이 변화되었듯이 사람들의 안목과 삶을 바꾸는 소명입니다. 비전을 본 사람은 남도 변화시키는 사명자로 거듭납니다.

꿈과 비전은 중요합니다. 몇 년 전 한 대학교수가 쓴 『아프니까 청춘이다』나 강연콘서트의 인기는 우리 사회 젊은이들의 아픔이 무엇인지를 잘 보여줍니다.[2] 그것은 비전의 실종입니다. 그들뿐 아니라 때 이른 나이에 퇴직을 한 장년은 낙심천만입니다. 병들고 가난한 노년은 아예 절망합니다. 경제부흥과 민주화 비전을 따라 열심히 살아왔지만 누구도 꿈꾸었던 것만큼 행복한 것 같지 않습니다.

베스트셀러 제목처럼 "목적"이 삶을 이끄는 것도 중요합니다. 하지만 어떤 비전이고 누구의 목적인지가 더 중요합니다. 무엇보다 우리에게 필요한 것은 비전의 혁신입니다. 마음이 변화되어야 하나님 나라를 볼 수 있습니다. 그런 사람만이 의심과 불만 대신 믿음으로 내일을 보며 나아갈 수 있습니다. 자신의 목적과 비전에 사로잡힌 사람은 그 길을 갈 수 없습니다.

눈이 열린 이사야는 부흥의 비전을 보았습니다. 신비체험이 영적 희열로 끝난 것이 아닙니다. 세상을 변화시키는 꿈을 갖게 되었습니다. 부흥은 가슴이 뜨거워지는 것에서 그치지 않습니다. 잘못된 현실을 바꾸는 소명의 실천으로 나아갑니다. 마틴 루터 킹(Martin Luther King Jr.) 목사가 좋은 예입니다. 그는 1960년대 미국의 민권운동을 이끌면서 '나에게는 꿈이 있습니다'(I have a dream)이라는 유명한 연설을 했습니다.[3]

킹 목사는 자신의 자녀들이 피부색이 아니라 성품으로 판단될 날을 꿈꿉니다. 불의로 끓는 사막이 공의의 오아시스가 되는 날을 바라봅니다. 그날을 향해 나아가면 흑인영가처럼 "오 전능하신 주님, 마침내 자유케 되어 감사합니다"라고 외칠 날이 올 것을 꿈꿉니다. 산이 무너지고 골짜기가 메워져 평지가 생기고, 그 위에 대로가 열리며 메시아가 오시는 것을 바라봅니다. 그는 이사야의 비전에 뿌리박은 꿈을 꾸었습니다. 그리고 이 꿈의 실현을 앞당기는 일에 목숨을 바쳤습니다.

메시아 비전

킹 목사가 바로 보았듯이, 최고의 환상은 '메시아 비전'입니다. 특히 이사야 40장의 비전이 그것입니다. 이 비전은 심판의 때가 끝났으니 "내 백성을 위로하라"는 말씀과, "외치는 자의 소리여, 이르되 너희는 광야에서 여호와의 길을 예비하라. 사막에서 우리 하나님의 대로를 평탄하게 하라"(사 40:1, 3)는 선언으로 시작합니다. 그러자 낮은 골짜기가 메워지고 높은 산은 낮아집니다. 천지개벽하는 지진과 지각변동입니다. 그리고 위로자가 광야에 대로를 여시며 오시는 것을 봅니다.

위대한 오라토리오「메시아」(Messiah)는 바로 이 구절로 시작합니다. 서곡 연주가 끝날 무렵, 해맑은 테너가 첫마디를 엽니다. "위로해, 위로해, 내 백성을 위로해!" 헨델이「메시아」를 쓴 것은 궁정 음악가로 이름을 날리던 때가 아니었습니다. 부와 명성을 잃고 뇌졸중으로 제대로 걸을 수도 없는 중에, 한 문인에게 받은 시에서 위로자를 발견합니다. 그는 웃시야나 나폴레옹 같은 군마를 탄 영웅이 아니었습니다. "그는 멸시를 받아……간고를 많이 겪었으며 질고를 아는 자라"(사 53:3). 수난당한 메시아의 모습에 상한 마음을 치료받은 헨델은 21일 동안 밤낮없이 작곡에 몰두합니다. 악보를 베끼는 데만도 그보다 더 걸릴 것이라는 불멸의 오라토리오는 그렇게 태어났습니다.

헨델은 이사야처럼 어린 싹같이 보잘것없는 모양으로 오시는 메시아를 보았습니다. 또한 아기의 모습으로 오실 것을 봅니다. 우리와 함께하시는 임마누엘이며 놀라운 분이요 샬롬의 왕입니다. "종의 노래"라 불리는 이사야 53장에는 십자가에 달린 예수 그리스도를 올려다보는 듯한 생생한 예언적 묘사도 있습니다. 하나님 나라는 오로지 메시아의 십자가를 통해서 이루어질 것을 봅니다. 전에 멸시를 받던 땅이 영화롭게 되며, 흑암에 행하던 백성들이 큰 빛을 보는 것도 웃시야가 아니라 메시아 때문입니다. 이새의 뿌리에서 난 싹이 공의의 나라를 가져올 것입니다.

　이것이 비전의 치유며 회복입니다. 제왕이 아니라 어린 순 같고 어린 아기와 종의 모습으로 오시는 메시아를 바라보는 비전입니다. 그분을 통해 평강과 공의가 넘치는 "새 하늘과 새 땅"이 이루어지는 비전입니다. 이것은 하나님 역사에서만 볼 수 있는 위대한 반전입니다. 그것은 또한 비전의 확대이기도 합니다. 아브라함의 꿈이 이스라엘의 민족적 비전을 넘어 전 세계로 펼쳐집니다. 요즘 말로 '글로벌 비전'입니다. "버러지 같은 야곱"(사 41:14) 이스라엘이 하나님의 세계 통치의 도구가 되는 비전입니다. 이사야는 우주적 메시아의 비전을 봅니다. 여호와를 아는 지식이 물이 바다 덮음 같이 세상을 덮게 될 것을 보는 비전입니다.

　이사야가 본 환상들은 히브리어로 "하존"입니다. 이는 눈으로 보는 것뿐 아니라 말씀을 들을 때 생긴 심상도 포함합니다(사 1:1, 2:1). 반면에 거짓 선지자들이 본 것은 그 아무리 생생해도 "히자욘"(사 22:1)이라는 단어를 써서 차별을 둡니다. 하나님께서 보이시거나 말씀을 통해 주시는 비전이 아니라, 웃시야 같은 영웅이나 우상에 현혹되었을 때 생기는 몽상이기 때문입니다.

우상과 환상

이사야서에 유난히 우상숭배에 대한 질책이 많은 것은 '헛된 환상'과 관계가 있습니다. 특히 40장 전후가 그러합니다. 41장과 44장에서는 조롱조로 비꼬기도 합니다. 나무를 베어 한 토막으로 불을 피위 따뜻하다며 쬡니다. 그리고 다른 토막으로 신을 만들어 복을 달라고 빕니다. 우상에 금칠을 해 놓고 그 찬란함에 눈먼 행동이 얼마나 어리석은지 깨닫지 못합니다. 헛된 환상을 투영하는 우상숭배는 생각보다 넓게 퍼져 있는 죄악입니다.

우상이라고 하면 사당이나 절에 있는 괴기한 형상을 생각하기 쉽습니다. 구약성경은 형상화된 우상을 경고합니다. 하지만 신약은 형상이 없는 우상을 더 주목합니다. 구약의 우상은 하나님을 이방신의 모습으로 형상화하곤 했습니다. 신약에서는 정욕과 탐심을 우상화합니다(갈 5:24). 정욕은 성적 욕구를, 탐심은 소유를 숭배합니다. 형상화된 것이든 이념화되었든 우상숭배는 근본적 악행입니다.

우상은 허상입니다. 독일 중앙부 하르츠 산맥에 브로켄 산이라는 곳이 있습니다. 새벽 일찍 정상에 서면 해가 뜸과 동시에 건너편 산 절벽에 귀신들이 움직이기 시작한다는 것으로 유명한 곳입니다. 실제로 그 귀신은 등산객의 그림자가 안개 위에 어리어 기이하게 보이는 현상일 뿐입니다. 이처럼 우리들의 우상이란 대부분 엄청난 위력과 괴물 같으나 결국 우리 자신의 투영일 뿐입니다. 사람이 원하는 것, 바라는 것들을 투영시킨 신기루들과 같은 것입니다.

우상은 반드시 무너지고 그 빛도 희미해져 사라집니다. 아무리 견고해 보이는 우상도 무너지지 않은 것이 없습니다. 바벨탑이 좋은 예입니다. 고대 문명의 부와 권력이 우상화된 바벨론의 붕괴는 오만한 문명이 어떻게 몰락하는지를 보여줍니다. 형상을 가지지 않은 우상도 마찬가지입니다. 인간이 자랑과 교만의 상징으로 세운 것들은 언젠가 모두 무너지고 맙니다. 그때에 그것을 의지하던 사람도 그와 함께 큰 수치를 당하게 됩니다. 새찬송가 522장의 3절 가사는 우리를 일깨워 줍니다.

웬일인가 내 형제여/ 재물만 취하다
세상 물질 불탈 때에/ 너도 타겠구나

불안한 시대일수록 우상이 들끓습니다. 북쪽 이스라엘은 앗수르의 침공으로 풍전등화(風前燈火)에 놓여 있었습니다. 남쪽 유다의 형편도 크게 낫지 않았습니다. 결국 주전 722년에 북이스라엘이 앗수르에 망하고 맙니다. 이사야는 위기의 진짜 원인이 어디에 있는지 볼 눈이 있었습니다. 구별되지 못한 삶이 징계를 부른 것입니다. 그것은 밖으로부터의 파괴가 아니라 안으로부터의 붕괴입니다. 유일한 소망은 우상을 버리고 돌아오는 것입니다. 이사야 42장에는 메시아가 오셔서 세상을 다스리실 때의 환상이 나옵니다. 이 비전은 두려움에 떠는 이들에게 소망을 주려는 것이었습니다. 궁극적 소망은 메시아가 가져오는 하나님 나라와 새 예루살렘이었습니다.

무엇을 끊임없이 바라고 살 수밖에 없는 인생은, 진정 바람의 대상이 되지 못하는 허상 곧 우상이 아닌 참된 바람의 대상을 찾는 것이 필요합니다. 이사야 45:22에 "돌이키라"는 말은 "방향을 바꾼다, 돌아선다, 돈다"는 의미의 '파나'라는 동사에서 나온 말입니다. 어떤 한 방향을 향해서 돌아서거나 물건을 향해서 돌아서되, 그 대상을 주목하고 무엇인가를 바라는 마음으로 바꾼다는 의미를 가진 말입니다. 바라보라는 말씀에는 그를 향해 돌아선다는 뜻이 포함되어 있습니다. 바라보지 않아야 할 것을 바라보는 이들에게 그것들을 버리고 내게로 돌아서라는 뜻이기 때문입니다.

빛의 도성, 새 예루살렘

이사야 60장의 '빛의 도성' 비전은 창조로부터 완성에 이르는 일관된 비전의 요약입니다. 그것은 또한 요한계시록의 예고편입니다(계 21-22장). 소망이 완전히 무너진 곳에 이 비전이 비친 것은 우연이 아닙니다. 아담이 범죄한 이후, 그리고 아브라함이 롯과 헤어진 다음에 주어졌던 비전입니다. 포로가 된 다니엘과 유배된 사도 요한도 그것에서 소망을 보았습니다. 이사야의 비전 역시 역사의 암흑기에 비추인 소망의 샘이었습니다. 이 비전은 우상이 주는 것과 달리 빛이 바래지 않습니다.

이 소망은 새 예루살렘의 비전으로 발전합니다. 물론 예루살렘의 회복은 서두에서부터 예고된 것입니다. 신실하던 성읍이 부패와 불의로 가득하게 되었지만 여호와께서 회복하실 때 "의의 성읍이라 신실한 고을이라" 칭하게 될 것입니다(사 1:26). "시온은 정의로 구속함을 받고 그 돌아온 자들은 공의로 구속함을 받으리라"(사 1:27). 이사야가 본 환상은 성도들이 바라는 하나님 나라의 비전입니다.

이사야가 본 천국, 곧 하나님 나라는 두 가지 모습입니다. 먼저, 에덴 동산과 같이 모든 짐승들이 평화롭게 지내는 아름다운 자연으로 그려집니다(사 11:6-8, 65:25). 거기서는 이리가 어린양과 함께 거하고, 아이가 소처럼 풀을 먹는 사자를 강아지처럼 끌고 다니며 독사의 굴에 손을 넣어도 상함이 없을 것입니다. 이와 함께 상당히 다른 천국의 모습도 보여줍니다. 번창하는 산업의 중심지요, 항구 도시로 그려진 천국입니다(사 60장). 오늘날 세계적인 도시인 뉴욕이나 상하이, 암스테르담이 모두 항구인 것처럼 말입니다. 게다가 "이방 나라들의 재물"이 다시스의 배들에 가득히 실려 모여듭니다. 미디안과 에바의 어린 낙타나 스바의 금과 유향, 게달의 양 떼, 레바논의 목재는 최고급 재화들입니다. 그의 묘사를 얼마나 문자적으로 해석해야 할지는 결정하기 어렵습니다. 하지만 천국은 비어 있는 영적 공간이 아닌 것이 분명합니다. 그곳은 우리가 아는 도시와 상당히 흡사한 모습을 가지고 있는 것처럼 보입니다.

물론 그곳은 새롭습니다. "새 하늘과 새 땅"입니다(사 65:17, 66:22). 구약에서 유일하게 여기 나오는 이 표현은 요한계시록 21:1의 예고입니다. 이는 메시아가 가져오시는 새로운 질서입니다. "이리와 어린양이 함께 먹을 것이며 사자가 소처럼 짚을 먹을 것이며 뱀은 흙을 양식으로 삼을 것이니 나의 성산에서는 해함도 없겠고 상함도 없으리라"(사 65:25). 세상이 꿈꾸는 유토피아는 최선의 경우 "현실 비판"이라고 합니다. 하지만 이사야의 도시는 꿈과 이상향이 아닌 실질적인 변혁으로 묘사되고 있습니다. 서두(사 1:2-9)의 한탄과 달리 하나님의 주권과 권위가 회복됩니다.

메마른 땅이 옥토가 되고 길이 열리는 비전이 나오는 이사야

34-35장은 "작은 묵시록"입니다. 눈먼 이의 눈이 밝아지고, 못 듣는 이의 귀가 열리며, 말 못하는 이의 혀가 노래합니다(사 35:5-6). 모두가 회복된 세계의 비전입니다. 그때에 사막에 샘이 터지고, 황무지에는 냇물이 흐르며, 뜨겁게 타오르던 땅은 못이 되고, 메마른 땅은 샘터가 될 것입니다(사 35:6-7). 거기서 가난한 자에게 아름다운 소식을 전하는 은혜의 해가 선포됩니다(61장). 이처럼 이사야는 성경 전체의 요약처럼 보입니다. 우연찮게 신구약을 합한 숫자인 66장으로 되어 있습니다. 1장에서 39장까지가 구약적이라 한다면, 40장에서 66장까지 신약성경 숫자인 27장에는 그리스도의 왕국에 가져오는 복된 내용이 소개됩니다.

새 힘을 얻으리니

비전은 미래를 바라볼 소망만 주는 것이 아닙니다. 지금 여기서 지쳐 쓰러진 사람에게 일어날 힘을 줍니다. "새 힘을 얻는다"(사 40:31)는 말은 방전된 건전지를 충전하는 것이 아닙니다. 아예 새롭게 만드는 것입니다. 이사야의 메시지는 40장을 전후로 아주 다른 어조를 띱니다. 그래서 자유주의 신학자들이 40장 이후를 제2이사야라고 오해할 정도입니다. 전반부는 타락한 이스라엘 민족의 죄악을 고발하며 다가올 심판을 경고합니다. 마음을 돌이켜 정의를 회복할 것을 강조하는 메시지가 핵심입니다. 회개의 조짐이 보이지 않기에 심판의 메시지가 부각됩니다. 그러나 40장부터는 소망의 메시지가 강하게 울려 퍼집니다. 이미 심판을 받아 국가는 망하고 포로가 된 절망적인 상황 속에 놓여 있는 때에 주신 메시지입니다. "위로하라"는 메시지가 이 부분의 서두를 차지하고 있는 것은 그런 까닭이지요.

이때는 제국의 판도가 바뀌던 시기였습니다. 이스라엘을 멸망시킨 바벨론이 메대와 바사에 의해 기울고 있었습니다. 급변하는 정치·군사적 상황 속에서 앞날을 예측할 수 없던 때입니다. 포로 된 민족에게 어떤 일이 벌어질지 전전긍긍하던 시대였습니다. 인간의 눈으로 역사의 지평을 더듬어 볼 때, 암담하기 그지없는 상황입니다. 신앙이 없는 이들은 살 방안을 찾기에 급급했을 것입니다. 신앙이 있던 이들도 하나님의 약속을 기억하며 원망과 시름에 쌓인 고뇌를 뱉어 내곤 했던 모양입니다. "왜 하나님께서는 우리를 돌보시지 않는가?" "우리 열조들의 죄악은 국가의 멸망과 포로생활로 갚은 바 되지 않았는가?" "우리들의 절망적인 상황을 하나님께서는 왜 애써 외면하고 계시는가?" 하고 원망하였습니다(사 40:27).

이사야 선지자는 그들이 섬기고 바라는 하나님이 창조주요 역사의 주인이심을 힘주어 말합니다. 피곤하고 무능한 자에게 힘 주실 것을 확약하고 있습니다. 이 약속은 결코 공허한 약속이 아닙니다. 이 약속은 바벨론을 정복한 바사의 고레스 왕의 포로귀환령에 의해 현실화되었습니다. 천지의 창조자요 이스라엘을 자기 백성으로 삼으신 하나님을 향해 소망을 가진 자들은 결코 절망하지 않겠고, 그 소망이 헛되지 않을 것입니다.

이사야는 이런 메시지를 대조법을 써서 강조하고 있습니다. 첫째는 포로 된 이스라엘과 천지의 창조주요 주재이신 하나님의 대조이며,

둘째는 소년과 장정이라도 가진 힘을 잃고 넘어지고 자빠지나, 여호와를 의지하여 새 힘을 얻는 모습이 그것입니다. 인간적 안목으로 현실을 바라볼 때에는 육신적으로 가장 강한 나이라도 암담한 나머지 가진 힘도 잃을 정도입니다. 하지만 하나님은 결코 그들과 같지 않아서 의지하는 자에게 그분과 같은 힘을 주시는 분이라는 것입니다.

힘과 소망이 소진된 상태에서 구원을 간구하는 자는 자신의 처지에 낙담하지 말아야 합니다. 자신의 시야에 매여 소망을 잃지 말고, 눈을 들어 천지의 주인이요 통치자 되신 주님을 바라보라는 말입니다. 선지자는 "오직 여호와를 앙망하는 자는 새 힘을 얻"을 것이라고 말합니다(사 40:31). '앙망한다'는 말은 정말 좋은 번역입니다. 영어번역의 'wait'이나 'hope'보다 훨씬 좋은 말입니다. 앙망한다는 것은 그분께 소망을 두고 의지하며, 믿음과 확신을 가지고 그분의 하시는 일을 기다리는 것을 말합니다.

하나님과의 동행은 활기찬 삶을 줍니다. 피곤하고 어려울 때일수록 주님을 바라보아야 합니다. 그분 앞에 사는 사람은 늘 새 힘으로 충만합니다. 독수리 날개 치며 올라가기도 하고 달리기 경주처럼 뛸 힘도 필요합니다. 하지만 늘 걸어도 지치지 않은 것이 더 중요합니다. 성경에서 걷거나 행한다는 말은 일상을 말합니다. 하나님께서는 아흔아홉 살의 아브라함에게 나타나셔서 "너는 내 앞에서 행하여 완전하라" 하셨습니다(창 17:1). 주님과 함께 동행하면 이런 새 힘을 주실 것입니다. 이사야 40:29의 히브리 본문은 그 절정을 이룹니다. 첫 단어 '나탄'은 '준다'는 말이며, 맨 마지막 단어인 '아로베헤'라는 말은 '더한다'는 뜻입니다. 힘을 새로이 채워 주시되 우리가 생각하는 이상으로 상상을 초월하여 채워 주신다는 확언인 것입니다. 주님을 바라보는 비전은 이런 힘을 줍니다.

10

해골도 살려 내는 비전

| 에스겔

암흑기의 노래는 애절합니다. "울 밑에 선 봉선화야/ 네 모양이 처량하다……어언간에 여름 가고/ 가을바람 솔솔 불어/ 아름다운 꽃송이를/ 모질게도 침노하니/ 낙화로다 늙어졌다" 일본 경찰에 고문을 당해 마흔네 살의 나이로 순국한 홍난파의 「봉선화」입니다. 국권을 빼앗긴 지 10년, 삼일운동마저 실패한 암울한 상황이었습니다. 독립의 꿈은 무참히 짓밟혔고, 도움은 어디서도 오지 않습니다. 독립선언서를 기초했던 이들 중에도 변절하는 사람들이 생겼습니다. 반만년을 지켜 온 민족적 자긍심이 불과 십여 년 사이에 뿌리째 흔들린 것입니다. 그러니 70년간이나 이역만리 떨어진 바벨론에 끌려가 종살이를 했던 이스라엘은 어땠겠습니까? 해골 골짜기의 마른 뼈들처럼 말라 버렸습니다. 하지만 그런 상황에도 주의 영이 임하면 소망이 싹틉니다. 회복도 꿈만은 아닙니다.

그발 강가의 포로

이스라엘이 처음 바벨론에 굴복한 것은 주전 605년 일이었습니다. 다니엘도 그때 잡혀갔지요. 에스겔은 8년 후인 주전 597년에 여호야긴 왕과 함께 끌려갔습니다. 정복자 느부갓네살은 쓸 만한 이들을 모조리 바벨론으로 끌고 갔습니다. 포로로 잡혀간 이들은 머지않아 돌아갈 수 있지 않을까 내심 기대했던 것 같습니다. 마치 우리 애국선열들이 1918년 우드로 윌슨(Woodrow Wilson) 미국 대통령의 '민족자결주의' 선언에 고무되었던 것처럼 말입니다. 하지만 해방은 30년 가까이 지난 뒤에야 실현되었지요.

바벨론에 끌려간 이들이 품었던 소망은 현실적이지 않았습니다. 귀환을 꿈꾸며 견디기를 십여 년, 그들은 예루살렘이 "함락되었다"는 비보를 듣게 됩니다. 포로로 잡혀간 지 "열두째 해(주전 586년) 열째 달 다섯째 날"일입니다(겔 33:21). 에스겔은 그날을 잊지 못했던 모양입니다. 그날의 비극은 유대인들만의 일이 아닙니다. 아브라함에서 시작된 비전이 끝장난 듯 보이기 때문입니다. 후손들이 그가 떠났던 곳으로 끌려왔으니까요. 아브라함의 언약은 출발점에서 막을 내린 것처럼 보입니다. 어떻게 출애굽과 가나안 정복에 이은 다윗 왕국의 영광이 이렇게 허무하게 스러질 수 있단 말입니까?

하지만 사실이었습니다. 예루살렘 성벽은 무너졌습니다. 다윗 왕궁과 솔로몬 성전 또한 파괴되었습니다. 귀환은 꿈도 꿀 수 없게 되었습니다. 시간이 갈수록 바벨론에 잡혀 온 이들은 말할 것도 없고 고향에 남겨진 이들까지 해골 골짜기의 뼈들처럼 바싹 말라 갔습니다(겔 37:1-10). 과연 하나님의 원대한 인류 구원의 비전이 이렇게 끝날 수 있다는 말입니까?

시편 137편은 이들의 절망을 잘 보여줍니다.

> 우리가 바벨론의 여러 강변 거기에 앉아서 시온을 기억하며 울었도다.……
> 버드나무에……우리의 수금을 걸었나니……우리를 사로잡은 자가 거기서
> 우리에게 노래를 청하며 우리를 황폐하게 한 자가 기쁨을 청하고 자기들을
> 위하여 시온의 노래 중 하나를 노래하라 함이로다.

이 시의 저자는, 그 요청에 응한다면 손이 마르고 혀는 "입천장에 붙을지로다"라고 자신과 원수를 모두 저주합니다. 「봉선화」에서와는 또 다른 한이 느껴집니다.

제사장의 아들인 에스겔은 그발 강의 거대한 수로(水路) 공사에 동원되었던 것으로 보입니다. 그발 강은 유프라테스 강에서 농업용수를 끌어오던 수로였다고 합니다. 에스겔은 거기서 여호와의 영광과 능력에 대한 환상을 보며 선지자로 부름을 받았습니다. 심판에 대한 경고와 회복의 소망이 겹쳐진 환상입니다. 심판의 환상은 포로들만이 아니라 이스라엘에 남겨진 이들을 향한 것입니다. 재난의 모든 책임이 잡혀간 이들에게 있다는 듯, 자신들이 하나님의 은혜를 누리고 있다고 착각하던 이들은 여전히 우상숭배에 빠져 있었습니다. 그들에게도 심판이 임할 것입니다. 이런 환상은 독립이나 귀환의 꿈에 찬물을 끼얹은 일입니다. 사실 세계 최강의 바벨론을 물리치고

살아난다는 것은 불가능한 일입니다. 선민의 자만심과 희망을 버려야 합니다. 끌려간 이들뿐 아니라 남아 있는 이들 역시 모두 마른 뼈였습니다.

하지만 그것이 끝은 아닙니다. 이스라엘의 실패가 하나님 비전의 끝이 아니니까요. 이스라엘은 에스겔의 이름처럼 "하나님이 힘 주심"을 경험하며 회복될 것입니다. 에스겔이 아무 근거도 없이 허황된 희망을 남발하는 것이 아닙니다. 소망의 근거는 하나님의 말씀입니다. "여러 나라 가운데에서 더럽혀진 이름 곧 너희가 그들 가운데에서 더럽힌 나의 큰 이름을 내가 거룩하게 할지라"(겔 36:23). 아브라함의 언약과 비전은 끝난 것이 아닙니다. 에스겔은 살아 역사하시는 하나님을 보게 됩니다.

여호와의 불병거

에스겔서는 첫머리부터 신비한 환상과 상징들로 읽는 이를 압도합니다. 하지만 내용은 극히 단순명료합니다. 그의 예언에는 심판과 회복의 메시지가 교차합니다. 1장에서 11장까지는 하나님의 영광이 떠나 버려 "이가봇"이 된 성전을 보여줍니다. 그러나 40장에서 48장에서는 다시 영광이 가득한 "여호와삼마"의 새 성전의 모습이 그려집니다. 죄에 빠진 백성을 심판하지만 다시 일어나게 하시는 것입니다. 해골 골짜기 환상은 회복이 어떻게 일어나는지를 보여주는 간주곡입니다(겔 37장).

예레미야는 다가오는 심판을 보며 회개를 외쳤습니다. 에스겔은 심판의 참상을 몸소 겪는 가운데 희망을 보았습니다. 눈물의 선지자에 이어 소망의 전령이 등장한 것입니다. 예레미야의 '애가' 바로 뒤에 성경에서 가장 빛나는 장면 중 하나가 펼쳐집니다. "서른째 해 넷째 달 초닷새에 내가 그발 강가 사로잡힌 자 중에 있을 때에 하늘이 열리며 하나님의 모습이 내게 보이니"(겔 1:1). 가장 짙은 암흑을 배경으로 최고로 찬란한 영광의 하늘 보좌가 빛납니다. 이스라엘은 죄로 멸망했으나 여호와 하나님은 여전히 세상의 주권자이심을 보여 주는 환상입니다.

에스겔이 선지자로 부름을 받은 것은, 포로로 사로잡힌 지 5년이 지난 그의 나이 서른 살 되던 때였습니다. 이사야처럼 그도 하늘 보좌를 보았습니다. 빛나는 보좌는 사람과 사자, 소와 독수리 얼굴에 날개 넷이 달린 생물이 끄는 불수레에 실려 날아옵니다. 거대한 바퀴들은 화염으로 타오르고 전후좌우로 맹렬히 돌며 파도가 바위에 부딪치는 소리를 냅니다. 불수레는 천둥과 번개로 천지를 뒤흔드는 구름과 폭풍을 뚫고 무서운 속도로 날아옵니다. 그러나 행여라도 환자용 휠체어를 연상하면 안 됩니다. 엘리야를 하늘로 이끈 불병거를 떠올리는 것은 도움이 되겠지요. 바퀴들이 자유롭게 움직이는 것은 하나님의 무한한 기동성, 곧 무소부재함의 상징적 표현일 것입니다.

여호와 하나님께서 그렇게 바벨론 땅에 위엄찬 모습으로 임하십니다. 보좌를 실은 불수레가 메소포타미아 평야에 내려앉은 것은 하나님께서 천하를 주관하심을 보여줍니다. 불수레 사면에 눈이 가득하다는 것도 보좌에 앉으신 이가 세상사를 두루 감찰하신다는 뜻입니다. 여호와는 어디나 계시고 모든 것을 아시는 분입니다. 그분의 백성 이스라엘이 심판으로 멸망했지만 여호와는 여전히 보좌에 앉아 계십니다. 웃시야의 보좌가 비어도 여호와께서 온전히 세상을 다스리던 것과 같습니다. 이스라엘을 포로로 잡은 바벨론 갈대아 땅도 그분의 발아래 있습니다. 여호와는 자기 백성의 멸망과 함께 사라지는 이방의 잡신들과는 다릅니다. 그 하나님은 지금도 "섭리의 수레바퀴"를 맹렬히 돌리며 힘있게 역사하십니다.

환상은 점차 구름 속에서 빛나는 보좌에 초점을 맞춰 확대됩니다. 남보석 같은 보좌에 달구어진 쇠와 무지개 광채를 뿜어내는 사람의 형상이 보입니다. "이는 여호와의 영광의 형상의 모양이라"(겔 1:28). 그 묘사의 스케일이나 세밀함이 다른 환상을 압도합니다. 에스겔도 이사야처럼 두려워 떨며 엎드려져 심판의 메시지를 받아 선지자가 됩니다.

그가 심판의 메시지를 외치자, 절망한 이들이 죽어 나갑니다. 에스겔은 다시 엎드려 큰소리로 부르짖습니다. "주 여호와여! 이스라엘의 남은 자를 다 멸절하고자 하시나이까"(겔 11:13). 심판 후에는 남은 자들에게 "새 영"과 "부드러운 마음"을 주어 구원하실 계획을 보여주십니다. "[이스라엘은] 내 백성이 되고 나는 그들의 하나님이 되리라"(겔 11:20). 그들은 여호와가 하나님인 줄 알게 될 것입니다. "나는 하나님이라"와 "너희가……알리라"는 말씀을 62번이나 하십니다. 하나님께서 자신의 이름을 걸고 일하십니다. 이스라엘은 오로지 그분의 주권적 은혜로 회복될 것입니다(겔 36:16-32).

하나님의 군대

해골 골짜기 환상은 어떻게 회복이 일어날지를 생생하게 보여줍니다(겔 37:3-6). 여호와의 영이 에스겔을 "킬링필드"(Killing Field)로 데려가 묻습니다. "인자야, 이 뼈들이 능히 살 수 있겠느냐?" 그러자 에스겔이 대답합니다. "주께서 아시나이다." 그러고는 하나님의 명에 따라 해골을 향해 외칩니다. "너희 마른 뼈들아, 여호와의 말씀을 들을지어다.……너희가 살아나리라." 살아날 뿐 아니라 하나님을 알게 된다고도 했습니다. "또 내가 여호와인 줄 너희가 알리라."

그 말에 뼈들이 모여 연결되고 힘줄이 생기며 살과 가죽이 덮여 인간의 모습을 회복하고 큰 군대가 됩니다. 도열한 군대는 흩어져 있던 뼈 무더기와 대조됩니다. 베드로는 물고기를 향해 명령하고, 아시시의 성 프란치스코는 새들에게 설교했다고 합니다. 그러나 마른 뼈에게 말씀을 대언하는 일에 비할 바는 아닙니다. 에스겔은 다시 생기를 향해 대언하라는 지시를 받습니다. 흙으로 빚어진 인생을 처음 살게 한 생령이 해골을 다시 살리도록 기도하라는 명령입니다. 말씀 선포와 함께 기도를 부흥의 요소로 꼽는 것은 이유가 있습니다. 죽은 심령은 말씀을 들어도 움직이지 않습니다. 그들을 살리는 일은 성령만이 하십니다. 설교로 할 수 없는 일을 기도가 가능케 하기 때문입니다.

그것은 환상 속에서만의 일이 아니었습니다. 마른 뼈와 같이 소망 없던 이스라엘이 느헤미야와 에스라의 지도 아래 정말 다시 일어나게 됩니다. 이 환상의 백미는 해골들이 살아날 뿐 아니라 강력한 군대가 되는 장면입니다. 미국은 포로와 부상자나 전사자들을 절대로 버리지 않는다는 정책으로 유명합니다. 지금도 한국전쟁 때 실종된 병사들의 시신 발굴 작업이 심지어는 북한 땅에서도 진행되고 있습니다. 첨단 과학 장비를 이용해 신원을 확인하여 가족들을 찾아 주고 무덤을 만들어 줍니다. 조국을 위해 목숨을 바친 이들의 영예를 되찾아 주는 것입니다. 하지만 그것이 전부입니다. 반면, 하나님께서는 말라 죽은 심령을 되살려 본래의 목적을 수행하도록 하십니다.

해골 골짜기의 환상은 구속 역사를 통해 반복됩니다. 백골처럼 버려졌던 이스라엘은 성령의 능력으로 여호와 하나님이 타신 불의 전차를 따르는 대군으로 다시 살아납니다. 부활하신 예수님도 제자들을 향해 숨을 내쉬며 "성령을 받으라" 말씀하시면서 생기를 불어넣으셨습니다(요 20:22). 바울도 "잠자는 자여, 깨어서 죽은 자들 가운데서 일어나라. 그리스도께서 너에게 비취시리라"(엡 5:14)고 말합니다. 살아나 교회를 이룬 제자들은 강한 하나님의 군사가 되었습니다.

죽은 심령이 말씀을 듣고 살아나 하나님의 군사가 되는 일은 지금도 일어납니다. "네가 살았다 하는 이름은 가졌으나 죽은 자로다. 너는 일깨워 그 남은 바 죽게 된 것을 굳건하게 하라.……성령이 교회들에게 하시는 말씀을 들을지어다"(계 3:1-2, 6). 이것은 사도 요한을 통해 우리를 깨우시는 말씀입니다. 절망의 골짜기에도 말씀이 선포되면 소망과 비전이 생깁니다. 부흥은 성령의 주권에 달렸기에 기도할 뿐입니다. 그러나 죽은 심령을 향해 말씀을 대언하는 일은 누구나 해야 할 일입니다. 전도와 말씀 선포를 통해서 해야 합니다. 해골 골짜기의 마른 뼈들을 바라만 보고 있어서는 안 됩니다.

시인 김형준은 「봉선화」를 이렇게 마칩니다.

> 북풍한설 찬 바람에/ 네 형체가 없어져도
> 평화로운 꿈을 꾸는/ 너의 혼은 예 있으니
> 화창스런 봄바람에/ 환생키를 바라노라

그는 절망적 상황에서 홍난파와 더불어 민족의 부활을 꿈꾸었던 것입니다. 요즈음 한국교회가 위기에 처해 있다고 느끼는 이들이 많습니다. 이때에 성도들이 할 일은 소망을 잃지 않는 것입니다. 나아가 찬양 사역자 고형원의 노래처럼 부흥을 위해 간구하며 일하는 것입니다.

> 이 땅의 황무함을 보소서/ 하늘의 하나님 긍휼을 베푸시는 주여
> 우리의 죄악 용서하소서/ 이 땅 고쳐 주소서
> 이제 우리 하나 되어/ 이 땅의 무너진 기초를 다시 쌓을 때
> 우리의 우상들을 태우실/ 성령의 불 임하소서
> 부흥의 불길 타오르게 하소서/ 진리의 말씀 이 땅 새롭게 하소서
> 은혜의 강물 흐르게 하소서/ 성령의 바람 이제 불어와
> 오 주의 영광 가득한 새날 주소서/ 오 주님 나라 이 땅에 임하소서

오늘날 가는 곳마다 죽겠다는 아우성 천지입니다. 해골 골짜기는 옛날에만 있던 것이 아닙니다. "킬링필드"는 캄보디아만이 겪은 비극

이 아닙니다. 인류 역사에는 해골 골짜기가 수도 없이 많습니다. 지금도 지구 곳곳이 그런 모습입니다. 중동과 아프가니스탄, 아프리카뿐 아니라 평온한 곳도 크게 낫지 않습니다. 전쟁과 테러, 그리고 끔찍한 범죄들이 세계 곳곳에 죽음의 그늘을 드리웁니다. 우리가 사는 대한민국을 바라보세요. 정치, 경제, 문화 할 것 없이 성한 구석이 없습니다. "총체적 난국"이라는 말이 딱 맞습니다. 무엇보다 우리의 마음이 해골 골짜기와 같지 않습니까? 이탈리아의 시인 단테는 지옥을 묘사하면서 "이곳에 들어오는 자, 모든 소망을 버려라"고 말합니다. 오늘의 현실에서도 소망을 갖기 어렵습니다. "이 뼈들이 능히 살 수 있을까요?" 하지만 묻는 이가 하나님이시라면 이야기는 달라집니다. "주께서 아십니다!" 우리의 답도 에스겔의 것과 같아야 합니다.

예루살렘 성전의 회복

"내가 너희를 여러 나라 가운데에서 인도하여 내고……고국 땅에 들어가서……너희를 정결하게 할 것이며 또 새 영을 너희 속에 두고 새 마음을 너희에게 주되"(겔 36:24-26). 하나님의 이런 뜻을 아는 에스겔은 심판의 한복판에서 회복을 꿈꿉니다. 땅이 회복되고 무엇보다 성전이 거룩하게 회복될 것을 꿈꿉니다. "내가 너희를 모든 죄악에서 정결하게 하는 날에 성읍들에 사람이 거주하게 하며 황폐한 것이 건축되게 할 것인즉……이제는 에덴 동산같이 되었고"(겔 36:33-35).

에스겔이 환상 중에 하나님의 영광이 떠나 버린 '이가봇'의 성전을 보았습니다. 예루살렘 성전은 두 번이나 짓밟힌 후에도 여전히 우상숭배에 빠져 있었습니다. 그러면서도 모든 재앙은 끌려간 지도층의 책임일 뿐, 자기들은 하나님의 은총으로 살아남았다고 착각했습니다(8-11장). 예레미야의 말처럼, 노아, 다니엘, 욥이 온다고 해도 자신의 생명만 간신히 건질 수 있을 정도로 부패한 곳이었습니다(렘 14:4). 결국 성전은 완전히 파괴되지만 정화되고 새로 지어지는 환상을 주십니다.

환상 중에 다시 예루살렘으로 이끌려 간 에스겔은 "삼줄과 척량하는 장대를 가지고 문에 서서" 기다리는 빛나는 사람을 만납니다(겔 40:3). 지성소에 들어갈 수 있는 이는 대제사장뿐이니 그가 누구인지 말할 나위 없습니다. 요한계시록의 일곱 교회들 사이를 다니시며 교훈하시는 예수 그리스도가 바로 성전의 건축자입니다. 헤롯이 정치적인 목적을 가지고 복원한 성전을 헐고 사흘 안에 다시 세우리라고 하신 것도 바로 그분이 건축자이시기 때문입니다.

새 성전의 비전은 마치 3D 동영상처럼 보입니다. 요즘에는 컴퓨터 시뮬레이션을 통해 실제 지어진 건물 안에 들어간 듯한 생생한 거주 체험이 가능합니다. 에스겔은 환상 속에서 새로운 성전 안을 거닐며 그 내부의 모습과 치수를 정확하게 듣고 봅니다. 에스겔과 요한계시록은 새 예루살렘의 3D 가상 리얼리티 체험과 같습니다. 새로운 성전의 측량 치수와 모양이 세밀한 설명으로 이어집니다. 처음 광야에서 성막이 지어지던 때처럼 꼼꼼하게 하나님으로부터 설계가 주어집니다.

성전이 완성되자 떠나갔던 하나님의 영광이 되돌아오면서 진정한 회복이 이루어집니다. 그 영광이 떠나던 모습(겔 9장)을 거꾸로 되돌리는 수순입니다. 예배가 복원되며 성도들의 기업이 회복됩니다. "이스라엘 하나님의 영광이 동쪽에서부터 오는데 하나님의 음성이 많은 물 소리 같고 땅은 그 영광으로 말미암아 빛나니"(겔 43:2). 떠날 때 조금씩 서서히 떠났던 하나님의 영광이 돌아올 때에 한 순간에 임하는 것은 주목할 만합니다. 부흥은 폭발하듯 우리에게 다가 옵니다.

성전 안뜰에는 여호와의 영광이 가득합니다. 하나님의 법도와 규례를 지켜 행하라는 말씀도 들려옵니다(43:11-12) 하나님의 영광이 떠나면서 이방 족속에게 짓밟힌 땅에 회복의 서광이 비쳐 옵니다. 이역만리 외국 땅에 포로가 된 상태에서 에스겔에게 새 하늘과 새 땅을 바라보는 비전이 열렸습니다. 그는 선지자의 사명을 불수레 환상 속의 부지런한 천사들처럼 지상에서 성실히 감당했습니다. 이스라엘은 그런 사람을 통해 회복을 향한 작은 걸음을 내디딘 것입니다. 에스겔이 잡혀서 종살이하던 땅에서도 비전을 가졌다면 우리도 그리해야 할 것입니다. 물론 그렇게 할 수 있습니다.

생명수 강가의 노래

옛 성전이 그러했듯 새 성전도 생명의 근원입니다. 성전에서 솟아난 샘물이 생명수 강을 이루는 환상이 그것을 보여줍니다. 물이 성전 문지방 밑에서 동쪽으로 흐릅니다. 남쪽으로는 사막을 지나 요단 강으로 흘러내립니다. 다시 사해와 지중해까지 흘러갑니다. 북문으로 나가도 동쪽 문에서 물이 스며 나옵니다. 매 일천 척 간격으로 척량할 때마다 더 깊어져 건너지 못할 정도가 됩니다.

결국에는 성전 문지방에서 솟아난 "물이 바다 덮음"의 역사가 일어납니다. 강을 따라 모든 생명이 소생합니다. 육지에서 생명을 소성시키고 바닷물도 살아납니다. 이 강은 동쪽으로 흘러 아라바로 내려가 바다에 이릅니다. 이스라엘 동쪽은 광야입니다. 엔게디에서 에네글라임까지 풍성한 어장이 이루어집니다. 예루살렘은 결코 강이 발원할 수 없는 메마른 고원지대에 위치해 있습니다. 하지만 하나님께서는 이 환상처럼 거기서 물이 흘러나와 사막과 사해를 살리는 일을 이루십니다. 갈보리 십자가와 같이 척박한 곳에서 생명수 보혈이 흘러나와 세상을 적시게 되었으니까요.

에스겔이 환상 속에 보았던 그 강을 사도 요한은 새 예루살렘에서 다시 발견합니다. "하나님과 및 어린양의 보좌로부터" 솟아 나온 "수정같이 맑은 생명수의 강"이 바로 그곳입니다(계 22:1). 그 생명수 강은 예수 그리스도에게서 흘러나와 세상을 살립니다. 그는 마르지 않는 샘의 근원입니다. "목마르거든 내게로 와서 마시라. 나를 믿는 자는 성경에 이름과 같이 그 배에서 생수의 강이 흘러나오리라"(요 7:37-38). 우리도 사마리아 여인에게 약속하신 대로 "그 속에서 영생하도록 솟아나는 샘물"이 될 것입니다(요 4:14).

에스겔의 예언은 이스라엘 백성들에게 유업이 회복되는 환상으로 끝납니다. 마침내 여호와 하나님께서 새 성전에 계시며 세상을 통치하실 것입니다. 약속의 땅이 다시금 분배되는 광경은 하나님 나라의 이미지입니다. 심판과 시련을 겪었으나 회개하고 새롭게 치유되어 회복된 이스라엘이 온전해지는 모습입니다. 선민들이 영원한 기업을 다시 받아 정착하는 감격스러운 광경입니다. 이는 오로지 은혜입니다. 성도의 이름으로 주어진 기업인 새로운 도시의 이름은 "여호와께서 거기 계신다"는 뜻의 '여호와삼마'입니다. 여호와삼마, 불수레를 타고 오시는 여호와께서 그곳에 왕으로 임하시는 것이 소망입니다.

에스겔은 새로운 성전의 면면을 움직여 가며 상세히 보여줍니다(겔 40-48장). 눈으로 볼 수 있는 것만 제시되는 것이 아닙니다. 거기서 사용되는 모든 기구들도 세밀하게 지시되고, 심지어 제사장의 의복에 관한 규칙까지 자세하게 주어집니다. 새로운 절기며 안식일과 제사 방식과 예배의 갱신도 보여줍니다. 새로운 언약의 비전입니다. 만물을 새롭게 하시되 먼저 성전을 새롭게 하시는 환상입니다. 하나님의 나라는 반드시 회복될 것입니다. 우리의 소망은 바로 거기에 있습니다.

슬픔에서 솟는 비전

에스겔의 환상은 역사 끝에 완성될 것입니다. 그러나 이스라엘의 회복은 느헤미야의 사역을 통해서 일어났습니다. 느헤미야는 선지자가 아니었으나 이스라엘의 회복을 꿈꾼 또 다른 비전의 사람이었습니다. 그는 평범한 인물로, 그의 삶에는 어떤 특별한 기적도 없습니다. 그의 비전도 초자연적으로 주어진 것이 아니었습니다. 단지 남들과 다른 안목으로 상황을 바라보았을 뿐입니다.

유다와 예루살렘이 폐허가 된 것은 어제오늘의 일이 아니었습니다. 포로로 잡혀간 이들이나 유다 땅에서 연명하던 이들 모두 혹독한 세월을 보내고 있었습니다. 그런데 수천 리 떨어진 곳에서 종살이하던 한 사람 마음속에 새롭게 인식되었던 것입니다. 그 누구도 별다른 방도를 생각하지 못하고 살아가던 때였습니다. 남이 못 보는 것을 보면 그것이 비전입니다. 평소에 무심히 보던 일이 새롭게 보이는 것은 비전의 시작일 수 있습니다.

느헤미야의 비전은 예루살렘 성에서 온 동생 하나니를 통해 성이 파괴된 이후의 참상을 듣게 되면서 시작됩니다(느 1:3-4). 그는 예루살렘 성의 벽이 무너지고 성문이 불탄 소식을 듣고서 괴로운 마음에 사로잡혔습니다. 그리고 금식과 기도 중에 문제의 근원을 발견합니다. 먼저 조상의 죄를 회개합니다. 그런 다음 모세 때 주신 언약에 의지하여 회복을 간구합니다(느 1:5-11). 느헤미야의 행동을 살펴볼 때 그가 쉽게 감정에 요동하는 사람이 아닌 것은 분명합니다. 그런 사람이 예루살렘의 상황을 듣고 수일간 금식하며 통곡을 합니다. 그러고는 예루살렘의 회복에 대한 간절한 소망을 품게 됩니다.

하나님께서 느헤미야의 생각보다 빨리 움직이십니다. 이런 마음을 품은 지 불과 넉 달 만에 왕을 통해서 일의 시동이 걸립니다. 왕의 술을 관장하는 관원이던 느헤미야의 얼굴에 수심이 있는 것을 발견한 왕이 그 이유를 묻습니다. 느헤미야는 용감하게도 마음의 근심을 털어놓습니다. 왕이 묻습니다. "네가 무엇을 원하느냐"(느 2:4). 순간 그는 하늘을 향해 묵도합니다. 앤디 스탠리(Andy Stanley)는 여기서 "기적보다는 기회를 구하는 기도"를 드려야 한다는 교훈을 끌어냅니다.[1] 그는 사람들은 대개 기적을 구하는 기도를 드리는 경향이 있다고 지적합니다. 그러나 일을 이루기 위해 필요한 기회를 주시기를 구하는 기도를 해야 한다는 것입니다. 오랜 기다림의 기간이 있더라도 그것을 기도와 계획의 기회로 삼으면 결코 비전은 소멸되지 않는다는 말도 기억할 만합니다.

느헤미야의 비전은 예루살렘의 재건입니다. 그는 감히 아닥사스다 왕에게 예루살렘의 중건을 제안합니다. 자칫하면 역도로 몰릴 수 있는 일입니다. 기껏 신뢰하여 측근에 두었는데 고향으로 돌아가 자유를 누리려는 것으로 괘씸하게 여길 수도 있습니다. 하지만 느헤미야는 위험을 감수해야 하는 말을 주저 없이 쏟아냅니다. 예루살렘과 유다는 정복자들에게 늘 골치 아픈 민족이며 도시였습니다. 여호와 신앙을 토대로 반역을 하곤 했기 때문입니다. 기적은 왕이 이 모든 것을 듣고 수락했다는 사실입니다. 생각해 보면 도저히 기대할 수 없는 일이 일어난 것입니다. 당연히 일은 급속도로 추진됩니다. 하나님께서 은혜로 역사하고 계심을 확인하는 순간입니다.

예루살렘 재건 비전은 하나님의 큰 계획인 구속의 비전과 궤도를 같이하는 것입니다. 이스라엘은 결코 비참한 민족으로 역사에서 사라질 나라가 아닙니다. 이사야 선지자는 귀환을 예언했습니다. 물론 궁극적 회복은 예루살렘의 중건이 아니었습니다. 성전도 솔로몬의 것만큼 복원되지 않습니다. 예수님께서 헤롯의 성전을 허물고 삼일 안에 다시 지으시겠다고 하셨습니다. 이 모두가 외적 복원이 아니라 구속 역사와 통하는 회복을 말하고 있습니다.

느헤미야가 바라고 계획한 것은 예루살렘 성곽 회복과 조상의 묘소 복원이었습니다. 그러나 점차 그 일은 현실적으로 축소됩니다. 성벽의 보수가 끝나고 성문을 달아 기초적 방어벽이 구축되자, 영적 회복이 더 중요해집니다. 성벽과 성전이 중심이던 구약의 역사가 서서히 막을 내리고 있는 것입니다. 느헤미야는 율법학자 에스라와 더불어 이스라엘의 영적 회복을 위한 개혁을 더욱 중시합니다. 망가질 대로 망가진 이스라엘을 총체적으로 개혁하고 고치기 위한 비전으로 승화된 것입니다. 그 일은 물론 성벽 보수보다 훨씬 어려운 것으로 판명됩니다. 결국 예수 그리스도가 오심으로만 성취될 일이기 때문입니다.

11

포로 소년과 황제의 꿈

| 다니엘

재미 한국인 환경운동가 대니 서(Danny Seo)는 1998년 미국 주간지 「피플」이 뽑은 '세계에서 가장 아름다운 50인'에 선정되었습니다. 갓 스무 살이던 그가 영국 수상 토니 블레어와 영화 「타이타닉」의 레오나르도 디카프리오와 나란히 뽑힌 것은 놀라운 일이었습니다. 그의 성공은 아주 작은 일이 계기가 되었습니다. 어느 날 동물의 고통에 대한 텔레비전 프로를 보다가 먹던 닭고기를 뱉어 냅니다. 그러고는 단돈 10달러를 가지고 '지구 2000'이라는 환경단체를 만들었습니다. 그 열두 살 소년은 오래지 않아 '미국에서 가장 영향력 있는 10대'로 꼽혔지요. 「뉴스위크」와 「월스트리트 저널」 같은 주요 언론에 500회 이상 소개되고 상도 많이 받았습니다. 특히 「내셔널 인콰이어러」는 그를 "노아보다 많은 동물을 구한 인물"로 극찬했다고 합니다. 대니가 그렇게 해서 세계적인 환경운동가로 인정받았다면, 옛날 바벨론 제국에서는 또 다른 대니가 우상 제물을 거부함으로 어린 나이에 하나님의 일꾼으로 우뚝 섰습니다.

포로 소년들의 작은 결심

다니엘의 처지는 열악했습니다. 나라가 망하고 어린 나이에 포로로 끌려갔지요. 이름을 빼앗기고, 점령국을 위해 봉사할 매국적 엘리트로 훈련될 판이었습니다. 순응 외에는 다른 여지가 전혀 없었던 환경에서 망해 버린 민족의 음식규례를 신앙적 이유로 지키려 했던 것은 어리석은 짓으로 비칠 수 있었습니다. 시기와 모함이 끊이지 않는 위험한 상황이었지만, 그의 작은 결심은 엄청난 결과를 낳습니다. 사소해 보이는 결단으로 위대한 일을 시작한 원조라고 할 수 있지요.

다니엘은 세상이 제공하는 기회를 무조건 삼키지 않았습니다. 그 속에 숨은 영혼을 좀먹는 요소를 살피는 눈이 있었던 것이지요. 그는 자신을 지키려고 뜻을 정합니다. 기회를 거절하기는커녕 스스로를 팔아넘기지 못해 안달인 것이 세상의 모습입니다. 안정과 성공을 위해서라면 양심과 꿈은 물론이고 신앙까지도 저버리는 사람이 많습니다. 특권을 마다하면 배부른 흥정이라 비난당하는 분위기고요. 잡을 수 있는 모든 것을 향해 전력 질주해도 성공할지 말지 하는 세상이 아니던가요? 다니엘이 현실에 안주했다면 구약 최대의 선견자는 되지 못했을 것입니다. 그렇기 때문에 젊을 때 작은 일에서부터 "뜻을 정하여" 사는 것이 중요합니다. 그런 청년에게 상황을 뛰어넘는 힘이 있습니다.

이런 다니엘의 모습은 신앙인들에게 모범과 자극제가 됩니다. 초강대국 바벨론의 위협이나 유혹에 정면으로 맞섰던 사람이니 그렇게 말해도 지나치지 않을 것입니다. 그가 보여준 용기와 결단은 우연히 저절로 생기는 것이 아닙니다. 믿음과 비전이 없는 사람에게는 그런 정면돌파가 가능하지 않습니다. 더 놀라운 것은 그런 청년이 다니엘뿐만이 아니었다는 사실입니다.

확고한 삶의 방향과 평생 추구할 목표가 있는 사람은 행복한 사람입니다. 그것을 함께할 수 있는 친구가 있다면 더욱 그렇겠지요. 위험과 보람을 나누며 살아갈 수 있는 친구는 부모 형제만큼 가까울 수 있습니다. 다윗과 요나단의 우정이나 중국 제나라에 살았다는 관중과 포숙아의 미담이 그런 예입니다. 다니엘과 세 친구 이야기 또한 그에 못지않습니다. 신앙의 인물, 특히 선지자는 대개 외로웠습니다. 예나 지금이나 참 신앙인이 그리 많지 않았기 때문이겠지요. 암흑 시대에 외국에 잡혀간 네 청년이 함께 믿음과 소망을 키워 간 이야기는 큰 감동과 도전을 줍니다.

함께 서는 친구들

다니엘과 친구들은 뜻을 같이했습니다. 다니엘은 왕의 꿈을 해석하러 불려 가면서 친구들에게 기도를 요청합니다. 하지만 어쩐 일인지, 친구들이 우상에 절하기를 거부하다 풀무불에 던져지는 절체절명의 순간에 다니엘은 그들과 함께 있지 못했습니다. 그가 배신해서 그랬던 것은 아닐 것입니다. 결국 세 친구만 풀무에 들어가지만 불 속에서 네 사람이 발견됩니다. 언제나 떠나지 않는 또 다른 친구가 거기서도 함께 있었던 것이지요. 이 사건은 믿음의 친구들이 모인 곳에 주님도 함께하심을 보여줍니다. 떼제 공동체의「사랑이 있는 곳에 하나님도 거기 계신다」(Ubi caritas et amor, Deus ibi est)라는 찬송처럼 말입니다.

하나님께서 인간을 부르시고 친구가 되어 주신 역사는 깁니다. 에녹은 오랜 세월 하나님과 동행했지요. 아브라함과 이삭과 야곱으로 이어지는 선민의 역사는 하나님께서 그들의 벗이 되어 주신 이야기입니다(약 2:23). 마침내 예수 그리스도는 우리의 영원한 친구가 되어 주시기 위해, 십자가에서 우리 죄를 용서하시기 위한 제물이 되셨습니다. "사람이 친구를 위하여 자기 목숨을 버리면 이보다 더 큰 사랑이 없나니 너희는 내가 명하는 대로 행하면 곧 나의 친구라"(요 15:13-14).

신앙의 결단에서 솟은 선한 소망을 따라 걷는 길이 늘 고독하지만은 않을 수도 있습니다. 그 길에 친구가 붙기도 하니까요. 비전을 따라가는 길에서 맛보는 가장 큰 기쁨은 혼자만이 아님을 알게 될 때입니다. 운동권이 대학가를 휩쓸던 1970년대 후반, 의식 있는 학생들은 거의 모두 진보적 정치 이념에 몰입하던 시절이었지요. 그때 복음적 신앙을 가진 학생들이 모여 기독교적 안목을 기르고자 몸부림치던 것이 '기독교 세계관 운동'의 시작입니다. 어느덧 30년이 넘도록 그때 함께했던 친구들과 여러 영역에서 크고 작은 일들을 함께하고 있습니다.

세상에서는 친한 친구를 그림자 같다고 합니다. 그러나 그림자 친구는 가짜랍니다. 그림자는 햇볕 나는 좋은 시절에만 있고 어두움이 닥치면 사라지기 때문이지요. 진짜 친구는 어려울 때 함께하는 친구입니다. 하나님께서 사람을 세우는 데 친구를 흔히 사용하십니다. 제게도 사람들이 친형제라고 생각할 정도의 친구가 있었습니다. 그 친구는 방황하던 저를 목사로 만드는 데 큰 역할을 했습니다. 교회는 하나님 나라를 향한 비전과 실천을 함께하는 성도의 모임입니다. 뜻을 정하여 같이 일하다 하나님 나라에서 영원한 교제에 이르는 것이 우리 그리스도인들의 복이라 하겠습니다.

두 꿈 이야기

다니엘서는 두 개의 꿈을 중심으로 전개됩니다. 첫째로, 느부갓네살 왕의 꿈입니다. 그는 거대한 신상을 보았습니다. 머리는 금이요 가슴과 두 팔은 은, 배와 넓적다리는 놋, 종아리는 쇠, 발은 쇠와 진흙으로 만들어진 기이한 우상이었습니다. 세계사를 조금만 알아도 무슨 의미인지 짐작할 수 있는 꿈입니다. 각 부분은 바벨론, 메대 바사, 헬라, 로마를 말합니다. 모두 고대의 대표적인 제국들이지요. 실제로 세계사는 금 머리(바벨론, 주전 605-538), 은 가슴과 두 팔(메대 바사, 주전 538-333), 놋 배와 넓적다리(헬라, 주전 333-63), 쇠 종아리(로마, 주전 63-주후 476), 쇠와 진흙이 섞인 발(로마 이후 현재까지 열강들), 날아온 돌(메시아의 하나님 나라)로 전개되었습니다. 하나님께서 "침상에서 장래 일을 생각하던" 느부갓네살에게 제국들의 운명을 보이신 것입니다.

꿈에 놀라 깬 경험이 있으시지요? 그때 느낌이 기억나실 겁니다. 무슨 꿈이었는지 생각나지 않을 따는 정말 언짢을 수 있습니다. 느부갓네살 왕이 그랬을 것입니다. 그는 제국의 꿈을 실현시킨 인물이었지요. 역사의 중심에 서 있던 사람이지만 정작 자신이 꾼 꿈의 의미를 몰랐습니다. 그를 보좌하던 '지혜자'들도 마찬가지였습니다. 하지만 다니엘은 달랐습니다. 하나님께서 세상사와 몽조를 꿰뚫는 눈을 그에게 주셨기 때문입니다. "너는 내게 부르짖으라. 내가 네게 응답하겠고 네가 알지 못하는 크고 은밀한 일을 네게 보이리라"(렘 33:3). 다니엘은 이 안목으로 인해 고대 제국들의 운명에 큰 영향을 미치는 높은 자리에 올랐습니다.

느부갓네살을 놀라게 한 것은 어디선가 날아온 돌이 그 대단한 우상을 박살냈기 때문일 것입니다. 그러고는 돌이 커져 세상을 덮습니다. 어린아이라도 그 의미를 알 만하지 않나요? 제국의 붕괴와 새로운 나라의 도래를 뜻함이 아니면 무엇이겠습니까? 하나님 나라가 세상 권세를 무너뜨리고 우뚝 설 것을 예고한 것입니다. 역사상 가장 강력했던 로마 제국은 예수와 그 제자들에 의해 무너졌습니다. 로마만 무너진 것이 아니라 제국의 역사가 종말을 맞은 것입니다. 한편, 하나님 나라는 지금도 누룩과 겨자씨처럼 꾸준히 커 가고 있습니다.

느부갓네살이 이처럼 기이한 꿈을 기억하지 못했다는 것은 이상한 일입니다. 짐짓 기억이 나지 않는 척했을 수도 있겠지요. 꿈까지 알아맞히는 자라면 해석을 신뢰할 수 있다고 생각해 억지를 쓰는 것일 수도 있다는 말입니다. 어쨌든 느부갓네살 왕도 그 옛날 요셉 때 바로처럼 안목이 닫힌 사람이었습니다. 자신의 꿈이 생각나지 않거나 의미를 모르는 영적 맹목이었습니다.

세계를 제패하여 대제국을 건설했던 느부갓네살이 정작 그 나라가 나아갈 방향을 몰랐다는 것은 시사하는 바가 큽니다. 피라미드를 쌓았던 바로가 그랬듯이 말입니다. 오늘의 지도자들도 마찬가지일 것입니다. 한국 최고 재벌의 회장은 지난 25년간 기업의 시가 총액을 300배 이상 신장시켰다고 합니다. 남보다 앞선 안목으로 이 일을 이루었다는 평가입니다. 하지만 과연 우리 경제가 가야 할 방향을 알고 있는지 모르겠습니다. 정말 보아야 할 것을 보지 못하기는 정치가와 군인들도 마찬가지였습니다. 민심의 향방과 전세는 읽어도 역사의 흐름은 알지 못합니다. 알렉산더가 그랬고, 나폴레옹과 히틀러도 눈이 멀기는 마찬가지였습니다.

우상의 꿈(단 2장)이 보여준 세계 역사의 비전은 다니엘의 꿈(단 7장)에서도 반복됩니다. 날개 달린 사자는 바벨론이고, 곰은 메대 바사, 표범은 헬라, 무서운 짐승은 로마, 열 뿔은 그 이후의 열강들입니다. 다니엘서 9장의 70이레에 관한 예언과 12장의 종말 환상도 역사의 주인이 누구인지를 밝혀 줍니다. 꿈과 환상뿐 아니라 "메네 메네 데겔 우바르신"(단 5:25)이란 이상한 문구 또한 역사의 흐름에 관한 계시입니다. 감히 성전의 잔에 술을 부어 마시며 연회를 즐기던 벨사살 왕은 벽에 손가락이 나타나 글씨를 쓰자 경악합니다. 왕의 때가 끝났다는 다니엘의 해석대로 그날 밤 역사는 바벨론을 넘어 메대 바사로 넘어갔고 세상이 또 한번 크게 바뀝니다.

묵시로 보는 역사 비전

바뀐 세상에서도 여전히 높은 지위에 있던 다니엘은 이스라엘의 회복을 위해 금식하며 기도하던 중 천사 가브리엘이 전한 묵시를 받습니다. 많은 상징과 숫자로 이루어진 이 비전은 바벨론 시대로부터 그리스도의 재림까지 역사 이해의 기본 틀을 제공합니다. 그래서 다니엘서는 에스겔서와 함께 또 다른 묵시록인 요한계시록의 상징들과 내용을 이해하는 데 필수적입니다.

다니엘은 바다에서 올라오는 네 짐승들을 보았습니다(단 7장). 독수리 날개를 단 사자와 갈비뼈를 물고 있는 곰과 네 날개와 네 머리를 가진 표범입니다. 가장 무서운 넷째 짐승은 쇠로 된 커다란 이로 무장한 괴물입니다. 다니엘이 강가에서 아주 강대한 두 뿔 가진 숫양이 서편에서 온 숫염소와 싸우는 것을 봅니다(단 8장). 숫양은 바사에 병합된 메대를 말합니다. 서편에서 온 숫염소는 마케도니아에서 일어난 알렉산더 대왕의 헬라 제국입니다. 숫염소의 뿔이 꺾인 후 난 네 뿔은 알렉산더가 급사한 후에 제국이 넷으로 나누어질 일에 대한 예언입니다.

네 짐승은 느브갓네살의 꿈에 나온 네 제국의 다른 이미지입니다. 바벨론, 메대 바사, 헬라, 로마는 정복자의 안목에서 볼 때 찬란한 우상입니다. 다니엘의 눈에는 잔인한 야수들과 다름없습니다. 다니엘은 이어서 하늘 보좌에 좌정하신 주님을 봅니다. 불꽃 보좌에 앉아 심판하시는 분 앞에 인자가 구름을 타고 나옵니다. 그분께 권세와 영광과 나라를 주니 모든 백성이 그분을 섬기는 비전입니다.

짐승들과 구별된 "사람" 같은 이는 앞선 비전에서 "손대지 아니한 돌"로 묘사된 예수 그리스도입니다. 그분께 권세와 영광과 나라가 주어집니다. 그 영광은 십자가의 고난과 부활로 성취되고 승천하셔서 하늘 보좌에 앉으신 것으로 이루어집니다.

앞날을 내다보는 다니엘도 에스겔처럼 이스라엘의 회복을 예감합니다. 에스겔은 성전의 복원을 환상으로 보았으나 다니엘은 예레미야 선지자의 글을 읽고 포로생활이 70년 만에 끝날 것을 알게 됩니다. 조속한 회복을 구하는 기도의 응답이 구약 예언의 최고라고 할 수 있는 70이레에 관한 말씀입니다.

> 네 백성과 네 거룩한 성을 위하여 일흔 이레를 기한으로 정하였나니 허물이 그치며 죄가 끝나며 죄악이 용서되며 영원한 의가 드러나며 환상과 예언이 응하며 또 지극히 거룩한 이가 기름 부음을 받으리라(단 9:24).

이 말씀은 예수 그리스도를 통해 구약의 모든 예언이 성취될 것임을 보여줍니다. 그 뒤에 따라오는 "예순두 이레 후에 기름 부음을 받은 자가 끊어져 없어질 것"이라는 말씀은 그리스도께서 십자가에서 죽으실 것에 대한 예언입니다(단 9:26). "제사와 예물을 금지"하는 일이란, 구약의 제사 제도가 철폐되고 예배가 변화할 것을 의미합니다(단 9:27). 이 점은 에스겔의 예언과 통합니다. 구약의 예언들은 이 시기에 오면 점차 눈앞에 현실을 펼쳐 보여주듯 생생해집니다.

이스라엘은 우상숭배에 빠져 우상을 숭배하는 나라에 포로가 되었습니다. 다니엘과 세 친구는 우상숭배를 거부함으로 하나님이 열국의 우상들보다 뛰어난 신이며 결코 자기 백성을 저버리지 않는 분이심을 보여주었습니다(단 3:28-29, 6:16-28). 구원의 계획을 따라 섭리하시는 역사 끝에 펼쳐질 하나님 나라 비전이 다니엘서의 메시지입니다. 다니엘은 새 시대가 다가옴을 보여줍니다. 오래지 않아 그것은 현실이 되었고, 이스라엘은 풀려나 유다로 돌아가게 됩니다.

신앙의 눈으로 읽는 역사_영광의 불씨

포로에서 풀려난 이스라엘의 회한은 시편 126편에 그대로 담겨 있습니다. 꿈 같은 해방을 맞았지만 앞에 놓인 상황은 암울하기 그지없었지요. 그들의 웃음에는 눈물이 섞일 수밖에 없었습니다.

> 여호와께서 시온의 포로를 돌려보내실 때에 우리는 꿈꾸는 것 같았도다. 그때에 우리 입에는 웃음이 가득하고 우리 혀에는 찬양이 찼었도다. 그때에 뭇 나라 가운데에서 말하기를 여호와께서 그들을 위하여 큰일을 행하셨다 하였도다. 여호와께서 우리를 위하여 큰일을 행하셨으니 우리는 기쁘도다. 여호와여, 우리의 포로를 남방 시내들 같이 돌려보내소서. 눈물을 흘리며 씨를 뿌리는 자는 기쁨으로 거두리로다. 울며 씨를 뿌리러 나가는 자는 반드시 기쁨으로 그 곡식단을 가지고 돌아오리로다.

이 시편처럼 그들의 마음에는 감격과 아픔이 교차합니다. 봄철 황량한 벌판에 나가 눈물을 흘리며 씨를 뿌리는 농부의 심정으로, 아직도 돌아오지 않은 이들의 귀환을 바라며 기도합니다. "남쪽 네게브 사막에 비가 오면 시내가 넘치듯 나머지 사람들도 돌아와 부흥을 이루게 하소서!"

앞서 말한 대로 히브리 성경은 우리 성경과 달리 역대기가 맨 끝에 옵니다. 구약이 바사 왕 고레스의 이스라엘의 귀환령으로 끝나는 것은 결코 기뻐할 결말이 아닙니다. 그들이 돌아와 만난 것은 폐허와 잿더미였으니까요. 역대기는 통곡하며 읽어야 하는 책입니다. 어떻게 아브라함의 비전이 이렇게 끝날 수 있단 말입니까! 역대기는 바벨론 포로 이후 참담한 상황에서 과거의 영욕을 회고하며 쓴 것입니다. 열왕기도 그렇지만, 특히 역대기는 "메시지가 담긴 역사"입니다. 열왕기가 심판의 이유를 회고한다면 역대기는 회복을 바라봅니다. 그것은 같은 시기에 부름받은 학개와 스가랴, 말라기 선지자의 시야도 마찬가지였습니다.

열왕기와 역대기는 둘 다 왕들의 행적을 정치적 업적이 아니라 신앙의 진실성의 관점에서 평가합니다. 예를 들어, 오므리는 정치적으로는 매우 중요한 왕이었으나 그에 대한 기록은 단 여섯 줄에 그칩니다. 그나마 "오므리가 여호와 보시기에 악을 행하되 그 전의 모든 사람보다 더욱 악하게 행하여"라는 사실에 방점이 찍혀 있습니다(왕상 16:25). 므낫세의 행적은 신명기가 금한 모든 것을 행했다는 점을 강조하고 있습니다(왕하 21:2-9). 반면에 요시야에 대한 기록은 정치적 업적에 대한 언급 없이 신앙개혁운동에 초점을 맞추고 있습니다(왕하 22-23장).

　이런 서술방식은 역사가 하나님의 통치 아래 있음을 보이기 위함입니다. 이런 시각은 정치를 절대화하지 못하게 합니다. 다윗 이후 훌륭한 왕들이 없지는 않았으나, 이스라엘 역사는 내려가다 잠깐씩 오르는 롤러코스터와 같았습니다. 성경은 민족이나 개인의 영웅담이 아닙니다. 역대기는 하나님께서 역사 속에서 하시는 일에 초점을 맞추고 있습니다. 하나님의 눈으로 역사를 보도록 가르칩니다. 열왕기가 왕들에 대해서보다 엘리야와 엘리사에 대해 더 상세히 기록한 것도 같은 이유에서입니다. 성경은 역사를 선지자적 비전에서 읽어 냅니다. 특히 그 영광과 치욕의 원인을 곧 그 시대에 지도자와 백성의 신앙과 연관시키고 있습니다.

넓고 먼 안목_꺼지지 않아야 할 소망
포로 시대 이후의 관심은 하나님께서 어떻게 회복시키실 것인가에 있었습니다. 소망은 위대한 정치가의 출현이 아니라 역사를 움직이시는 여호와께 달렸습니다. 다윗과 솔로몬 시대의 이야기가 역대기의 대부분을 차지하는 것은 그 시대가 민족적 전성기였기 때문일 것입니다. 요즈음 우리나라도 민족의 과거를 조명하여 새 힘의 원천으로 삼으려는 움직임이 있습니다. 광개토대왕 시절의 고구려처럼 우리 조상이 대륙을 할거하던 민족임을 강조하는 것이 그 예입니다. 이는 우리에게 현재의 경제 위기나 국제적 위협을 넘어설 저력이 있음을 고취시키기 위함입니다. 이스라엘이 다윗의 영광을 말하는 것도 참된 회복의 비전을 주기 위한 것입니다. 포로에서 돌아온 이들은 정체성의 위기에 봉착했습니다. 70년간의 바벨론 생활에서 크게 이질화되었기 때문입니다. 성전이 무너지고 예루살렘도 대부분 파괴된 상태였습니다. 이들에게 중요한 것은 정체성을 확인할 그들의 뿌리와 성장의 역사에 대한 이해였습니다.

하나님께서 오랜 세월 길이 참으심에도 불구하고 회개하지 않은 이스라엘로 인해 하나님의 뜻은 좌절되는 것일까요? 열왕기와 역대기는 이 문제를 다루고 있습니다. 비록 이스라엘의 역사는 어두움 속에서 막을 내리지만, 이들을 통해 인류를 구하시려는 하나님의 뜻은 변하지 않습니다. 이제 하나님의 뜻은 새로운 차원으로 열리며 잿더미에 앉은 자들로 하여금 새로운 미래를 내다보게 합니다.

역대기는 이스라엘 민족에게 보다 원대한 비전을 갖게 하기 위한 것입니다. 사라진 다윗의 영광을 그리워해야 하는 것이 아닙니다. 국가적 비전보다 우주적 비전을 갖게 되는 것이 중요합니다. 그것은 구약의 본래 가르침입니다. 갈대아 우르에서 아브라함을 부르실 때, 하나님은 가나안 땅 모퉁이를 주시려 했던 것이 아니었습니다. 이스라엘을 출애굽시키실 때, 가나안을 영원한 유업으로 생각한 것이 아닙니다. 이스라엘을 포로에서 돌아오게 하셨을 때, 옛 폐허 위에 보잘것없는 과거 성전의 축소판을 짓고 별 볼일 없는 속국을 이어 가게 하시려는 것이 아니었습니다.

이스라엘 백성은 포로 시대 이후 우상숭배만큼은 확실하게 버렸다고 말합니다. 그러나 하나님의 안목에서 역사를 읽는 눈을 배우지 못했습니다. 하나님께서 바라보게 하시는 것은 이 땅에 건설하실 나라가 아니었습니다. 이제는 메시아를 통해 이루시는 공평과 의를 온 세계 민족에게 전할 민족이 되도록 만드시는 비전을 가져야 했습니다. 이를 이해하지 못한 이스라엘은 예수님을 자신들과 온 세계의 구주로 영접하지 못했습니다. 선민의식에 갇힌 근시안 때문입니다.

이스라엘 종교 지도자들은 하나님의 계획에 순종하는 대신 여전히 선민의식과 민족중흥을 최우선으로 하는 시온주의자들로 전락했습니다. 의식적인 신앙, 좁디좁은 율법주의, 자기만 선민이요 의롭다고 생각하는 바리새적 편협성에 갇혀 모두가 예수님을 배척하게 된 것입니다. 우상을 버린 것은 옳은 일이었습니다. 그러나 오히려 안목이 좁아져 옛 영광을 그리며 좁은 땅에서 안주하려 하는 잘못에 빠져들었습니다. 역대기가 다윗과 그 시대의 영광과 위엄을 말하는 것은 과거가 아닌 미래를 바라보게 하는 것이었습니다.

예수님도 요한계시록 22:16에서 "나는 다윗의 뿌리요 자손"이라 말하십니다. 바울도 "[예수가] 육신으로는 다윗의 혈통"이라 말합니다. 그러나 역대기는 정작 다윗이 끝까지 아브라함처럼 여전히 순례자적 신앙을 가졌던 사람임을 증거합니다. "우리는 우리 조상들과 같이 주님 앞에서 이방 나그네와 거류민들이라. 세상에 있는 날이 그림자 같아서 희망이 없나이다"(대상 29:15). 다윗 왕의 마지막 말입니다. 가장 넓은 영토를 확보하고 궁전을 완성하고 성전을 계획한 다윗의 간증입니다. 이것은 그가 세상에 집착하지 않고 하나님 나라를 바라보았던 아브라함, 이삭, 야곱의 신앙의 계승자임을 보여줍니다.

부흥의 불씨와 용광로

비전을 여는 것도 중요하지만 어떤 비전이냐가 매우 중요합니다. 개인적, 국가적 야심을 접고 하나님 나라의 비전을 열어야 합니다. 조금 살기 좋았다고 과거의 대통령 때를 그리는 이들을 본받지 마십시오. 도피적이거나 망상적 비전도 안 됩니다. 다윗도 모진 고통과 인내와 준비 속에서 하나님 나라의 비전을 열었습니다. 그래서 사울과 분명히 다른 왕이 될 수 있었습니다. 하나님께서는 그런 사람을 통해 일하십니다. 그것이 다윗의 명성과 위엄의 근거였습니다.

이제는 그런 명성과 위엄의 자취를 그릴 필요가 없습니다. 그보다 더한 다윗의 참된 자손 예수 그리스도의 명성과 위엄이 온 세상에 퍼져 나가고 있기 때문입니다. 우리 모두가 그분의 영광과 위엄의 불씨가 되어, 능력을 주시는 날 인류의 횃불처럼 타올라야 할 것입니다. 지금의 현실을 역대기 시절처럼 불꽃이 꺼지고 재만 남은 것이라고 보는 이들이 많습니다. 그렇다면 마땅히 오늘날의 젊은 신앙인은 그 속에 숨은 불씨가 되어야 합니다.

성도는 어려운 상황일수록 그것을 넘어서는 비전을 회복하는 일꾼이 되어야 합니다. 하나님께서 우리에게 무엇을 가르치고 계시며 우리가 진정으로 소망해야 할 것이 무엇인지를 보는 안목이 회복되어야 합니다. 이는 역사를 표백 세탁하여 날조하려는 허위가 아닙니다. 이미 실의와 좌절에 빠진 이 포로 귀환자들에게 그것이 결코 통할 수 없었습니다. 어려우면 애국심 고취가 필요하고 자칫 허황된 역사를 접하기 쉽습니다. 젊은이들은 과거 신앙의 애국지사들이 민족을 위해 무슨 비전을 가졌고, 무슨 방향을 제시했는지를 기억하며 배워야 합니다. 그런 의식이 깨어나 불씨를 꺼트리지 않는 이들이 되어야 하겠습니다. 본향을 찾는 나그네로 살았던 신앙의 선조들과 그 후예는 그 불씨가 용광로의 불과 같이 타오를 것을 바라봅니다. 교회는 이 불씨가 꺼지지 않고 커 가도록 울타리가 되어야 합니다.

이스라엘이 회한에 빠질 수밖에 없던 어두운 시기에도 그런 불씨들이 있었습니다. 다니엘, 에스겔, 느헤미야, 에스라, 에스더가 바로 그들입니다. 말라기 선지자도 "용광로 불 같은 날"이 이를 때 주를 경외하는 자들 위로 "공의로운 해"가 "치료하는 광선"을 비출 것을 예고합니다(말 4:1-2). "여호와의 크고 두려운 날이 이르기 전" 엘리야를 보내실 것이라고도 했습니다(말 4:5). "그가 아버지의 마음을 자녀에게로 돌이키게 하고 자녀들의 마음을 그들의 아버지에게로 돌이키게 하리라"(말 4:6). 역사를 바로 보는 선지자들과 비전가들이 변혁을 일으키는 불씨가 됩니다.

본향을 찾는 나그네로 살았던 신앙의 선조들의 비전텔링은 여기까지입니다. 그들의 행보는 이야기가 되어 지금도 살아 있습니다. 비전텔러들은 영안이 밝았습니다. 인자를 보고 열국의 두려움과 영광을 회복하는 비전을 보았습니다. 이스라엘 백성의 실패가 하나님의 실패는 아닙니다. 역대기가 이야기의 끝이 아닙니다. 본향 찾는 나그네들의 이야기는 "아브라함과 다윗의 자손 예수 그리스도의 계보"(마 1:1)로 시작되는 신약성경으로 이어지기 때문입니다. 그 이야기는 물론 새 하늘과 새 땅의 비전으로 전개됩니다.

12

메시아의 비전

| 예수님

오늘날 전 세계가 사용하는 년대에 붙는 A.D.는 예수님의 연호(年號)라고 할 수 있습니다. 서기(西紀)라고 번역되기도 하지만, 본래는 주후(主後) 곧 "우리 주님 예수 그리스도의 해"(Anno Domini Nostri Jesu Christi)의 약자입니다. 6세기에 디오니시우스라는 수도사가 로마 시대에 중단된 부활절 일자의 기록을 갱신하면서 황제들의 연호 대신 A.D.를 쓴 것에서 비롯되었다고 합니다. 연호는 왕의 통치가 물리적 공간인 국토뿐 아니라 시간에도 미친다는 뜻입니다. 옛날 왕들과 일본 천황이나 북한의 독재자가 지금도 그 흉내를 내지만 아무도 진지하게 받아들이지 않습니다. 연호는 그에 따라 역사를 기록되는 체제가 지속되어야 의미가 있지만 왕이 죽으면 함께 끝나 버리곤 했으니까요. 반면에 예수 그리스도의 연호는 지금도 어디서나 통용되고 있습니다. 뿐만 아니라 새 하늘과 새 땅이 임하는 날까지 그분이 역사의 주권자요, 왕의 왕임을 증거할 것입니다.

복음의 시작

"하나님의 아들 예수 그리스도의 복음의 시작이라." 최초로 복음서를 쓴 마가는 서두를 그렇게 연 다음 그분의 탄생과 생애, 죽음과 부활까지 단숨에 이야기합니다. 세례 요한 이야기를 맨 앞에 놓은 것은 특별한 이유가 있습니다. 예수님의 길을 예비할 사자가 올 것이라던 이사야의 비전이 현실로 나타났음을 보여주기 위함입니다. 마태가 예수님을 아브라함과 다윗의 자손으로 소개하며 시작하는 것도 그분이 구속언약의 성취자임을 밝히려는 것이지요. 누가는 아예 아담에게로 거슬러 올라갑니다. 그분이 창세전부터 있었던 로고스요 하나님임을 밝히는 요한까지, 복음서 기자들은 예수 그리스도가 하나님의 아들이며 옛 언약의 성취자임을 증거하는 일에 하나입니다.

구약뿐 아니라 세상의 학문과 비전도 예수 그리스도가 누구인지를 증거합니다. 그분이 이스라엘뿐 아니라 온 세상의 구주라는 사실은 별빛을 따라 그분을 찾아온 동방박사 이야기가 잘 보여줍니다. 별은 서구 제국의 수도인 로마가 아니라 변두리 속국 이스라엘을 향합니다. 예루살렘 헤롯 왕궁과 성전을 지나 베들레헴 한 여관 축사 위에 멈추어 섭니다. 동방의 대학자들은 말구유에 누이신 왕께 무릎 꿇어 경배합니다. 인간이 지어낸 이야기 중 이런 류는 어디에도 없습니다.

복음서는 당시 유대종교 문헌들과도 매우 다른 형식을 가지고 있습니다. 신비롭고 환상적인 서술대신 일상적인 언어로 보고 들은 것을 사실로 전하지만 내용은 상상을 넘어섭니다. 밤하늘에 천군 천사가 나타나 예수님의 탄생을 알리는 첫 장면부터가 그렇습니다. "지극히 높은 곳에서는 하나님께 영광이요, 땅에서는 하나님이 기뻐하신 사람들 중에 평화로다"(눅 2:14). 이런 찬양을 발하게 할 수 있는 인간은 역사상 없었습니다. 오직 인류의 죄를 사하기 위해 십자가에서 죽고 부활하신 예수 그리스도만이 하나님의 영광과 사람의 평화를 어우러지게 할 수 있으니까요.

예수님은 예언과 환상의 실체일 뿐 아니라 빛이시기에 복음서에는 비전이 등장하지 않습니다. "그 안에 생명이 있었으니 이 생명은 사람들의 빛이라"(요 1:4). 그 빛이 사람들의 몸과 마음의 눈을 밝혀 줍니다. 베드로의 눈을 열어 그분이 누구신지를 알게 합니다. 니고데모를 깨우쳐 하나님 나라를 보게 합니다. 고난과 죽음과 부활이 자신의 사명임을 제자들에게 가르칩니다. 부활 후 변화된 모습을 알아보지 못한 마리아와 엠마오 도상의 제자들 눈을 말씀으로 열어 줍니다. 눈을 들어 희어져 추수하게 된 복음의 밭을 보게 합니다. 바울의 눈에서 비늘을 벗겨 내고 땅끝까지 이르러 그분의 증인이 되는 비전을 줍니다(행 1:8). 요한의 눈을 열어 새 하늘과 새 땅을 보게 합니다. 우리는 빛을 보는 것이 아니라 빛으로 다른 모든 것을 본다는 C. S. 루이스의 말처럼, 빛이신 예수님은 우리의 비전입니다.[1] 그래서 우리는 옛 아일랜드 찬송처럼 "내 맘의 주여 소망되소서"(Be Thou My Vision, 새찬송가 484장)라고 기도하게 됩니다.

복음과 하나님 나라

복음은 또한 구약의 성도들이 꿈꾸며 기다리던 하나님 나라가 임했다는 소식입니다. 세례 요한이 체포되자 예수님은 이렇게 선포합니다. "때가 찼고 하나님의 나라가 가까이 왔으니 회개하고 복음을 믿으라"(막 1:15). "은혜의 해"가 올 것이라던 이사야의 예언이 "오늘 너희 귀에 응하였느니라"고도 합니다(사 61:1-2, 눅 4:21). 그리고 그가 진정 오실 이인지를 물으러 온 요한의 제자들에게, 눈먼 자를 보게 하고 갇힌 자를 풀어 주시리라는 예언의 성취를 증거로 재확인시켜 주십니다(마 11:2-6).

"때가 찼다"는 선언은 이제 자신이 나서서 하나님 나라를 드러낼 시점이 되었다는 뜻입니다. 하나님 나라는 에덴 동산처럼 만물이 즐거이 창조주를 순종하는 곳입니다. 다윗 왕국은 잃어버린 하나님 나라를 회복하시리라는 약속에 대한 부분적인 예고편이었습니다. 이스라엘이 실패하고 멸망한 후에는 이사야와 다니엘 같은 선지자의 비전을 통해 보여지곤 했습니다. 그러나 마침내 왕으로 오신 예수님이 주권을 행사함으로 그 나라가 모습을 드러냅니다. 그분이 말씀과 능력으로 깨진 세상을 본래대로 회복하심을 통해 그 나라는 이루어지기 시작합니다.

하나님 나라는 예수님의 오심으로 임합니다. 사탄의 권세는 깨지고 만유가 구원 얻는 일이 일어나기 시작했습니다. "내가 만일 하나님의 손을 힘입어 귀신을 쫓아낸다면 하나님의 나라가 이미 너희에게 임하였느니라"(눅 11:20). 구원의 성취가 곧 하나님 나라의 도래

(到來)입니다. 그 나라의 독특한 성격은 사도들이 복음 선포와 선교에 주력하는 것에서 나타납니다. 사도들은 다른 무엇보다 그 나라가 주어지는 방식과 과정 그리고 결과를 선포하는 데 사력을 다합니다.

그것은 하나님 나라는 세상적 방식으로 이룩되지 않기 때문입니다. 예수님은 처음부터 이 사실을 분명히 했습니다. 사역에 앞서 사탄에게 시험을 당할 때, 이적으로 이목을 끌거나 물질과 권력으로 사람을 모으는 방식으로 그 나라를 이루시지 않을 것을 선언하십니다. 사역을 완성하는 시점까지 세상과는 다른 방식으로 일하십니다. 유대인에게 잡혀 십자가에 달려 죽으시면서도 천군과 천사를 동원하여 맞서지 않으십니다. 오직 자신을 속죄의 제물로 드림으로 승리하십니다.

예수님은 말씀과 행동으로 그 나라를 선보입니다. 그 나라는 예수님의 죽음과 부활을 믿어 구원에 이르는 하나님 통치의 회복으로 임합니다. 그 일이 일어나고 있다는 소식이 복음입니다. 성경 전체에 흐르는 구속의 역사를 배경으로 이해할 때, 비로소 복음과 하나님 나라가 어떻게 연관되는지 알게 됩니다. 구약을 관통하는 구속의 언약과 비전의 중심에 예수 그리스도와 그분의 나라가 있습니다. 하나님 나라를 핵심으로 하는 예수님의 가르침은 성경의 비전이 무엇인지를 분명히 보여줍니다. 그 비전이 우리의 믿음과 삶의 근거요 소망입니다.

비유와 비전_하나님 나라를 보여주심

예수님은 하나님 나라를 다양한 방식으로 드러내 보이십니다. 첫째, 육신으로 나심을 통해서입니다. 왕이 임하는 곳에 나라가 서듯이, 하나님 나라도 예수님이 자기 땅에 오심과 함께 임합니다. 그분은 "하나님이 우리와 함께 계시는" 임마누엘이요 "자기 백성을 그들의 죄에서 구원할 자"로 오셨습니다(마 1:21, 23). 자신의 몸과 피를 생명의 양식으로 주시는 성만찬으로도 하나님 나라가 임함을 증거합니다.

둘째는 말씀을 통한 증거입니다. 예수님의 말씀을 들은 이들은 차원이 다른 권위를 직감할 수밖에 없었습니다. "뭇사람이 그의 교훈에 놀라니 이는 그가 가르치시는 것이 권세 있는 자와 같고 서기관들과 같지 아니함일러라"(막 1:22). 산상수훈은 그 옛날 모세가 전한 계명들을 새롭게 심화 해석하여 하나님 나라의 헌장으로 바꾸시는 것을 보여줍니다. 옛 선지자들의 비전을 풀이해 주실 때, 듣는 이의 눈이 열려 그분이 바로 약속된 메시아요 하나님 나라를 가져오시는 이심을 보게 되었습니다.

이적은 보다 직접적인 방식입니다. 귀신을 쫓아내는 것은 마귀를 멸하는 권세를 보여줍니다. 풍랑을 잠잠케 하고 물위로 걸으신 일은 자연이 그분께 복종하는 증거입니다. 질병과 불구와 죽음을 극복하심은 죄의 결과를 치유하는 능력의 표시입니다. 무엇보다 죄인들의 회개는 그분이 만인의 주인 것을 드러냅니다. 사마리아 여인과 세리 삭개오뿐 아니라 사람들의 존경을 받던 니고데모도 그분 앞에서 무릎을 꿇습니다.

하나님 나라를 보이시는 또 다른 방식은 비유입니다. 환상 대신 말씀을 사용해 하나님 나라를 보이시기 좋아하셨습니다. 그것도 당시의 유다 묵시문학과 달리 신비롭고 현란한 언어가 아니라 평이한 말로 일상의 사물과 사실에 비유하곤 했습니다. 치밀한 논증 대신 비유를 사용하신 것은 마음의 눈을 열어 그 나라를 꿈꾸게 하려는 뜻이 아닐까 생각해 봅니다. 비유는 상상력을 자극해 볼 수 없는 것을 보게 해줍니다. 일종의 언어적 비전인 셈이지요. 하나님 나라를 보이시기 위해 사용하신 40여 개의 비유는 그 나라를 꿈꾸도록 돕는 은총의 도구입니다.

비유는 물론 열어 보이기만 하는 것이 아니라 감추기도 합니다. 그래서 어떤 이들에게는 수수께끼였습니다. 니고데모가 그랬듯이, 하나님 나라가 눈앞에 있어도 거듭나지 않으면 볼 수 없습니다. 비유를 이해 못하는 것은 어려워서가 아니라 마음이 닫혔기 때문입니다. 하나님께서는 그것을 억지로 열지 않으십니다. 비전이 그랬던 것처럼 말씀도 닫힌 마음으로는 알 수 없습니다.

비유는 사람들을 놀라게도 합니다. 예를 들어 겨자씨와 누룩 비유는 그 나라가 당대의 묵시문학에서처럼 천지개벽하듯 단번에 임하지 않을 것을 밝혀 줍니다. 메시아가 군대를 거느리고 단숨에 로마를 깨뜨리며 그분의 나라를 가져올 것으로 기대했던 이들에게는 충격이었을 것입니다. 예수님은 하나님 나라가 겨자씨와 누룩처럼 눈에 보이지 않게 움직이고 있음을 강조하십니다. 식물의 성장은 조용히 진행되고 누룩의 발효 역시 드러나 보이지 않습니다. 하지만 큰 나무로 자라고 반죽 전체를 바꾸어 놓고야 맙니다.

오늘날 우리는 뉴스를 보고 듣는 일에 많은 시간을 쏟습니다. 하지만 세상을 바꾸어 놓는 일은 우리가 알지 못하는 가운데 조용히 진행되다가 어느 날 갑자기 터지곤 합니다. 산사태가 지각 아래에서 조금씩 진행되다가 한꺼번에 무너져 내리듯이 말입니다. 눈에 보이지 않는다고 하나님께서 아무것도 하지 않고 계신 것은 아닙니다. 연극의 막간에 일어나는 장치이동이며 배우들의 준비는 공연중보다 오히려 더 분주합니다. 막간에 새로운 세상이 준비되듯, 지금도 새 하늘과 새 땅이 만들어지고 있습니다.

종말론적 하나님 나라

예수님의 탄생이 이 모든 일의 시작이라면 완성은 재림 때 일어날 것입니다. 제자들은 그 시점에 대해 궁금해했습니다. 그때 무슨 일이 일어날지도 알고 싶어 했습니다. 예수님은 그에 관해서도 일시를 가르쳐 주시는 대신 비유로 답합니다. 노아의 때, 도둑, 지혜로운 종과 미련한 종, 열 처녀 비유 등이 그것입니다. 모두 그 때가 알려지지 않았고 예상치 못한 때 임할 것이기에 늘 깨어 준비해야 한다는 것이 핵심입니다. 징조나 경고도 없다는 말은 듣는 이를 긴장케 합니다.

이 비유들은 재림의 시기를 예측하려는 어떤 시도도 무익함을 강조합니다. 노아가 구원받은 것은 날을 알아서가 아니라 말씀에 순종해 준비했기 때문입니다. 하나님 나라를 대망하며 준비된 자세란, 아무것도 하지 않고 긴장한 채 앉아 기다리는 것이 아닙니다. 특히

'열 처녀 비유'나 그와 짝을 이루는 '달란트 비유'는 종말론적 기다림과 현재적 소명의 변증법적 긴장을 여실히 보여줍니다. 그것은 인내와 열정을 갖춘 소명에 이끌리는 삶이 어떠한지를 보여줍니다.

달란트란 오늘날 연예인을 칭하는 말로 쓰이지만 원래는 로마의 화폐 중 높은 단위의 명칭이었습니다. 이야기의 핵심은 주인이 잠시 모든 일들을 종들에게 맡기고 떠난다는 사실에 있습니다. 특히 거액의 현금을 맡길 때는, 보관의 차원을 넘어 사용하여 이득을 남기라는 분명한 뜻이 담겨 있습니다. 이와 흡사한 '므나의 비유'(눅 19:12-27)에서는 주인이 종주국에 가서 커다란 권세를 받아가지고 돌아오기 위해 길을 떠나는 배경으로 또 다른 풍미를 더해 줍니다.

예수님이 이 비유를 말씀한 시점도 주목해야 합니다. 제자들은 며칠 후면 뭔가 중대한 일이 벌어질 것이라는 짐작을 하고 있었습니다. 예수님께서 이제야말로 왕으로 군림하실 것이라는 기대가 팽배했습니다. 하지만 예수님은 하나님의 일하시는 방법을 보여 그들의 생각을 바로잡으려 했습니다. 물론 그들만을 겨냥한 것은 아닙니다. 이 비유에는 하나님께서 역사를 움직여 가시는 원리와 성도의 삶에 대한 진리가 담겨 있으니까요.

삶이 곧 사명이라는 사상은 성경에서 기인된 특별한 생각입니다. 우리가 누리고 사는 모든 것과 성취할 수 있는 일 전부가 하나님께서 맡기신 것이라는 고백은 거기서 비롯됩니다. 하나님께서는 여섯째 날 사람을 지으시고 지으신바 모든 것의 관리와 개발을 의탁하셨습니다. 사람을 창조의 일꾼으로 지으신 것입니다. 이것은 삶에 대한 자율적이고 개인주의적이며 이기주의적인 관점이자 결국 교만하게 만드는 사고방식에 대한 가장 확실한 해독제가 됩니다. 예수님께서는 우리를 구속 사역과 하나님 나라 회복의 사역자로 삼으셨습니다. 종들에게 집안 사무 관리를 맡기고 떠나는 주인과 같이 말입니다. 우리의 소명은 하나님 나라 건설이 아니라 그 나라의 건설을 "위해" 일하는 것입니다. 전체는 주님께 맡기고 맡기신 부분적인 설계도에 따라 충실히 시공하면 되는 것입니다.

맡겨진 사명

소명은 약속 있는 초대입니다. 다섯 달란트 받은 이가 "바로 가서" 일을 시작했다는 사실은 시사하는 바가 큽니다. 믿음과 구원의 은혜 가운데 감사함으로 즉시 행하는 것이 주님의 뜻입니다. 반면에 한 달란트 받은 이는 주인과 정산을 할 때까지 땅에 묻어 두었다가 그대로 가지고 옵니다. 우리에게 주어진 은혜들은 보관용이 아닙니다. 주인이 돌아와 정산을 하는 그날까지 그것을 활용해야 합니다. 많은 돈을 수중에 가지고 가만히 있으려는 사람은 없습니다. 이것은 특히 자본주의 사회에서 자라난 사람에게 있어서는 본능을 거스르는 매우 어리석은 일입니다.

흔히 달란트는 시험적 사명이며 작은 일이었다고 말합니다. 세상에서 우리는 비교적 큰일과 작은 일을 구분합니다. 아무리 큰일도 하나님 나라에 둔 소망에 비하면 작은 일들입니다. 큰일만 하게 되어 있는 것은 아닙니다. 작은 일들을 정성과 활력을 가지고 잘 해내는 사람이 훗날 하나님께서 맡기시는 큰일을 잘할 수 있습니다. 하루의 작은 일들을 잘 해내는 사람이 하나님의 큰일을 맡습니다.

1992년 10월은 재림설로 불신자들까지도 떠들썩했던 기억이 납니다. 심지어 외국에까지 보도되기도 했습니다. 그날 사람들은 흰옷을 입고 하나님 나라로 들려 올라가기를 기다렸다고 합니다. 예수님은 하나님 나라로 데려가는 것이 아니라 갖다 넣는 것으로 말씀하셨는데도 말입니다. 그때는 하나님 나라 복음이 전파되기 시작된 때이니까 그렇고 지금은 마지막 때이니 사정이 다르지 않느냐고 물을 수 있습니다. 물론 때가 되면 거두러 오실 것이라는 약속은 분명하며, 그것이 믿는 자의 소망의 근거입니다. 그 소망이 삶에 의미를 주고 불안을 거두어 주며 무력감으로 인한 좌절과 우리의 노력에 대한 회의에서 건져 줍니다. 목적을 가지고 심으셨으니 반드시 거둘 날이 있을 것입니다. 이 믿음이 현실에 굴하지 않고 사명을 다할 수 있는 근원입니다.

이와 관련하여, 예수님이 잡히시기 직전 겟세마네에서 제자들을 위해 하신 마지막 기도 중 한 구절을 눈여겨볼 필요가 있습니다. "내가 비옵는 것은 그들을 세상에서 데려가시기를 위함이 아니요 다만 악에 빠지지 않게 보전하시기를 위함이니이다"(요 17:15). 예수님은 지금도 특별한 목적을 가지고 우리가 세상에서 구별된 삶을 살고 악에 빠지지 않도록 기도하고 계실 것입니다. 하나님께 선택받아 부름을 입은 백성들은 이제 교회라는 그분의 제자 공동체로 부름받습니다.

파송과 동행의 약속

주님의 뜻은 부활하신 이후에도 동일합니다. "아버지께서 나를 보내신 것같이 나도 너희를 보내노라"는 말씀은 복음 전파를 제자들에게 맡기시려는 계획의 재확인입니다(요 20:21). 이것은 두려움 가운데 숨어 떨고 있던 제자들에게 지나친 말씀처럼 들릴 수 있습니다. 하지만 예수님은 제자들을 사지로 몰아넣는 폭군이 아닙니다. 준비가 안 된 그들을 무조건 몰아붙이시는 잔인한 지도자도 아닙니다.

부활 후 그들에게 처음으로 하신 말씀은 "평강이 있을지어다"라는 축원이었습니다(요 20:19). 이 말씀은 일상적 인사가 아닙니다. 못 박힌 손을 들어 평강이 있으라 하신 것은 두려움에 사로잡혀 낙심한 제자들을 회복시키는 격려였습니다. 그분은 아버지의 보내신 뜻을 따라 죽으시고 부활하심으로 보내신 사명을 다하셨습니다. 이제는 그 일을 증거하는 것을 제자들에게 맡기시는 것입니다. 복음을 전파하고 세례를 베풀고 제자를 삼아 교회를 세우는 일입니다.

2002년 한일 월드컵 4강 신화의 주역인 홍명보 선수는 은퇴한 뒤 지도자 연수를 마치고 국가대표팀 감독이 되었습니다. 이제 더 이상 운동장에서 선수로 뛸 수는 없지만, 대신 후배들을 지도하며 힘을 북돋우고 격려하여 2012년 런던 올림픽 동메달을 획득하는 쾌거를 달성했습니다. 때로는 직접 뛰고 싶은 애타는 순간들도 있었을 것입니다. 그러나 감독은 운동장에 들어갈 수가 없습니다. 예수님은 제자들을 보내실 뿐 아니라 성령을 통해 그들 안에 거하며 동행하십니다. 성령께서 함께하시는 가운데 제자들은 완전히 변화됩니다. 배신자 베드로는 순교자로 거듭납니다. 다른 제자들도 하나같이 본래의 사명을 회복합니다.

세례 요한은 예수 그리스도를 가리켜 불로 세례 주실 분이라 했습니다. 그러나 예수님은 자신이 받으실 세례에 대해서만 이야기할 뿐 그 일을 한 번도 행하신 일이 없습니다. 이제 제자들을 보내시면서 성령 세례를 주십니다. 숨을 내쉬며 성령을 받으라 하십니다. 성령께서 위로를 주시는 방법은 진리를 가르치심을 통해서입니다. 새로운 진리가 아니라 예수님께서 하신 말씀과 하신 일의 의미를 알게 하십니다. 주님이 떠나셔도 육신으로 함께하는 것보다 더 친밀하게 그분의 영인 성령으로 모든 진리를 가르치고 깨우쳐, 잊고 지내던 교훈도 생각나게 하십니다.

주께서 숨을 내쉬는 모습은 창조의 순간을 떠오르게 합니다. 성자 하나님은 이미 거기 계셔서 말씀의 능력으로 세상을 창조했습니다. 칼세돈신조(주후 451)에서 고백했듯이, 창조의 순간 성부께서 인생에게 부으신 성령을 이제는 성자께서 제자들에게 불어넣으십니다. 재창조 역사의 능력을 부으시는 것입니다. 마치 모세를 애굽으로 보내며 지팡이를 주시듯 구비하여 보내십니다. 힘 잃은 제자들 위에 성령을 부으사 생명의 부활과 능력의 갱신을 주십니다. 이는 부흥의 영입니다

그 위에 권능과 특권까지 입히십니다. 은혜는 소명과 함께 옵니다. 구원의 은혜는 우리를 일꾼으로 부릅니다. 구속의 은혜를 강하게 체험하고 감사하기에 그것이 소명으로 바뀝니다. 성령 부으심에는 능력과

더불어 특권이 더해져 옵니다. 예수님이 행사했던 사죄의 특권입니다. 소명에는 세상의 죄를 사하는 권세가 주어졌습니다. 세상의 복의 근원이 되는 특권입니다. 이제 그들을 통해 새 하늘과 새 땅을 향한 구속 사역이 시작되고 하나님 나라가 확장되기 시작한 것입니다.

새로운 약속

예수님은 제자들을 축복하고 하나님께로 가셨습니다. 복음서는 예수 그리스도의 삶과 죽음에 대한 증거가 땅끝까지 이르리라는 비전으로 마칩니다. "너희는 온 천하에 다니며 만민에게 복음을 전파하라"는 것은 예수님의 직접적인 당부입니다(막 16:15). 거기에는 이미 사도행전에서 이루어질 일들이 예견되고 있습니다. 주님은 제자들이 그 명령을 따라 나아가 귀신을 쫓아내며 새 방언을 말하고 병을 고치며 복음 전하고 세례 주어 제자 삼는 모습을 이미 바라보고 계신 것입니다.

예수님은 그 일에 동행하실 것이란 약속으로 제자들을 축복합니다. 그 축원은 오늘날 우리들의 작별인사에도 남아 있습니다. 불어의 '아듀'(a Dieu)는 '하나님께 위탁하노라'(to God)는 뜻이라고 합니다. 영어의 작별인사인 '굿바이'(Goodbye)도 '하나님께서 너와 함께 하시기를'(God be with you)이라는 축복의 변형입니다. 비록 르네상스의 인본주의 격랑을 거치면서 세속적으로 줄었지만 말입니다. 이런 인사말은 인생의 평안이 자신에게 달린 것이 아니라 누군가가 빌어 주는 것임을 보여줍니다. 그 주체는 다름이 아니라 죽으시고 부활하신 우리 주님입니다. 예수님께서 제자들에게 하나님께서 함께 하실 평안을 빌어 주시듯 우리에게도 같은 복을 빌어 주십니다.

예수님의 제자들처럼 우리는 주님 뒤에 남아서 복음의 사역을 이어 가야 할 사람들입니다. 그렇기 때문에 결코 두려움과 염려와 불안에 사로잡혀 살아서는 안 될 사람들입니다. 성도는 결코 불안과 두려움 속에 살아서는 안 됩니다. 그것은 성도의 본질과 배치되는 것입니다. 예수 그리스도는 제자들을 위한 구체적인 위로와 소망의 말씀을 주십니다.

세상은 늘 하나님의 주권 아래 있었으므로 하나님 나라가 "온다"는 말은 사실 바른 표현이 아닐 수 있습니다. 막연히 하나님의 통치가 있는 곳이 다 하나님 나라라는 말은 아닙니다. 그 나라는 바로 지금 여기에 있습니다. 죽은 후 가게 되는 곳이 아닙니다. 주님이 통치하며 그분의 뜻이 이루어지는 장소이며 시간입니다. 그분의 주권을 구현하는 가운데 하나님 나라를 이루는 것이지만, 아직 완성되지 않은 과도기적 긴장 속에서 살아가는 중입니다.

언제부터인가 교회들은 복음을 물질적인 형통의 복으로 바꾸어 선포하는 것을 주저하지 않습니다. 세상과 타협하는 정도가 아니라 순응하는 것입니다. 교회가 변질되면 외향적이 되고 맙니다. 숫자와 건물을 자랑하고 요란한 행사는 쉽게 해내지만 빛과 소금으로서의 사명에 대해서는 무력합니다. 패배주의적이고, 방어적이며, 자기 만족적인 모습으로 변해 가고 있습니다. 그로 인해 참담한 국면에 들어갑니다. 한국교회가 성장을 멈추고 각종 사회적 지탄의 대상이 되었다고 한탄합니다. 사회가 손가락질하고 언론도 질타합니다. 교회는 정치와 부패로 무력화되는 것 같습니다.

물론 이것은 교회의 본모습이 아닙니다. 한 교회사학자는 복음 전파를 "번지는 불길"로 묘사했습니다. 특히 한국교회를 "들불"로 부른 것처럼 복음은 세계를 바꾸어 놓았습니다.[2] 성도는 세상 속에 있으나 세상의 것은 아니라는 의식을 가지고 삽니다. 그러나 세상과 구별되는 것으로 만족해하지 않습니다. 하나님 나라가 이미 여기에 있다면, 지금 그 법도와 질서에 따라 살아야 합니다. 하나님께서 알아서 하실 것이라 미룰 수도 없습니다. 교회가 하나님 나라를 확장하는 대신 교회만 넓힐 수는 없습니다. 그 옛날 아브라함도 가나안의 장막이 아니라 "하나님이 계획하시고 지으실 터가 있는 성"을 바랐습니다(히 11:10). 하나님 나라를 바라는 우리가 그보다 안목이 닫혀 있다면 부끄러워해야 합니다. 이제 눈을 들어 하나님 나라를 새롭게 바라볼 때가 되었습니다.

13

땅끝 비전과 선교

| 바울

제가 몸담고 있는 대학은 입학시험으로 성경고사를 봅니다. 지원자 전원이 세례교인인데도 저조한 성적에 늘 염려가 되곤 합니다. 특히 구약이 심각합니다. 어느 해인가 요셉과 룻에 관한 간단한 문제를 냈는데 제대로 답한 학생이 많지 않았습니다. 하지만 "땅끝까지 이르러 내 증인이 되리라"는 지상명령에 관한 질문에는 잘 쓴 사람이 꽤 많았습니다. 창세기의 요셉을 "마리아의 남편"이라고 쓴 학생이 사도행전 말씀은 선교적 소명임을 역설하는 것을 읽으며 놀라지 않을 수 없었습니다. 선교에 대한 관심이 높아져서일까요? 다행이다 싶으면서도 요셉이나 룻을 모르는 사람이 전하는 복음은 과연 무엇일지 염려가 됩니다. 성경 전체가 보여주는 하나님 역사에 대한 조망 없이 선교를 바로 이해할 수 있을 것 같지 않습니다. 이것이 비단 입시공부에 치인 고등학생들만의 문제일까 생각하면 걱정이 됩니다. 실제로 성경적 비전에 기초하지 않은 선교가 너무도 많은 것은 그 때문이 아닐까 싶습니다.

성령과 사도행전_지상명령과 선교

복음서의 핵심이 하나님 나라가 임했다는 선포라면 다음 이야기는 그 나라의 확장입니다. 예수님 말씀처럼 하나님 나라는 복음이 땅끝까지 전파되는 일을 통해 확장되기 때문이지요. 누가는 복음서에서 예수께서 행하시며 가르치시기를 시작하신 이야기를 썼습니다. 사도행전에서는 교회가 주님의 지상명령을 어떻게 수행했는지를 보여줍니다. 복음의 확산과 하나님 나라가 직결되어 있음이 여기서 분명히 드러납니다.

사도행전뿐 아니라 그 뒤에 쓰여진 사도들의 서신들도 이를 증거합니다. 그런 의미에서 선교는 빌립의 사마리아 전도나 베드로의 고넬료 방문이나 안디옥 교회의 바울과 바나바 파송에서 시작된 것이 아닙니다. 이들은 예수님께서 시작하신 일을 계속하는 것입니다. 보다 정확히 말하면, 그 일은 한 민족을 거룩한 백성으로 택해 열방의 빛으로 삼으신 하나님 오랜 역사의 연장선에 있습니다. 이제 그 역사가 새로운 국면을 맞았습니다. 열방이 그분의 백성이 된 교회를 통해 그 나라로 들어오게 된 것입니다.

오순절 성령 강림은 그 하나님 역사의 일환입니다. 예수님의 약속대로 성령이 임하자 제자들은 새로운 비전을 품기 시작합니다. 요엘 선지자는 오래전에 이 일을 예고했습니다. "말세에 내가 내 영을 모든 육체에 부어 주리니 너희의 자녀들은 예언할 것이요 너희의 젊은이들은 환상을 보고 너희의 늙은이들은 꿈을 꾸리라"(욜 2:28, 행 2:17). 다락방에 모여 있던 성도들이 바로 그 환상과 꿈을 꾸게 됩니다(행 2:16, 33). 성령이 에스겔 골짜기의 해골을 살려 내던 생기의 바람 같은 능력으로 임하자, 그들은 새로운 하나님의 백성과 군대로 거듭납니다. 변화된 베드로와 요한이 도저히 믿기지 않을 정도로 담대히 복음을 전하는 모습이 그 증거입니다.

성령께서 하신 일은 교회를 만드시고 그들을 증인으로 보낸 것입니다. 이들을 통해 복음이 모든 민족에게 퍼져 나갑니다. 복음 전파 사명에 눈을 뜬 제자들은 하나님 나라 확장을 위해 흩어져 땅끝까지 달려갔습니다. 그들은 선교적 교회를 이루고 이 일에 진력했습니다. 베드로의 말처럼, 사도들은 예수님께서 하나님 우편에서 "왕과 구주"로 세상을 통치하고 계시다 다시 오실 것을 믿었습니다(행 1:9, 2:33, 5:31). 이제 그들은 사태를 바로 보고 하나님의 대역사 속의 맥락 속에서 자신들이 할 일을 찾은 것입니다.

하지만 초기 선교는 계획적이기보다 우발적이었습니다. 스데반의 순교로 촉발된 박해가 오히려 사방으로 흩어져 복음을 전하는 계기가 된 것입니다. 복음이 유다 민족을 넘어서 열방의 빛으로 나아가기까지는 넘어야 할 장벽들이 많았습니다. 빌립의 사마리아행이나 에디오피아 내시의 전도는 오히려 예외였습니다. 베드로와 요한은 사마리아인들에게 성령이 임하는 것을 보고서야 마음을 엽니다. 그 후에도 세 번씩이나 환상을 통해 강권을 받고서야 고넬료의 가정을 방문한 것은, 유다의 벽을 넘는 과정이 베드로에게조차 쉽지 않았음을 잘 보여줍니다(행 10:14-15). 그러나 열방의 빛으로 땅끝까지 가라는 주님의 원대하신 비전을 깨닫기까지 그리 오래 걸리지 않습니다.

전도자가 된 핍박자

선교 역사의 가장 극적인 이야기는 핍박자가 가장 위대한 전도자로 바뀐 일입니다. 이 역시 부활하신 예수님께서 하신 일입니다. 바울은 "내가 너를 이방의 빛으로 삼아 너로 땅끝까지 구원하게 하리라"는 말씀을 따라 사도행전의 주역이 됩니다(행 13:47). 이에 대해 그는 하나님께서 영원 전부터 계획하셨고 때가 차매 이루신 영생의 소망을 전파하는 소명에 순종했을 뿐이라고 고백합니다(딛 1:1-3).

바울은 하나님의 뜻에 대한 분명한 이해를 바탕으로 끝까지 충성했습니다. 순교의 길이 되고 만 여정의 첫머리, 그는 헤롯 아그립바 왕에게 선교가 구약에서 비롯된 하나님의 역사에 근거한 일이라고 주장합니다. "선지자들과 모세가 반드시 되리라고 말한 것밖에 없으니 곧 그리스도가 고난을 받으실 것과 죽은 자 가운데서 먼저 다시 살아나사 이스라엘과 이방인들에게 빛을 전하시리라 함이니이다"(행 26:22-23).

바울은 예수 그리스도의 오심과 부활로 새 시대가 열렸고 하나님 나라가 확장되고 있음을 보았습니다. 그 비전은 그가 사는 이유와 방향이었고 동력이었습니다. 그는 예수님의 비유에서 밭을 갈다 보화를 발견한 농부처럼 모든 것을 희생하여 그것을 추구했습니다. 무엇이든지 그에게 유익하던 것을 그리스도를 위하여 다 해로 여겼습니다. 그리고 오직 앞에 있는 것을 잡으려고 "위에서 부르신 부름의 상을 위하여" 달려갔던 것입니다(빌 3:7, 14).

선교는 이런 바울이라도 단독으로 할 수 있는 일이 아니었습니다. 그를 선교하게 한 것은 교회였습니다. 핍박으로 흩어진 성도들의 전도와 달리 본격적 선교는 안디옥에서 시작되었습니다. 안디옥 교회는 열방을 향한 선교를 꿈꾸며 금식하고 기도했습니다. 마침내 성령의 지시에 따라 바나바와 바울을 따로 세웠지요(행 13:2). 제비를 뽑아 가룟 유다의 빈자리에 맛디아를 채워 구약의 방식과 다른 방법으로 일꾼을 세운 것은 새로운 역사의식을 보여주는 변화입니다. 마가 요한과 실라, 디모데 같은 뛰어난 젊은이들도 그렇게 동역자로 세워져 이들의 뒤를 따릅니다.

이렇게 복음의 확장은 안디옥에서 새로운 전기를 맞습니다. 땅끝까지 복음을 전하라는 예수님의 지상명령에 대한 본격적 행보가 시작된 것입니다. 그들의 땅끝 비전은 하나님 나라를 향한 성경의 가장 큰 비전과 동일 선상에 있는 것이었습니다. 예수 그리스도가 하셨듯이 복음 전파를 통해 하나님 나라가 확장되며 재림을 바라보는 눈이 열린 것입니다.

선교_하나님 나라의 확장

모든 교회가 그 이야기를 이어 왔습니다. 지금은 우리가 땅끝 비전을 계승하고 있습니다. 그러나 때로 그 비전이 너무 좁게 이해되고 있다는 것이 문제입니다. 선교를 지리적 확장, 곧 비기독교권에 대한 전도에 국한시켜 왔던 전통적 사고의 탓입니다. 이런 선교의 개념은 특히 근래에 와서는 맞지 않습니다. 오늘날 서구는 세속화로 인해 피선교지로 전락했습니다. 반면, 과거 선교지 교회들은 우리처럼 활발한 복음 전파의 주역이 되고 있습니다. 또 세계화의 결과로 먼 곳이 아니라 길 건너에서도 미전도 종족을 만날 수 있습니다.

선교를 복음의 지리적 확장으로 국한시킬 경우 시야가 좁아집니다. 교회가 창조의 회복을 이루기 위해 열방 가운데 보내심을 받았다는 사실을 자주 잊는 것은 그 때문입니다. 그 결과 서구교회들은 선교를 하면서도 정작 자신들의 사회와 문화가 선교지보다 더 세속적인 복음의 불모지가 되어 가고 있음을 인식조차 못했습니다. 서구교회가 기독교 문화 속에서 살고 있다는 착각 속에 선교적 정체성을 상실하면서 시들어 갔다는 레슬리 뉴비긴(Lesslie Newbigin)의 반성은 매우 뼈아픈 것입니다.[1]

이 잘못을 고치는 방법은 선교를 다시금 하나님의 크신 역사적 섭리의 맥락 속에 위치시키는 것입니다. 구약과 복음서에서 선교가 어떤 의미를 가지고 있는지를 알아야 합니다. 사도행전 이후에 서구사회와 문화 속에서 하나님의 역사가 어떻게 이루어져 왔는지도 살펴봐야 합니다. 복음은 하나님 나라의 도래 곧 그분의 우주적 주권이 회복됨을 의미합니다. 이 일이 구약에서 시작되었기에 선교에 대한 이해 역시 거기서 시작되어야 합니다. 특히 교회가 이스라엘 백성이 실패한 선교적 정체성과 역할을 이어받은 공동체라는 사실에서 출발해야 합니다. 교회는 열방 중에 "대조 사회"(contrast-society)로서 모든 장벽을 허무는 사랑의 빛이어야 합니다.[2]

선교는 언제나 복음의 전파입니다. 하지만 그것이 소위 미전도 종족을 향한 것에만 국한되어서는 안 됩니다. 교회가 모든 역사, 문화, 사회 상황 속에서 하나님 나라를 확장하는 소명 공동체라는 안목이 필요합니다. 아직도 복음이 미치지 못한 곳이 있어 땅끝 비전은 지금도 유효합니다. 바울은 온 세상을 다니며 지역 교회를 세워 복음을 전파하도록 하려고 했습니다. 그가 로마로 가려던 것은 세상 끝으로 생각했던 스페인(서바나, 롬 15:23, 28)으로 가려는 비전 때문이었습니다.

바울은 그런 생각으로 고린도나 로마를 중시했습니다. 정치와 경제적 위상보다 복음의 확장을 위한 전진기지라는 의미를 두었던 것이지요. 하지만 고대의 철학적 수도인 아테네에서의 전도나 교회에 대한 이야기가 길지 않은 것은 특이합니다(행 17장). 반면에 에베소, 빌립보, 골로새 같은 거점 도시에는 중요한 교회가 있었습니다. 이를 통해 하나님 나라 공동체를 세워 가는 것이 그의 목표이자 비전이었습니다(롬 15:17-22). 도시들에 선교의 초점을 맞춘 것은 그곳에 사람이 많았기 때문만은 아닙니다. 그곳들은 바로 강력한 영향력을 가진 문화의 중심이기 때문입니다.

인종과 문화를 넘어서

바울이 단지 공간적 의미에서만 땅끝을 바라본 것은 아닙니다. 그는 문화적 경계를 넘어서는 일에도 과감했습니다. 바울은 가는 곳마다 유대인 회당에 들어가 복음을 증거해 교회를 세워 이방인들을 참여케 하는 전략을 사용했습니다. 자연히 거기에는 복음의 문화적 확장이 포함됩니다. 이방인들이 복음 안에서 유대인 신자들과 동등함을 강조하면서도 할례를 비롯한 율법 준수와 유대적 의식에 대해서는 자유로워야 한다고 힘주어 주장했습니다. 그래서 그는 이방인 제자 디도에게 억지로 할례를 받게 하지 않았습니다. 이방인과 함께 식사하다 유대인들이 오자 자리를 뜨려는 베드로를 엄히 질책하기도 했습니다. 하지만 빈민 구제 같은 보편적 가치는 기꺼이 수용합니다. "우리에게 가난한 자들을 기억하도록 부탁하였으니 이것은 나도 본래부터 힘써 행하여 왔노라"(갈 2:10). 다양한 문화와 지역의 교회들을 연결하여 재난이나 기근 때에 돌보는 일도 합니다. 또한 다른 지도자들과 공동체 의식을 공유했습니다. 세 번의 전도여행은 모두 이런 넓은 안목의 결과입니다.

바울의 주장은 바리새파에 속한 일부 유대인 성도들의 율법 준수 주장을 꺾고 예루살렘 공의회에서 선교 정책으로 받아들여집니다. "우상의 더러운 것과 음행과 목매어 죽인 것과 피를 멀리"할 것을 권고할 뿐, 그 외에는 "아무 짐도 지우지 않는 것"을 결의한 것입니다(행 15:20, 28). 야고보와 베드로와 요한은 이런 방식으로 선교를 수행하는 바울의 사도적 정통성을 인정합니다. 이를 토대로 유대인과 이방인 사역을 분담했던 것입니다. 구약에서 이방인들도 복음적 광명 속으로 들어올 것을 말씀한 사실과 그 일이 이루어지고 있음을 사도들이 인정한 것이지요.

한편 비성경적 세계관에 대해서는 단호하게 맞섰습니다. 바울은 소아시아와 그리스를 돌아 이탈리아에 이르는 다양한 문화와 사상 속에서 수많은 우상 종교와 미신적 점술과 귀신들과 과감히 맞서 극복합니다. 예를 들어, 루스드라에서 기적을 베풀자 제우스와 헤르메스의 강림이라 오해한 시민들에게 자신들은 인간일 뿐임을 분명히 밝힙니다(행 14:8-20). 아테네에서 철학자들과의 논쟁에서도 부활의 도를 전함으로 헬라의 세계관과 다른 복음의 정체성을 분명히 합니다. 독사에 물린 후 죽지 않음에 놀란 원주민을 기망하지 않습니다. 자신들이 복음의 사자일 뿐 평범한 사람임을 밝히고 그와 같이 행동하는 일에 주저하지 않았습니다.

잘못된 가르침에 대해서도 강력히 반대했습니다. 신화와 끝없는 족보에 몰두하는 일은 "믿음 안에 있는 하나님의 경륜을" 이루는 것이 아니라 아무런 유익이 없는 쓸데없는 변론을 내는 것이라고 질타합니다(딤전 1:4). "어리석은 변론과 족보 이야기와 분쟁과 율법에 대한 다툼은 피하라. 이것은 무익한 것이요 헛된 것이니라"(딛 3:9). "교훈의 목적은 청결한 마음과 선한 양심과 거짓이 없는 믿음에서 나오는 사랑"이라고 전하면서, 여기서 벗어나 헛된 말에 빠져 자기도 모른 말들로 선생인 양 행세하는 것을 경계합니다(딤전 1:5). 또 "사람이 바른 교훈을 받지 아니하며 귀가 가려워서 자기의 사욕을 따를 스승을 많이 두고 또 그 귀를 진리에서 돌이켜 허탄한 이야기를 따르리라"고 경고합니다(딤후 4:3-4). 결론적으로 디모데에게는 "모든 일에 신중하여 고난을 받으며 전도자의 일을 하며 네 직무를 다하라"고 권고합니다(딤후 4:5). 바울의 땅끝 비전에는 "하나님 아는 것을 대적하여 높아진……모든 생각을 사로잡아 그리스도에게 복종"시키는 것이 포함되어 있습니다(고후 10:5).

세대를 넘어서

바울은 공간적 시야만 넓었던 것이 아니라 시간의 끝을 보는 안목을 가진 진정한 선견자였습니다. 충성된 증인들에게 복음을 부탁하면 그들이 다음 세대로 이어지는 사역을 감당할 것이라는 소망을 품습니다. 디모데전후서나 디도서는 이러한 세대를 넘어서 다음 세대의 지도자를 육성하는 비전을 담고 있습니다. 거기에는 인종과 계층과 문화적인 간극을 극복하려는 시도가 함께 드러납니다. 빌레몬서에서 보듯이, 그는 노예인 오네시모를 디모데나 실라와 같이 대합니다.

바울은 인생의 끝이 다가올수록 다음 세대를 향한 비전을 중시합니다. 그동안 어떻게 살았는지를 간증하면서 자신을 본받을 것을 거듭 당부를 합니다. "내 아들아……은혜 가운데서 강하고, 또 네가 많은 증인 앞에서 내게 들은 바를 충성된 사람들에게 부탁하라. 그들이 또 다른 사람들을 가르칠 수 있으리라"(딤후 2:1-2). 바울은 결코 공간적 확장에만 매달린 사람이 아니었습니다. 자신과 함께, 복음과 함께 고난을 받으라며 멘토의 역할을 감당합니다(딤후 1:8). "내가 말하는 것을 생각해 보라. 내가 전한 복음대로……예수 그리스도를 기억하라"는 것이 그의 멘토링의 핵심이었습니다(딤후 2:7-8). 이 일을 진실히 감당하는 사람에게는 주와 함께 "왕 노릇"하게 될 것이라는 소망을 확증합니다(딤후 4:7, 18).

바울뿐 아니라 사도들과 초대교회는 하나님 나라를 선포하고, 그 선교적 과제를 지리적·문화적 장벽을 넘어 다음 세대를 향해 이어갔습니다. 복음과 하나님 나라의 확장은 모든 세대 그리스도인의 사명입니다. 그것은 단지 지역적인 개념에 국한되어서는 안 됩니다. 각 영역과 창조 세계의 구석구석까지 그분의 나라를 확장하는 일을 해야 합니다. 아브라함 카이퍼(Abraham Kuyper)의 말처럼, 창조 세계 가운데 단 한 치도 그분의 것이 아닌 곳이 없기 때문입니다.[3] 그리고 그것은 각 세대로 이어져야 합니다. 이 이야기와 비전이 끊어지면 다음 세대는 다른 세대가 되고 맙니다.

우리는 지금 세계화로 인해 문화적 경계가 모두 무너져 "지리의 종말"이 특징인 시대에 살고 있습니다.[4] 오히려 같은 지역, 동일한 문화 속에서의 세대 간 장벽이 가장 극복하기 어려운 경계가 되어 갑니다. 다음 세대를 향한 비전 없이 복음과 하나님 나라의 확장은 가능하지 않습니다. 이 사실에 눈을 감는다면 기독교 공동체는 유럽에서처럼 세속화를 넘어서 "이교화"를 맞이하게 될 것입니다.[5]

어떤 의미에서 성경의 시계는 사도행전 이후 멈춰 있습니다. 그러고는 요한계시록의 비전으로 건너뛰었지요. 그 사이의 이야기는 우리가 직접 살고 있는 중입니다. 우리의 이야기는 성경 전체의 이야기와 비전의 맥락에 어울려야 합니다. 앞부분을 되풀이하는 것으로는 충분하지 않습니다. 성경의 이야기가 자체의 "기동력과 추진력"이 있고 적절한 결론에도 이르러야 하니까요. 자유로운 책임감을 가지고 있는 이야기 속으로 들어가야 합니다. 앞뒤의 연속성을 유지하면서 창의적 상상력을 발휘하여 우리에게 닥친 시대적 과제를 수행해야 합니다.

세속을 넘어서

그 일을 어떻게 해야 할지는 사도들에게서 배울 수 있습니다. 특히 바울은 복음의 능력인 하나님 나라의 실재를 보여주는 삶의 모범을 보였습니다. 간단히 말하면, 신앙과 일치된 거룩한 삶입니다. 그는 교회에 보낸 편지들에서 언제나 먼저 복음의 진리를 제시했습니다. 그 다음에는 구원의 실재가 구체적으로 어떻게 나타나야 하는지 보이는 것을 잊지 않았습니다. "너희는 이 세대를 본받지 말고 오직 마음을 새롭게 함으로 변화를 받아 하나님의 선하시고 기뻐하시고 온전하신 뜻이 무엇인지 분별하도록 하라"(롬 12:2). 영적 분별력을 갖춘 거룩한 삶이 복음의 실재입니다.

성도들이 구별된 삶을 살아야 함을 강조한 것은 바울뿐만이 아닙니다. 요한은 사랑의 계명을 따라 서로 사랑하는 것이 세상을 이기는 길이라고 반복해서 강조합니다(요일 3:11-14, 4:7-21). 야고보는 "고아와 과부를 그 환난중에 돌보고 또 자기를 지켜 세속에 물들지" 않는 것이 진정한 신앙이요 경건이라 힘주어 말합니다(약 1:27). 베드로도 마찬가지로 하나님 나라에 부합하는 모습으로 살 것을 권면합니다. 그는 구원의 진리를 안 후 "거룩한 명령을 저버리는 것"은 알지 못하는 것만 못하다고 말합니다(벧후 2:21). 또한 "세상에서 썩어질 것을 피하여 신성한 성품에 참여하는 자"요, "새 하늘과 새 땅"을 바라보며 "주 앞에서 점도 없고 흠도 없이" 나타나기를 힘쓰라고 권합니다(벧후 1:4, 3:13-14).

사도들은 하나같이 피조물 전체가 회복되는 날을 꿈꿉니다(골

1:15-20). 거룩하고 경건한 삶의 기초에는 "주의 강림"이 머지않다는 믿음이 깔려 있습니다(약 5:7-8). 그때에 얻게 될 "칭찬과 영광과 존귀"를 소망합니다(벧전 1:7). 몸의 구속을 바라보며 날마다 옛 자아를 벗어 버리고 새로운 자아를 입음으로 성령이 거하시는 성전으로 지어져 가고, 그리스도의 충만에 이를 때까지 자라기를 힘씁니다(롬 8:22-24, 엡 4:22-24, 골 3:9-10). 그렇게 믿음의 선한 싸움을 하다 보면 "기약이 이르면 하나님이 그의 나타나심"을 보이실 것이라고 확증합니다(딤전 6:15).

복음은 새로운 사상이 아니라 변화된 삶입니다. 개인의 삶뿐 아니라 공적 생활 속에서 그래야 합니다. 사도들은 우상숭배와 음란한 문화로 "어그러지고 거스르는 세대 가운데서" "빛들로 나타날" 것을 강조합니다(빌 2:15). 세상 정욕을 버리고 경건한 소망을 품고 "그리스도의 영광이 나타나심"을 소망하며 살아야 할 것을 힘주어 말합니다. 성도를 향한 소명은 "모든 불법에서 우리를 속량하시고 우리를 깨끗하게 하사 선한 일에 열심히 하는 자기 백성이 되게 하는 것"이라고 했습니다(딛 2:12-14). 이런 삶은 핍박과 고난을 불러올 것이지만 영광의 길입니다. 물론 그 영광은 믿음과 인내로 바라보며 나아가야 할 비전입니다(롬 8:22-24).

중단 없는 전진

사도들의 삶은 그런 비전 주는 능력을 보여줍니다. 그들은 모두 유대인들의 핍박과 로마의 죽음의 위협에 굴하지 않고 "하나님 나라를 전파하며 주 예수 그리스도에 관한 모든 것을 담대하게 거침없이" 증거했습니다(행 28:31). 이는 부활의 소망과 하나님 나라에 대한 비전에서 나온 것입니다. 하나님 나라의 소망과 비전이 오늘의 말과 행동의 근거가 되고 있는 것입니다.

사도들의 담대한 모습을 가장 잘 보여주는 예는 역시 바울입니다. 다른 사도들도 그랬지만, 바울은 자신의 삶의 종착점이 가까워질수록 영원을 사모하는 가운데 심상 속에 하나님 나라를 바라보는 비전이 오히려 또렷해짐을 증거합니다. 바울은 죽음이 임박한 때에 천국에서 예비되어 있는 상을 바라보며 힘을 얻었습니다. "나는 선한 싸움을 싸우고 나의 달려갈 길을 마치고 믿음을 지켰으니 이제 후로는 나를 위하여 의의 면류관이 예비되었으므로 주 곧 의로우신 재판장이 그날에 내게 주실 것이며 내게만 아니라 주의 나타나심을 사모하는 모든 자에게도니라"(딤후 4:7-8)

바울은 세상 삶에 집착하는 사람이 아니었습니다. 오히려 "세상을 떠나서 그리스도와 함께 있는 것이 훨씬 더 좋은 일"임을 알고 그렇게 하고 싶어 했지요. 그러나 그는 성도들을 도와 "믿음의 진보와 기쁨"을 이루는 일을 위해 필요한 만큼 삶을 허락하실 것이라 확신하며, 성도들에게 "복음에 합당하게 생활하라"고 가르쳤습니다(빌 1:21-27). 사는 것은 자신이 아니라 그리스도이므로 죽는 것도 유익이라고 했습니다. 이런 믿음은 부활의 소망으로 이어집니다. "삶의 가장 큰 힘과 용기는 천국 소망이 확실할 때 옵니다."

아브라함이 그러했듯이 사도들 역시 땅끝이 세상의 경계가 아니라는 것을 알고 있었습니다. 또한 자신들의 시간의 끝이 역사의 종말이 아니라는 것도 알고 있었습니다. 그들의 비전은 하나님 나라에 있었습니다. 그들의 소망은 자신들을 위해 준비된 그리스도의 품에 안기는 것이었습니다. 하지만 이러한 소망과 비전이 현실 도피나 혐오의 결과이거나 원인이 된 것은 아닙니다. 오히려 현실에서의 고난과 역경을 스스로 선택할 수 있는 동기와 근거가 되었습니다. 이런 점에서 그들 역시 이 세상에서 이방인과 나그네를 자처하는 구약 성도들과 공통적이었고, 이들도 히브리서 11장의 연장선에서 사는 사람들이었음이 분명합니다.

어떤 일이든 시작이 중요하지만 마지막은 더욱 그렇습니다. 출발도 잘하고 내내 힘 다해 뛰었더라도 끝까지 최선을 다하지 않으면 좋은 성적을 거둘 수 없습니다. 젊은 시절, 꿈과 비전을 품고 많은 것을 기대하며 계획을 세우며 결심을 하지만, 나중에 돌이켜 볼 때에 늘 약함을 느끼게 됩니다. 또 남은 시간마저 후회와 아쉬움 속에 흐지부지 보내기 쉽습니다. 그러나 간혹 끝까지 힘차게 달리는 이들이 적지 않습니다. 특히 성도들 가운데 그런 사람들이 많습니다.

베드로, 요한, 바울이 그런 사람들 가운데 하나였습니다. 베드로는 예수님을 부인했고 요한은 도망쳤으며 바울은 핍박했습니다. 베드로와 요한은 금과 은이 없으나 예수의 이름으로 병자가 일어날 것을 보는 사람이 됩니다. 이들 모두 눈이 열려 하나님 나라를 봅니다. 베드로와 바울이 로마를 향한 것은 우연이 아닙니다. 요한이 세상 끝 비전을 가진 것도 마찬가지입니다.

바울은 부활하신 주님을 보았을 때 눈이 멀었습니다. 하지만 다시 눈을 뜰 때 영적 통찰과 세상 끝을 바라보는 비전을 갖게 되었습니다. 바울은 인간 중에 가장 원대한 비전을 가진 사람일지 모릅니다. 그에게서 아브라함의 비전이 실현되는 실마리를 보게 됩니다. 유대인 중에 유대인으로 자처할 수 있는 그가 이방인의 사도가 되었으니까요. 그의 비전은 땅끝에 닿아 있었습니다. 콜럼버스나 마젤란보다 훨씬 더 먼 곳을 내다보는 비전을 가졌습니다. 뿐만 아니라 죽음을 넘어 부활의 세계를 바라보았습니다. 이들에게 하나님 나라는 위에 있는 것이 아니라 앞에 있었습니다.

14 시온의 비전_
새 하늘과 새 땅에서는

| 사도 요한

요한계시록은 예고편이자 데자부(déjà vu)입니다. 처음인데도 옛날 어디선가 본 것 같은 이른바 기시감(旣視感)을 주니까요. 특히 21-22장의 "새 하늘과 새 땅"을 보면 더욱 그런 느낌이 듭니다. 그것은 그 모습이 에덴 동산과 너무도 흡사하기에 그렇습니다. 사실 새 하늘과 새 땅은 태초에 지으신 세상의 회복입니다. 물론 "처음 하늘과 처음 땅은 없어졌고 바다도 다시 있지 않더라"고 했습니다(계 21:1). 이제 그곳은 처음 세상보다 훨씬 아름답습니다. 오래전부터 그곳을 바라보며 살았던 성도들에게는 익숙한 곳입니다. 아브라함 이래 믿음으로 "하나님이 계획하시고 지으실 터가 있는 성"을 본향 삼아 나아갔던 이들이 그랬지요(히 11:10). 이사야 선지자는 그 모습을 세밀하게 그려 보여주기까지 했습니다. 에스겔은 환상으로 접했고, 다니엘은 꿈을 통해 보았습니다. 이제 사도 요한은 거룩한 성이 새 하늘과 새 땅과 함께 임하는 것을 봅니다. 인류가 접한 이 최고의 비전은 로마 제국의 핍박 아래 고난당하던 사도와 성도들에게 모든

시련을 이길 힘과 소망을 불어넣습니다.

비전과 소망

지금까지 우리는 성경이 어떻게 창조, 타락, 구속의 비전을 열어 주는지 살펴보았습니다. 우리가 위대한 구속의 파노라마 가운데 어디에 서 있는지도 알게 되었습니다. 성경의 비전은 네비게이션처럼 현재 위치뿐 아니라 나아갈 방향도 보여줍니다. 신앙의 선조들은 그것을 따라 본향을 찾아 걸어갔습니다. 그 비전은 우리가 어떤 세상 속에 있고, 누구이며, 무엇을 위해 살아야 하는지를 알려 주지요. 세상의 근본적 문제가 무엇인지 밝히고, 그것이 어떻게 치유될 수 있는지도 알려 줍니다. 그러나 그것만으로는 충분하지 않습니다. 미래에 대한 궁극적 소망과 비전이 필요합니다. 사람에게는 "영원을 사모하는 마음"을 주셨기 때문이지요(전 3:11). 그 마음이 채워지기까지 인간은 결코 평안을 얻을 수 없습니다.

요한계시록이 바로 그것을 채울 비전을 열어 줍니다. 예고편의 형식으로 말입니다. 역사의 끝날 펼쳐질 극적인 장면을 보여주지요. 요한계시록은 사도 요한의 명상록이 아닙니다. 그것은 요한계시록 1장과 22장에서 분명히 밝히듯이 예수 그리스도께서 직접 보여주신 비전입니다. 예수님은 여기서 우리의 눈을 영원으로 열어 줍니다. 그리고 그것을 향한 소망으로 살도록 성도들을 직접 격려하십니다.

사도행전 이후의 모든 성도들은 이 비전을 따라 구속의 실상을 누리며 그 능력을 증거하는 삶을 이어 왔습니다.[1] 교회의 역할은 아직 개봉되지 않은 영화의 소문을 퍼트리는 일에 비유할 수 있습니다. 마이클 고힌의 말을 빌리자면, 우리는 창조, 타락, 구속의 드라마 극본 중 잃어버린 한 부분을 즉흥 연기로 채워 가는 중이라고도 할 수 있고요.

이 일은 구속 역사 전체의 흐름을 따라 전후 관계를 잘 알아야만 제대로 할 수 있습니다. 예를 들어, 옛 이스라엘 백성의 실패는 우리에게 타산지석이 됩니다. 요한계시록의 영광스러운 모습은 우리의 지향점을 보여줍니다. 그 영광스러운 비전 속에 "내가 만물을 새롭게 하노라"는 장엄한 말씀이 울려 퍼집니다(계 21:5). 그 뒤로 거룩한 성 새 예루살렘이 하늘에서 단장한 신부처럼 내려오는 것을 봅니다. 이 비전은 언제나 영원한 소망의 근원이 됩니다.

요한계시록은 로마 제국의 핍박이 극에 달한 시기에 고통당하는 교회들에 보낸 편지입니다. 당시 로마는 역사상 가장 강력하고 화려한 문명을 이룩했습니다. 고대 희랍의 문화 위에 안정된 정치로 "로마의 평화"(Pax Romana)를 이루었고 경제적 번영을 구가했습니다. 하지만 정신적으로는 공허하기 그지없었습니다. 사회와 문화 전체가 비전을 잃고 방향을 찾지 못하던 시기였습니다. 냉소적 태도로 평정심을 유지하려 했던 스토아 학파와 도피적 쾌락으로 삶의 무게를 잊으려던 에피쿠로스 학파의 사상이 가장 영향력 있었다는 것이 이를 증거합니다.

사도 요한을 유배시킨 도미시안 황제는, 로마에 불을 지르고 그리스도인에게 덮어씌운 네로보다 훨씬 더 조직적이고 잔혹한 박해를 가해 왔습니다. 로마 제국의 통일성을 유지시키기 위해 자신을 신으로 선포하고 이를 거부하는 이들을 가차 없이 처단했던 것입니다. 아무런 힘이 없던 초대교회 성도들은 무엇으로 그 무시무시한 고난을 이겨 냈을까요? 그것은 바로 요한계시록이 주는 비전의 소망이었습니다. 박해만 견뎌 낸 것이 아닙니다. 그들은 결국 로마 제국을 변화시켰습니다.

사도 요한이 전한 요한계시록의 비전은 그렇게 힘이 있습니다. 그것은 결코 놀랄 일이 아닙니다. 창조, 타락, 구속의 비전은 하나님의 위대한 섭리를 보여줍니다. 요한계시록은 그 비전의 종결입니다. 성경은 교훈집이나 교리서가 아닙니다. 필요한 때만 뒤적거리는 사전이나 전화번호부처럼 사용할 성격이 아닙니다. 성경은 이야기며 비전입니다. 하나님께서 세상을 그분의 뜻을 따라 지으실 뿐 아니라 타락 가운데서 회복하시는 드라마입니다. 아브라함에게 주신 약속과 복이 우리를 통해 온 세상에 이루어집니다. 그리고 예수 그리스도를 통해 온전히 성취됩니다. 우리에게는 그것을 누리며 전파하라 하십니다. "너희는 세상의 빛이라"고 하신 말씀의 뜻이 그것입니다(마 5:14). 그 비전은 세상의 소망입니다.

소망의 실상

요한계시록은 인류가 간절히 바라는 소망의 실상을 보여줍니다. 비전이요 예고지만 그 어떤 증거보다 생생합니다. 흔히 구약은 신약의 그림자며 신약은 구약의 실체라고 이야기합니다. 그림자라 해서 껍

데기뿐이라는 말이 아닙니다. 구약의 성도들은 예수님을 보지 못했지만 믿었습니다. 뿐만 아니라 믿음으로 구원의 실상을 "미리 맛보며"(foretaste) 살았습니다. 마찬가지로 우리도 영생을 미리 맛보며 삽니다. 맛본다는 것은 실질적 체험을 말합니다. 그림을 보거나 냄새만 맡는 것과는 완전히 다릅니다. 우리는 하나님 나라에 대한 이야기를 듣거나 환상을 볼 뿐 아니라 그 맛을 실질적으로 누리며 삽니다.

이호운이 쓴 새찬송가 436장은 영광의 비전이 주는 현실적 능력이 무엇인지 너무도 잘 보여줍니다.

> 나 이제 주님의 새 생명 얻은 몸/ 옛것은 지나고 새 사람이로다
> 그 생명 내 맘에 강같이 흐르고/ 그 사랑 내게서 해같이 빛난다
> 주 안에 감추인 새 생명 얻으니/ 이전에 좋던 것 이제는 값없다
> 하늘의 은혜와 평화를 맛보니/ 찬송과 기도로 주 함께 살리라
> 산천도 초목도 새것이 되었고/ 죄인도 원수도 친구로 변한다
> 새 생명 얻은 자 영생을 누리니/ 주님을 모신 맘 새 하늘이로다
> 주 따라 가는 길 험하고 멀어도/ 찬송을 부르며 뒤따라가리라
> 나 주를 모시고 영원히 살리라/ 날마다 섬기며 주 함께 살리라
> 영생을 누리며 주 안에 살리라/ 오늘도 내일도 주 함께 살리라

영생의 비전은 이 찬송의 고백처럼 지금 여기서 그 "영생을 맛보며 주 안에" 사는 능력을 줍니다.

소망의 근거는 언제나 믿음입니다. 사람은 누구나 믿음으로 삽

니다. 하늘이 무너지거나 땅이 꺼지지 않으리라 믿고 길을 걷습니다. 잠자리에 들 때 아침이면 어김없이 태양이 떠오르리라 믿고, 하루가 변함없이 돌아가리라고 확신하며 일하러 나섭니다. 학생이 열심히 공부하는 것은 졸업 후 취업에 소망을 두기 때문입니다. 이처럼 삶의 모든 질서가 믿음에 기초하여 이루어집니다. 특히 영생의 소망은 눈으로 볼 수 없고 만질 수 없는 것이기에 더욱 그렇습니다. 믿음은 소망을 밝힐 기름과도 같아서 그것이 끊어지면 앞이 캄캄해집니다.

문제는 인간의 힘으로는 그런 소망을 일평생 한결같이 간직하기가 어렵다는 데 있습니다. 믿을 것이 많고 의지가 굳어도 실패를 겪으면 휘청거리게 마련입니다. 인간의 소망이란 주관적 변덕에 흔들리는 가냘픈 촛불과도 같습니다. 개연성이요 희망사항 이상은 아니기 때문입니다. 그러나 성도의 소망은 다릅니다. 믿음이 바라는 것의 실상인 것은 하나님 약속에 근거할 때만 가능합니다. 히브리서 11:1은 이런 믿음을 가진 사람에게 소망은 실상이며 보이지 않는 것들의 증거라고 했습니다.

이런 소망은 눈을 밝혀 줍니다. 정신적 기능을 몸에 비유할 때 마음은 심장에 비유합니다. 욕심은 배에, 행동은 손과 발에, 이해는 두뇌에, 그리고 좋지 않은 심사는 오장과 배알에 연관시킵니다. 믿음은 눈과 연결시킬 수 있겠지요. 특히 서양에서는 믿음이나 확실성을 보는 것과 연관시켜 왔습니다. "보는 것이 믿는 것이다"라는 속담이 그것을 잘 보여줍니다. 그러나 성경은 믿음이 보지 못하는 것을 보게 한다고 합니다. 이 경우 "믿는 것이 보는 것"이라 하겠습니다. 하나님 말씀에 대한 믿음은 육신의 눈으로 볼 수 없는 것에 대한 증거를 주기 때문입니다.

하나님 말씀을 통해 밝아진 눈은 망원경을 쓴 것처럼 멀리 있는 것을 봅니다. 믿음의 눈에는 부활하신 예수 그리스도가 가져오시는 새 하늘과 새 땅이 보입니다. 예수님은 참된 선함과 거룩함의 새 질서를 가져오셨습니다. 죄악과 죽음이 지배하는 곳에 새 생명을 심으셨습니다. 성경은 예수님의 부활을 가리켜, 첫 열매요 그 뒤에 오는 우리들의 영생의 보증이 된다고 말합니다. 그것은 보증금으로 지불된 돈과도 같아서 현실적인 가치가 있습니다. 초대교회 성도들은 이 믿음으로 멀리 보고 소망을 품고 역경과 고난 속에서 인내했습니다. 마찬가지로 우리도 그것을 믿을 때 어떤 역경이라도 헤쳐 나갈 용기와 평안을 얻게 됩니다.

믿음으로 보지 못하는 것을 보는 훈련이 하나님 백성들의 삶입니다. 영생의 소망은 믿음 가운데 맛보며 살지만 아직도 기다려야 할 대상입니다. 그것은 믿음으로 체험되어야 하기에 인내해야 합니다. 히브리서 11장에는 보지 못하는 것을 잡은 듯이 살았던 사람들의 열전이 소개되어 있습니다. 노아는 비는커녕 구름도 없는 하늘 아래서 방주를 지었습니다. 아브라함은 갈 바를 알지 못한 채 고향을 떠나 본향을 찾아 나섰습니다. 모세는 아직 존재조차 없던 이스라엘 나라를 위해 왕자의 신분을 버렸습니다. 이들은 모두 보지 못하는 것을 손에 잡은 듯이 살았습니다. 그리고 인내로 승리했습니다.

마침내 임하는 거룩한 성_하나님 나라

이 이야기는 아직 끝나지 않았습니다. 하나님 나라가 이 땅에 서는 날까지 우리와 우리 아이들이 이어 갈 이야기입니다. 그것이 성도의 비전입니다. 그것이 비전의 연대기입니다. 창조주 하나님의 큰 이야기 속의 작은 이야기를 써 가는 우리는 옛 성도들의 믿음을 잇대어 살며 그날을 기다립니다. 그래서 성도들은 옛날이나 지금이나 늘 이렇게 기도합니다. "마라나타! 주여, 어서 오시옵소서."

흔히 요한계시록은 어렵다고 멀리합니다. 종교개혁자 존 칼빈조차 그렇게 느꼈던 것 같습니다. 성경의 모든 부분의 주석을 쓰면서 이 책만큼은 손대지 않았다고 합니다. 나와 있는 주석들도 해석이 저마다 다양해서 어떤 것을 따를지 주의가 필요합니다. 요한계시록은 전체가 환상일 뿐 아니라 수많은 상징과 숫자들이 나옵니다. 이를 문자적으로 풀려 하거나 임의로 해석하는 것은 모두 위험합니다.

다행히 그 상징과 숫자는 대부분이 다니엘과 에스겔에서 사용된 것이어서 비교해서 읽으면 의미파악에 큰 도움이 됩니다. 예를 들어, 요한계시록 전체에 자주 나오는 숫자인 7의 의미가 그렇습니다. 구약에서 3은 하늘(삼층), 4는 땅(사방)을 의미하며 이 둘을 합한 7은 완성과 완전을 뜻합니다. 6은 불완전의 상징이며 때로는 인간을 지칭하기도 합니다. 일각에서 666을 하나님의 적인 짐승을 의미한다고 보는 것은 그 때문입니다. 반면에 12는 하나님 백성과 교회의 숫자입니다. 따라서 "이십사 장로"란, 신구약 성도의 대표 전부를 말합니다(계 4:4). 이처럼 요한계시록에는 이미 구약에서부터 정착된 상징체계가 사용되고 있습니다.

요한계시록에는 이른바 완전수인 7이 크게 부각됩니다. 한 시리즈의 일곱 번째 내용은 일곱 개의 소주제를 가지고 있습니다. 그리고 그 마지막 것이 다음 시리즈를 이끌어 내는 진행방식으로 되어 있습니다. 크게는 땅에서 되는 일(계 1-3장)과 하늘에서 되는 일(계 4-5장)로 나눌 수 있습니다. 일곱 표징(계 12:1-14:20) 중 처음 셋은 하나님 나라를 대적함이며, 다음 셋은 더 악한 박해의 세력(계 13:1-14:5)을 말합니다. 그리고 마지막 표징에는 역사의 끝을 상징하는 낫을 든 천사가 등장합니다(계 14:20). 이어 일곱 대접에 담긴 심판의 재앙이 쏟아지며 악의 권세가 타도됩니다(계 15-16장). 마침내 최후의 심판과 하나님의 승리가 예고됩니다(계 17:1-20:15).

요한 사도가 본 하늘에서 내려오는 거룩한 성의 규모는 대단합니다. 요한계시록에 기록된 제원을 문자적으로 보면 한 변이 2,200킬로미터에 달하는 거대한 정사각형의 도성입니다. 역사상 어느 제국도 이런 도시를 만들지 못했습니다. 규모만 대단한 것이 아닙니다. 빛의 도시이며 영광의 거소입니다. 모든 곳이 하나님의 성소인지라 성전이 따로 없습니다. 늘 하나님 영광 속에 사는 불야성입니다. 그곳에는 거룩한 것 이외에 어떤 추한 것도 없습니다. 병든 것이나 아픔이나 슬픔이 없습니다. 하나님이 사람과 함께 영원히 거하는 곳입니다. 이가봇의 역사는 끝나고 영광의 임마누엘이 계속됩니다.

보석으로 단장된 열두 대문이 언제나 열려 있습니다. 이사야 선지자의 예언처럼, 사람들이 만국의 '영광'과 '존귀'와 세상의 보화를 가지고 그 문으로 모여듭니다. 오페라나 연주회에서 모든 등장인물이 함께 나와 대단한 광경을 만들어 내는 절정을 연상케 합니다. 이 비전의 중심은 하늘 보좌입니다. 거기에 앉으신 이는 "나는 알파와 오메가라. 이제도 있고 전에도 있었고 장차 올 자요 전능한 자"이십니다(계 1:8). 이를 둘러싸고 천군과 천사들이 등장합니다. 이제껏 주님을 바라며 믿음의 비전을 가졌던 십사만 사천 성도들이 구름과 같이 나옵니다. 모두 흰옷을 입고 면류관을 쓰고 창조주요 구원의 하나님을 찬송합니다. 가장 위대한 오라토리오로 꼽히는 헨델의 「할렐루야 코러스」(Hallelujah Chorus)도 그에 비교할 바 아닙니다.

이 환상이 얼마나 신비하건 간에 핵심은 이것입니다. "세상 나라가 우리 주와 그의 그리스도의 나라가 되어 그가 세세토록 왕 노릇 하시리로다"(계 11:15). 큰 음녀 바벨론이 타도되자, 그것으로 유익을 얻던 이들이 한탄합니다. 주를 믿는 이들에게는 찬양과 기쁨의 천년통치가 시작됩니다. 드디어 기다리던 새 하늘과 새 땅이 하늘로부터 내려옵니다(계 21:1-22:5). 새 예루살렘에서의 그리스도와 교회가 만납니다. 거기서 하나님과 인간이 함께 영원히 거하게 됩니다.

비전의 종결

요한계시록은 역사의 종말에 있을 일을 보여줍니다. 그 점에 있어서 구약의 에스겔, 다니엘, 스가랴 등의 예언서와 흡사합니다. 사도 요한은 이 책을 지금의 터키인 소아시아의 일곱 교회에 회람으로 적어 보냈습니다. 핍박 아래 있는 성도들의 눈을 열어 영원한 소망을 주고, 시야를 가로막고 서 있는 로마 제국을 넘어 하나님 나라를 보게 하기 위함이었습니다. 요한계시록은 승리의 비전입니다. 그들은 모든 고난과 역경에도 불구하고, 결국 부활하신 구주 예수님의 승리를 보았습니다. 그분이 가져오실 새 하늘과 새 땅의 영원한 영광이 머지않은 것을 확신했습니다. 그것을 보는 눈이 감사와 소망으로 넘치게 되는 것은 말할 필요가 없습니다.

구약의 성도들은 그 하나님께서 터를 닦고 지으시는 성을 바랐습니다. 아니, 그들은 분명히 그것을 보았습니다. 믿음으로 그 실상을 소유했습니다. 그리고 그것을 향해 걸어갔습니다. 걸음을 떼어 놓는 만큼 그 도성은 눈에 가까이 다가왔습니다. 아브라함으로부터 말라기 선지자에 이르기까지 그렇게 살았습니다. 예수님과 그 제자들이 이 나라를 선포하시고 현실에서 그 능력을 드러내 보였습니다. 사도 바울이 그것을 세상 끝까지 전하는 일의 선봉이었습니다. 이제 우리는 그 역사의 끝자락을 살고 있습니다. 지금도 그것은 역시 육안으로 볼 수 없는 나라입니다. 비전이 열린 사람만이 봅니다. 그래서 우리에게는 여전히 믿음은 바라는 것의 실상입니다.

신학교를 다닐 때 포이트레스(Vern Poythress)라는 천재 교수가 있었습니다. 하버드 대학에서 수학박사 학위를 받고 웨스트민스터 신학교를 거쳐 영국 케임브리지 대학과 남아공에서 연구하신 분입니다. 강의가 어렵기로 유명했지요. 이분이 요한계시록을 가르쳤는데 학생들이 힘들어하자 이런 이야기를 하더군요. 자기가 교회 유년주일학교에서 같은 내용을 가르쳤는데 아이들이 전혀 어려워하지 않더라는 겁니다. 요한계시록이 결국에는 하나님께서 승리하신다는 이야기 아니냐며 그대로 받아들이더라는 것이지요. 아이들이 판타지 문학에 대해 어른보다 더 열려 있는 것도 그런 이유에서일지 모릅니다.

중요한 것은, 이 책이 환란 속에 있던 성도들에게 소망을 주기 위해 쓰여진 서신이라는 것입니다. 궁극적 승리의 선포에 대한 응답으로 찬양이 뒤따릅니다. 요한계시록 1:1은 이 계시들이 하나님께서 당신의 교회들에게 보이신 것이며 그리스도 예수의 계시라는 사실을 명시합니다. 이 계시를 사사로이 풀거나 어떤 목적에 이용하려는 사람들이 있다면 경계해야 합니다. 이 책의 목적은 우리에게 예수 그리스도의 영광스러운 승리의 모습을 계시하여 믿음을 북돋우고 용기를 주려는 것입니다.

박해 속에 신음하던 교회에 절실했던 것은 장차 무슨 일이 벌어질지에 대한 상세한 예측이 아니었습니다. 오히려 그들의 형편을 아시며 그 가운데 운행하시는 그리스도의 임재에 대한 확신이었습니다. 바로 그런 이유 때문에 예수 그리스도께서 직접 비전을 열어 보여주시고 있습니다. 요한계시록을 어려운 상징과 암호로 채워진 세계역사의 예보로 생각하기보다는, 영광스러운 주께서 승리자로 교회 가운데 계심을 보여주시려는 책으로 보아야 합니다. 초대교회 때뿐만 아니라 지금도 그것이 "바로 교회가 필요로 하는 것"입니다.[2]

요한계시록이 보여주는 예수님은 하늘보좌에 근엄한 모습으로 앉아 계시지 않습니다. 주님께서는 친히 고난받는 일곱 촛대(교회들)

사이를 거니시며 그들을 살피고 계십니다. 또한 마지막 전투에서 교회들을 대신하여 싸우시는 용사임을 보여줍니다. 역사의 끝날에 있을 일들을 담은 비밀의 책들의 인을 떼시기에 홀로 합당하신 분입니다. 모든 구속 받은 성도들의 경배와 찬양을 받으시기에 합당하신 분이시지요. 마지막에는 빛의 도시인 새 예루살렘의 중심이 되십니다. 그분은 새 하늘과 새 땅을 열고 교회를 신부로 받아들여 그곳에서 영원한 나라를 이루십니다.

주여, 어서 오시옵소서

우리가 재림을 소망해야 할 첫째 이유는, 그날에 하나님의 계획이 완성될 것이기 때문입니다. '완성된다'고 할 때, 마치 영화의 마지막 장면처럼 갑자기 정지하며 끝나는 것을 연상해서는 안 됩니다. 그것은 모든 것이 창조주의 목적대로 온전히 회복되어 충만하게 넘치게 될 것을 뜻합니다. 인류의 타락으로 인해 망쳐질 위험에 처했던 창조주의 계획은 예수 그리스도의 구속 사역으로 회복되기 시작했습니다. 창조의 목적은 그분께서 심판주로 오실 날에 온전히 이루어질 것입니다.

우리 성도들의 궁극적인 소망은 현세에 있지 않습니다. 우리는 죄와 악이 소멸되고 하나님의 뜻이 서는 주의 나라가 이루어질 것을 기다립니다. 죽음도 질병도 고통도 슬픔도 없는 낙원이 그 나라 가운데 이루어질 것입니다. 죄로 인해 깨어진 것이나 망가진 것은 사라지고, 지상의 최선의 것들도 온전한 모습으로 변화될 것입니다. 또 그날에, 주 안에서 죽은 모든 이가 부활하여 반갑게 만나게 될 것입니다. 모든 것이 지으신 목적대로 풍성한 의미로 충만한 세상이 될 것입니다.

무엇보다 우리는 재림의 때에 우리를 구원하신 이를 기쁨 속에 만나게 될 것입니다. 재림은 성경이 분명히 가르치는 진리입니다. 예수께서 승천하시던 때에 제자들은 "갈릴리 사람들아, 어찌하여 서서 하늘을 쳐다보느냐. 너희 가운데서 하늘로 올려지신 이 예수는 하늘로 가심을 본 그대로 오시리라"는 말씀을 들었고, 그것을 복음 선포의 핵심 중 하나로 삼았습니다(행 1:11). 예수께서도 "그때에 인자의 징조가 하늘에서 보이겠고 그때에 땅의 모든 족속들이 통곡하며 그들이 인자가 구름을 타고 능력과 큰 영광으로 오는 것을 보리라"고 확언하셨습니다(마 24:30). 또 "가서 너희를 위하여 거처를 예비하면 내가 다시 와서 너희를 내게로 영접하여 나 있는 곳에 너희도 있게 하리라"고 약속하셨습니다(요 14:3). 성도의 궁극적 소망은 하나님께서 영접해 주시는 것인데, 그것이 재림의 때에 이루어질 것입니다.

재림에 대한 소망은 물론 수동적인 기다림에 그치지 않습니다. 재림을 기다리는 사람은 하나님 나라가 이 땅에 임하기를 기도합니다. 그것을 위하여 깨어서 일합니다. "내일 세상의 종말이 올지라도 오늘 한 그루의 사과나무를 심겠다"는 종교 개혁자 루터(또는 17세기 철학자 스피노자)의 말처럼 매일을 성실하게 살아갑니다. 재림에 대한 소망은 매일의 삶 속에서 그것을 바로 예비할 수 있는 힘을 줍니다. 그 소망이 중요한 것은, 그것이 강할수록 지금 여기서 역사하는 하나님 나라에 더욱 힘있게 헌신하게 될 것이기 때문입니다.

비전은 아주 특별한 경험입니다. 베드로, 요한 야고보가 변화산에서 경험한 것처럼 아주 특별한 영적 사건일 수 있습니다. 하지만 비전은 거기 머물기 위한 것이 아닙니다. 삶으로의 부르심입니다. 예수님은 그들을 산 아래로 보내시어 거기서 쩔쩔매고 있는 다른 제자들의 현실을 직면하게 합니다. 하나님의 시각에서 바라보는 체험을 할 때면 누구나 거기에 머물고 싶어집니다. 하지만 모든 은혜가 그러하듯이 비전도 소명과 함께 옵니다. 소명을 따라 살며 인내하면 더 큰 소망이 성숙해 갑니다. 비전을 소명으로 받아 살 때 더 큰 비전이 열립니다. 하나님 나라의 비전이 그것입니다. 이 세상을 바라볼 때 거기서 하나님의 역사를 바라볼 눈이 열립니다.

요즈음 '힐링'(healing)이라는 말이 유행입니다. 삶이 힘들다 보니 깨어지고 망가진 삶이 지난날보다 오히려 많아졌기 때문이겠지요. 다치고 지친 마음을 치유할 필요가 있기는 하지만 그것이 모든 문제의 해결책은 아닙니다. 힐링보다도 정말 필요한 것은 '소망'(hoping)입니다. 깨어진 과거를 치유하는 것으로는 충분하지 않습니다. 반면에 소망은 앞을 향합니다. 주관적이지 않고 믿음에 근거합니다. 역사를 이끄시는 하나님 손에 자아를 맡기는 순종에서 비롯합니다. 자기 결단이나 의지를 집약해 끌어내는 것이 아닙니다. 참된 비전은 앞을 향해 나아가는 힘을 줍니다.

요한계시록은 아주 먼 옛날 하늘에서 시작된 이야기의 끝이 어떻게 될지 보여주는 비전입니다. 그 비전은 새 하늘과 새 땅의 모습만을 보여주는 것이 아닙니다. 그것은 창조, 타락, 구속의 비전이 하나님의 온전하신 뜻 가운데 완전히 이루어져 만물이 충만한 복을 누리는 세상의 비전입니다. 이 복된 비전을 우리에게 주신 주님을 찬양합니다.

"호흡이 있는 자마다 여호와를 찬양할지어다. 할렐루야"(시 150:6). 마라나타! 아멘 주 예수여, 어서 오시옵소서(계 22:20). 할렐루, 할렐루, 할렐루야! 아멘.

에필로그 | **하나님 나라의 꿈을 회복하기 위하여**

지금 우리는 무엇을 꿈꾸고 있나요? 대한민국은 세계가 주목하는 역동적인 국가입니다. 식민지의 악몽과 전쟁의 참화를 극복하고 번영의 기적을 일구어 낸 나라입니다. 하지만 지금 우리 모습은 그다지 밝지 못합니다. 한 철학자의 책 제목처럼 "피로 사회"의 전형이 되고 말았습니다.[1] 우리도 할 수 있다는 자기암시가 지나쳐 스스로를 죽을 만큼 몰아대다 우울증에 빠져 버렸습니다. 우리의 어두운 자화상은 세계 최고의 자살률과 최저의 출산율로 나타나고 있습니다. 자랑스럽지 못한 이 수치는 현실이 힘들 뿐 아니라 미래에 대한 전망도 밝지 못함을 보여주니까요. 우리의 현실과 앞날은 이처럼 어두운 것일까요? 경제개발과 민주화를 동시에 이룬 나라라는 자부심은 헛된 꿈이었나요? 과거와 비교가 안 될 정도로 부유해졌는데 행복지수는 오히려 뚝 떨어졌습니다. 젊은이는 좌절하고 노인은 절망하는 사회가 되었습니다. 어떻게 하면 또다시 청년들이 환상(vision)을 보고 어른들도 꿈을 꾸는 일이 가능할 수 있을까요?(욜 2:28, 행 2:17)

꿈의 상실과 회복

꿈과 비전의 상실은 우리에게만 있는 것이 아닙니다. 하나님의 사람들 중에도 죽고 싶을 정도로 낙심했던 이들이 많습니다. 그 옛날 욥이 그랬습니다. 이유조차 알 수 없는 잇따른 재난에 모든 것을 잃고 건강마저 잃자, 그는 자신의 생일을 저주합니다(욥 3:1). 고난의 이유를 놓고 친구들과 논쟁을 하다 하나님께 쓴 마음을 토하기도 합니다(욥 13:15). "내가 말씀하게 하옵시고 주는 내게 대답하옵소서"(욥 13:22). 극심한 시험 속에서도 욥은 여전히 대속자가 살아 계심을 알고 그분을 직접 눈으로 보기를 갈망합니다(욥 19:25-26). 심지어는 "내가 가는 길을 그가 아시나니 그가 나를 단련하신 후에는 내가 순금 같이 되어 나오리라"는 위대한 고백도 합니다(욥 23:10). 하지만 그는 심령의 눈이 닫혀 있었습니다. 회복의 반전은 주님을 뵙는 일과 함께 일어납니다. "내가 주께 대하여 귀로 듣기만 하였사오나 이제는 눈으로 주를 뵈옵나이다"(욥 42:5). 주님을 바라보는 비전이 회복의 열쇠였습니다.

엘리야는 또 다른 예입니다. 갈멜 산에서 큰 승리를 거둔 그는 돌연 이세벨의 위협에 겁을 먹고 40주야를 정신없이 도주합니다. 호렙 산이 멀기는 하나 40일이나 걸릴 거리는 아닙니다. 40은 이스라엘이 광야에서 방황한 햇수를 뜻하는 상징적 숫자입니다. 굴 속에 숨은 엘리야는 여기서 무엇을 하고 있느냐고 묻는 여호와께 두 번이나 이렇게 울분을 토합니다. "이스라엘 자손이 주의 언약을 버리고 주의 제단을 헐며 칼로 주의 선지자들을 죽였음이오며 오직 나만 남았거늘 그들이 내 생명을 찾아 빼앗으려 하나이다"(왕상 19:10, 14). 두 달 가까이 두려움과 울화를 품었던 그는, 결국 해서는 안 될 말까지 입에 올립니다. "여호와여, 넉넉하오니 지금 내 생명을 거두시옵소서"(왕상 19:4). 머리띠를 매고 이불을 쓰고 드러누우면 부정적인 생각만 커지는 법입니다. 엘리야는 "세미한 음성"으로 다가오신 하나님 앞에 서게 되고, 그분의 말씀을 통해 회복됩니다. 그가 엘리사를 후계자로 세운 후 불마차를 타고 하늘로 올라가기까지 사명을 다할 수 있었던 것은 하나님의 임재를 체험한 덕분입니다.

평생을 이방 땅에서 수많은 위기를 겪으며 살았던 다니엘도 힘들기는 마찬가지였을 겁니다. 그는 하나님의 말씀을 읽는 중에 소망을 회복합니다. 예레미야의 예언을 통해 회복의 날이 다가오고 있음을 깨달았기 때문입니다. 그는 언약의 주 이름, "여호와"를 여덟 번이나 연거푸 부르며 회복을 구합니다. 언약을 깨뜨린 민족의 역사를 처절히 회개하며 은총을 부어 주시기를 간구합니다.

> 크시고 두려워할 주 하나님, 주를 사랑하고 주의 계명을 지키는 자를 위하여 언약을 지키시고 그에게 인자를 베푸시는 이시여……온 이스라엘이 주의 율법을 범하고 치우쳐 가서 주의 목소리를 듣지 아니하였으므로 이 저주가 우리에게 내렸으되 곧 하나님의 종 모세의 율법에 기록된 맹세대로 되었사오니 이는 우리가 주께 범죄하였음이니이다.……나의 하나님이여, 귀를 기울여 들으시며 눈을 떠서 우리의 황폐한 상황과 주의 이름으로 일컫는 성을 보옵소서.……주여, 들으소서. 주여, 용서하소서. 주여, 귀를 기울이시고 행하소서. 지체하지 마옵소서. 나의 하나님이여, 주 자신을 위하여 하시옵소서(단 9:4-19).

피를 토하는 것 같은 이 기도를 성경학자들은 부흥을 꿈꾸는 기도의 모본이라고 말합니다. 다니엘은 이스라엘의 패망이 율법의 언약에 신실하지 못했기 때문임을 고백합니다. 그러나 회복의 근거도 그 언약에 있음을 믿고 이에 호소합니다. 지금도 다니엘처럼 언약을 믿고 역사의 주권자 여호와를 향해 참회와 소망의 간구로 나아가는 사람이 회복과 부흥을 꿈꿀 수 있습니다.

낙심할 상황을 꿈과 비전을 품고 이긴 것은 신약의 성도들도 마찬가지입니다. 사도 요한과 소아시아의 성도들은 "새 하늘과 새 땅"의 비전으로 모진 박해를 이겨냈습니다. 바울은 땅끝 비전을 품어 글자 그대로 불사조요, 요즘 식으로 말하면 "다이 하드"(Die Hard)가 되었습니다. 수없는 위험과 역경을 넘어 죽는 날까지 그 꿈을 살아냈습니다. 해야 할 일이 있다는 의식은 삶을 강하게 합니다. 더욱이 그것이 하나님께서 시키신 일이라고 생각할 때 힘이 납니다. 죽을 수밖에 없는 자를 구원하시고 귀한 사명을 주셨다는 감격에서 출발하니 더 말할 나위 없습니다.

이 예들 외에도 사실 성경 전체가 꿈을 회복한 사람들 이야기입니다. 꿈을 통해 절망을 이긴 "구름 같이 둘러싼 허다한 증인들"(히 12:1)이 큰소리로 우리를 응원합니다. 구약의 한 시인은 "눈물을 흘리며 씨를 뿌리는 자는 기쁨으로" 거둘 것이라고 했습니다(시 126:5). 바울도 "선을 행하되 낙심하지 말지니 포기하지 아니하면 때가 이르매 거두리라"며 우리를 격려합니다(갈 6:9). 낙심하지 않아야 할 이유가 많습니다. "죽기밖에 더하겠는가"라고 생각하며 덤

벼드는 사람은 무서운 사람입니다. 그보다 더한 사람은 이미 자신은 죽었고 은혜 가운데 덤으로 산다고 생각하는 사람입니다. 신앙의 선조들이 모두 그런 이들이었습니다. 게다가 부활의 소망이 넘치니 삶에 활력이 넘쳤습니다. 그 어떤 환난, 핍박, 고난도 이들을 절망시킬 수 없습니다.

유랑과 귀향_본향을 찾는 사람들

우리는 하나님과 동행하던 중 길을 잃고 방황하다 돌아온 이들의 이야기를 살펴보았습니다. 성경에는 하나님께서 인생과 함께 길을 걷는 이야기가 참 많습니다. 믿음의 조상들은 갈대아 우르에서 가나안으로, 애굽으로, 다시 언약의 땅으로 이동했습니다. 그리고 바벨론의 포로로 잡혀갔다 돌아오는 이야기로 끝난 구약의 여행은 신약에서도 계속됩니다. 예수님은 길 위에서 태어나셨고 세상에 장막을 치고 거하셨습니다. 바울과 베드로 역시 도상에서 순교했습니다. 다른 제자들 역시 그 길을 따랐습니다.

하나님의 사람들은 지금도 길 위에 서 있습니다. 아직 목적지에 이르지 못했기 때문입니다. 성경은 우리도 "모든 조상들처럼 떠도는" 거류민이요 나그네라고 증거합니다(벧전 2:11). 성경은 아직 끝나지 않은 이야기입니다. 지금 그 길을 이어 걷는 우리는 하나님께서 함께하시고 앞서 갔던 이들이 힘껏 응원하기에 외롭지 않습니다. 영원한 본향을 본 사람은 없습니다. 그러나 우리들의 마음속에는 C. S. 루이스가 "동경"(Sehnsucht)이라고 부른 본향에 대한 그리움과 갈망이 뭉쳐 있습니다.[2] 한 번도 보지 못했으나, 죽음도 슬픔도 없고 죄도 없는 그곳을 날마다 꿈꿉니다. 믿음의 선조들은 살아생전에 그곳에 도착하지 못했지만 절망하지 않았습니다. 믿음으로 하나님 나라를 보는 눈이 열렸기 때문입니다. 히브리서 11장은 믿음의 조상들이 하나님의 약속을 믿고 따랐지만 그것을 "받지 못했다"고 두 번이나 말합니다. 그것을 멀리서 보고 환영했을 뿐이라고 했습니다.

결국 그들은 약속을 받지 못하고 죽었습니다. 그러나 원망하는 대신 "믿음을 따라" 죽었습니다. 비록 약속이 문자적으로 이루어지지 않았지만 그 실상을 가졌기에 믿음을 잃지 않았다는 뜻입니다. 아브라함은 고향을 떠나 약속의 땅을 향해 갔고 거기서 평생을 살았습니다. 그러나 그는 평생 땅을 한 평도 소유할 수 없었습니다. 족장들도 모두 마찬가지였습니다. 애굽을 떠나 광야생활 40년을 이끌었던 모세도 약속의 땅을 지척에 두고도 들어갈 수 없었습니다. 하지만 이들 누구에게도 문제가 되지 않았습니다. 오히려 외국인과 나그네요, 본향을 찾는 사람들임을 자처했다고 합니다. 믿음을 통해서 본향을 보았고 그 땅의 복을 미리 맛보며 살았기 때문입니다.

우리가 때때로 낙심하고 방황하는 것은 그들처럼 하나님 나라의 실상을 누리지 못하기 때문입니다. 세상 사람은 보는 것을 믿지만 우리는 믿는 것을 봅니다. 세상이 미래에 대해 품는 꿈은 희망사항일 뿐입니다. 하지만 우리의 비전은 하나님의 약속에 기초합니다. 이는 인간적 희망과 달리 실상이 될 수 있습니다. 아파트에 당첨되어 계약을 하고 나면 집에 대한 서러움이 사라지고, 아파트 공사현장을 지날 때마다 뿌듯함을 느낍니다. 집에 들일 가구도 미리 봐 둡니다. 하물며 하나님 말씀에 기초한 믿음이 눈으로 보지 못하는 것들에 대한 증거를 주지 못할 까닭이 없습니다.

아브라함은 유랑민이 아니었습니다. 당시 가장 살기 좋은 지역에 살던 사람이었습니다. 그러나 더 나은 본향을 사모했습니다. 믿음의 조상들은 하나같이 믿을 수 없는 상황에 부딪치곤 했습니다. 때로는 의심에 빠지고 실수도 했으나 믿음으로 경주를 마쳤습니다. 하나님께서 이들을 부끄러워하지 않으셨다고 합니다. 성경은 원대한 비전뿐 아니라 주님과 동행하며 한 걸음씩 걷는 믿음을 칭찬합니다. 우리도 그들처럼 믿음으로 한 걸음씩 걷는 가운데 믿음으로 죽을 수 있기 원합니다.

소망의 하나님

하나님은 소망의 창조주입니다. 타락한 세상을 포기하지 않고 구속을 약속하시며 그 약속을 이루고 계신 하나님의 신실하심이 소망의 근원입니다. 그분을 믿을 때 성령의 능력으로 장래의 은혜를 체험하고 기쁨과 평강을 누리며 소망이 넘치게 됩니다. "소망의 하나님이……[너희] 소망이 넘치게 하시기를 원하노라"(롬 15:13). 하나님께서도 세상을 새롭게 하실 그날을 소망하십니다. 이런 소망은 어떤 위기도 극복할 힘을 줍니다. 소망이 없으면 미래만 문제가 아니라 지금 당장 방향을 잃고 삶에 힘이 빠집니다. 그래서 덴마크 철학자 키에르케고르(S. Kierkegaard)는 소망을 잃는 것을 "죽음에 이르는 병"

이라고 했습니다. 지난 십여 년간 우리는 국가적으로나 교회적으로 많은 어려움을 겪었습니다. 앞으로도 쉽지 않을 것이라는 예고가 마음을 어둡게 합니다. 지금은 소망이 필요한 때입니다.

물론 어떤 소망인가도 중요합니다. 하나님 나라의 "새 하늘과 새 땅"의 소망이 참 소망입니다. 반면에 아무런 유익 없이 오히려 힘들게만 하는 소망이 있습니다. "대학만 들어가면, 취직만 하면, 결혼만 하면, 승진만 하면, 집만 사면, 병이 낳기만 하면, 이 거래만 성사되면……." 책상머리에 "로또만이 희망이다!"라는 구호를 크게 써 붙인 사람을 본 적도 있습니다. 이루어지기까지 모든 것이 볼모로 잡히는 소망이 있습니다. 야망은 기쁨과 평강을 주지 않습니다. 초조함과 불안, 그리고 분란을 가져옵니다. 싸움도 불러옵니다. 하나님 나라의 소망은 기쁨을 줍니다. 하나님 나라는 먹고 마시는 것이 아니라 성령 안에 있는 의와 평강과 희락이라고 했습니다(롬 14:17).

믿음으로 소망이 싹트고 보지 못하는 것의 증거까지 갖게 되면 인내가 생기고 평안도 옵니다. 구약의 성도들은 예언으로만 알던 예수님을 믿음으로 구원의 기쁨을 누렸습니다. 신약 시대를 살아가는 우리가 영생을 맛보며 사는 것은 당연합니다. 그것이 주는 평안을 누리며 살 수 있는 것도 당연합니다. 우리는 예수 그리스도께서 행하셨고 앞으로도 행하실 일을 믿고 성령의 능력으로 이를 누립니다. 믿음과 소망은 세상이 줄 수 없는 평강을 줍니다. 이 평강을 맛본 이들은 라인홀드 니버(Reinhold Niebuhr)가 쓴 '평온을 구하는 기도'(Serenity Prayer)에 아멘으로 화답할 수 있게 됩니다.[3]

하나님, 변화시키지 못할 것은 그대로 받아드리는 평온을 주소서.

그러나 변화시킬 수 있는 것은 변화시킬 용기를 주소서.

그리고 이 둘 사이를 구별할 지혜를 주소서.

야심과 욕망에 시달리며 평안을 누릴 수는 없습니다. 오직 믿음에 기초하여 소망을 품는 사람만이 평강을 누립니다. 소망은 바람이 아닙니다. 확신 속에의 자신감입니다.

평안이 있어야만 참된 소망이라는 말은 아닙니다. 십자가를 앞둔 예수님께 평안이 있었던 것은 아닙니다. 확신만으로도 바른 비전의 충분한 증거가 아닙니다. 열심만으로도 되는 일이 아닙니다. 주변에서 바울을 흉내 내어 "저에게도 마케도니아의 비전을 주소서" 하고 외치는 사람들을 더러 봅니다. 하지만 이른바 마케도니아의 환상은 성령께서 막으시는데도 고집스럽게 아시아로 가려는 바울 일행을 돌이키기 위한 긴급 조치였습니다. 우리가 하고 싶어 하고 계획하며 꿈꾸는 모든 것이 비전은 아닙니다. 비전의 참된 조건은 하나님의 음성을 듣는 귀입니다.

사도 바울이 우리에게 충만하기를 축원하는 소망은 훨씬 이상의 꿈입니다. 그것은 하나님 나라를 바라보는 소망의 비전입니다. 그러나 그것은 결코 먼 미래에만 이루어질, 그래서 지금은 고통만 가져다주는 그런 헛된 꿈이 아닙니다. 그것은 지금 여기서 힘과 능력을 발하는 현찰 가치가 있는 소망입니다. 그 가치는 기쁨과 평강입니다. 넘치는 소망입니다. 작은 이기적 만족에서 그치는 소망이 아닙니다.

우리를 통해 주변으로 흘러 넘치는 최대한의 소망입니다.

영원을 사모하는 마음

오래전 미국 동부에서 가장 높은 마운트 워싱턴(Mt. Washington)을 오른 적이 있습니다. 버몬트 주에 들어서자 그야말로 산들의 연속이었습니다. 두 시간 넘게 산길을 운전하며 얼마나 더 가야 할지 몰라 답답해했습니다. 그때 한 고개를 넘어서는 순간, 꼭대기가 하늘과 닿은 거대한 산이 홀연히 나타났습니다. 물어볼 필요도 없이 마운트 워싱턴이었습니다. 영원은 바로 그런 높은 봉우리입니다. 인생은 유한 속에서 살아갑니다. 그 무엇도 영원한 것은 없습니다. 그런데도 우리에게는 영원에 대한 갈망이 있습니다. 우리는 태어나서 죽기까지 산을 넘고 골짜기를 건너며 살아갑니다. 웃을 때가 있으면 울 때가 있고, 모을 때가 있으면 잃을 때가 있습니다. 나이를 먹으면서 그런 리듬에 익숙해지며 '이렇게 살다 가는 것이 인생이구나' 하다가도 가끔씩 생각이 달라집니다. "영원을 사모하는 마음"이 발동하기 때문입니다(전 3:11).

영원을 사모하는 마음은 일상에 만족하는 것을 막아 줍니다. "성공해서 돈 많이 벌고 그래서 잘 먹고 잘 사는 것이 최고다"라는 말에 본능적인 저항을 느끼게 하는 그 무엇이 있습니다. 인간이 동물과 다른 것은 바로 이 때문입니다. 인간은 결코 본능이 충족되면 거기서 만족하는 존재가 아닙니다. 옛말처럼 배부르고 등이 따뜻하면 살 수 있는 것이 아닙니다. 떳떳하게 살고 명예를 추구하며 이름을 남기려고 애를 씁니다. 필요한 것 훨씬 이상의 미친 듯이 보이는 짓도 엄청 합니다.

인간은 영원을 사모하는 마음을 채우기 위해 불 속으로 뛰어들고 물속으로 곤두박질치기도 합니다. 잠도 자지 않고 끼니도 거르면서 매달립니다. 하지만 그렇게 죽자 살자 매달려 보아도 거기에는 영원한 만족이나 기쁨이 없습니다. 성취감도 잠시 지나면 헛되고 헛되며 헛된 것으로 느껴질 뿐입니다. 우리들 마음속에는 오직 영원의 만족만이 채울 수 있는 공간이 있습니다. 파스칼은 인간이 불행한 것은 너무도 위대한 존재라 세상의 것으로는 도무지 만족될 수 없기 때문이라고 했습니다. 영원은 인생의 작은 만족을 부끄럽게 합니다. "인생에 아무런 의미가 없다"는 말에 누구나 본능적인 저항을 느낍니다. 영원을 사모하는 마음이란, 존재의 영적인 차원입니다. 아브라함을 비롯해 모든 신앙의 선조들이 마음의 본향을 찾아 걸었습니다. 사도 바울도 그 시각을 가지고 땅끝까지 복음을 전했습니다. 사도 요한은 마지막 날 이루어질 하나님 나라를 눈으로 보는 복을 누렸습니다. "새 하늘과 새 땅"에 대한 비전이 박해와 밧모 섬의 유배를 견딘 힘이었습니다.

우리 인생은 영원을 바라보는 시각을 가지고 있습니다. 조각난 인생을 놓고 결코 만족할 수 없습니다. J. R. R 톨킨의 소설을 바탕으로 한 영화 「반지의 제왕」 1편을 보러 갔을 때의 일입니다. 영화가 끝나자, 몇몇 사람들은 실망한 나머지 "뭐 이래"하며 볼멘소리를 냈습니다. 행복한 결말이 아니었기 때문입니다. 하지만 3부작 소설을

다 읽어 어떻게 결말이 나는지 알고 있는 사람은 불평하지 않습니다. 우리는 에덴의 비전이 어떻게 시온의 실상으로 변화될지 압니다. 그 비전과 꿈을 잃지만 않는다면 말입니다. 우리는 그 결말만 아는 것이 아닙니다. 그 비전을 지금 맛보며 살아갑니다.

원망과 앙망_독수리 날개쳐 올라가듯

이제 긴 이야기를 마쳐야 할 것 같습니다. 그 전에 이사야의 이야기를 다시 돌아보고 싶습니다. 이 선지자야말로 비전의 능력을 체험한 대표적인 사람이라고 생각되기 때문입니다. 그가 살던 시대는 이스라엘이 이미 멸망하고 유다의 운명도 풍전등화 같은 때였습니다. 그의 사명은 심판을 선포하고 하나님을 떠나 마음이 굳은 백성들의 마음을 더욱 단단하게 하는 것이었습니다. 평생 마음이 편치 못했을 것입니다. 눈앞에 벌어지는 일마다 낙담하고 암담해질 수밖에 없는 상황이었습니다. 하지만 그는 그 언젠가 심판이 끝나고 위로가 임할 것을 보았습니다. 위로자이신 메시아가 임하시는 환상을 비롯해 이 위기를 넘어서는 무수한 비전을 보았습니다. 그날에 "모든 육체"가 여호와의 영광을 "보게 될 것"을 깨달았습니다(사 40장).

눈이 열린 이사야는 높은 산에 올라 아름다운 소식을 세계 만방에 외칠 힘을 얻습니다. "너희의 하나님을 보라.……주 여호와께서 장차 강한 자로 임하실 것이요 친히 그의 팔로 다스리실 것이라"(사 40:9-10). 메시아가 목자가 되어 양 떼를 친히 인도하시는 것을 꿈꿉니다. 천지를 창조하시고 세상 만물을 다스리시는 능력과 지혜의 하나님이 살아 계십니다. 그분 앞에 세상의 주권자들은 한낱 풀과 메뚜기와 같을 뿐입니다. 세상의 신들은 썩은 나무토막이며 왕들도 불면 말라져 날아갈 초개(草芥)일 뿐입니다. 이를 알지 못하고 깨닫지 못하는 백성을 질타하십니다. 하나님께서 물으십니다. "너희는 눈을 높이 들어 누가 이 모든 것을 창조하였나 보라"(사 40:26). 창조주요 지금까지 만물을 손에 붙잡고 계시는 하나님이 새 힘의 근원이십니다.

> 야곱아, 어찌하여 네가 말하며 이스라엘아, 네가 이르기를 내 길은 여호와께 숨겨졌으며 내 송사는 내 하나님에게서 벗어난다 하느냐. 너는 알지 못하였느냐. 듣지 못하였느냐. 영원하신 하나님 여호와, 땅끝까지 창조하신 이는 피곤하지 않으시며 곤비하지 않으시며 명철이 한이 없으시며 피곤한 자에게는 능력을 주시며 무능한 자에게는 힘을 더하시나니 소년이라도 피곤하며 곤비하며 장정이라도 넘어지며 쓰러지되 오직 여호와를 앙망하는 자는 새 힘을 얻으리니 독수리가 날개치며 올라감 같을 것이요 달음박질하여도 곤비하지 아니하겠고 걸어가도 피곤하지 아니하리로다(사 40:27-31).

하나님을 원망하는 사람과 하나님을 앙망하는 사람의 차이는 분명합니다. "우리의 무능"과 "하나님의 전능"이 대조를 이룹니다. 우리가 실패했다고 낙심하지 말아야 할 이유입니다. '앙망하다' 또는 '바란다'는 말의 어원에는 삼줄을 꼰다는 뜻이 담겨 있습니다. 몇 가닥을 함께 꼰 줄은 등산 밧줄같이 강해서 안심하고 매달릴 수 있습니다. 우리의 믿음이 그렇습니다.

이 말씀의 감동을 잘 녹여 낸 노래가 있는데, 호주 힐송(Hillsong) 교회의 초기 사역자 제프 블록(Geoff Bullock)이 작곡한 「주께 가오니」(The Power of Your Love)라는 곡입니다.

> 주께 가오니 날 새롭게 하시고/ 주의 은혜를 부어 주소서
> 내 안에 발견한 나의 연약함 모두/ 벗어지리라 주의 사랑으로
> 주 사랑 나를 붙드시고/ 주 곁에 날 이끄소서
> 독수리 날개쳐 올라가듯 나 주님과 함께/ 일어나 걸으리 주의 사랑 안에[4]

블록은 1995년에 이혼하고 힐송을 떠나 방황하다 2002년에 돌아와 이 곡을 고쳐 다시 냈습니다. 가사를 몇 군데 고쳤는데 신학적으로 배나 더 좋아졌습니다. 가령 첫 줄의 "주께 가오니"(Lord, I come to you)를 "주께서 내게 오사"(Lord, you come to me)로 바꿨는데, 그는 이 변화야말로 복음의 핵심이라고 간증했습니다.

이 책의 앞부분에서 언급했듯이, 마틴 루터 킹 목사는 반세기 전 바로 이 이사야의 환상을 토대로 '나에게는 꿈이 있습니다'라는 역사에 남을 연설을 했습니다. 그는 자신의 꿈이 미국의 꿈(American Dream)에 깊이 뿌리를 박고 있다고 했습니다. 그것은 결코 오늘날 중산층 미국인들이 꿈꾸는, 차고 둘 달린 이층집에서 아들딸 낳고 반려 동물과 함께 행복하게 사는 세속적인 꿈이 아닙니다. 그가 말하는 꿈은 신앙의 자유를 찾아 미지의 대륙으로 건너온 유랑객인 청교도의 꿈입니다. 아니, 하나님 나라를 향해 길을 떠났던 구름 같은

믿음의 증인 된 신앙의 선조들 모두의 꿈입니다. 청교도에게 그 꿈을 심은 것은 아브라함과 이삭과 야곱이었기 때문입니다. 지금은 우리가 그 꿈을 살아가고 있습니다.

킹 목사는 비현실적인 환상가가 아니었습니다. 처절한 인종차별의 불의가 여전히 만연한 사회를 바라보고 있었습니다. 하지만 그는, 목화밭에서 비참한 강제 노역을 하면서도 믿음의 눈으로 "마침내 자유하게 되었도다. 오, 하나님 감사합니다"라고 예언했던 선조들의 믿음을 계승합니다. 이런 사람은 "우리 앞에 역경과 어려움이 있을 것을 보지만, 나에게 여전히 꿈이 있습니다"라고 외칠 수 있습니다. 지금은 미국 첫 흑인 대통령 오바마가 그 꿈을 이어 가고 있습니다.

성경 말씀에 기초한 꿈은 반드시 이루어집니다. 우리의 헛된 비전이 아니라 하나님 나라의 꿈 말입니다. 우리는 그것을 믿고 소망합니다. 꿈과 비전은 언제 어디서나 우리 믿는 이들의 힘의 원천입니다. 지금 여기서 그 꿈을 이어 이루어 갈 이들이 여러분과 제가 아니겠습니까? 교회는 사회의 소망입니다. 한국교회의 시선이 하나님 나라를 향해 다시금 밝아지를 원합니다. 신앙의 선조들의 비전이 회복되기를 빕니다. 꿈과 소망은 우리의 힘입니다. 성령께서 우리에게 임하셔서 또다시 우리 모두가 하나님 나라의 꿈을 꾸고 환상을 볼 수 있게 되기를 기도합니다.

주

프롤로그

1. Plato, *Parmenides*, 132 a. 이데아 또는 형상은 육신의 눈이 아닌 마음의 눈, 특히 훈련된 정신으로만 볼 수 있다는 것은 이미 플라톤에게서 확립된 사상이다. 참고. Plato, *Republic*, 508e2-3.
2. Friedrich Nietzsche, *The Gay Science*, 경구 285, 341. 희랍의 영겁회귀 사상을 근대에 들어 다시 부각시킨 사람이 다름아닌 니체였다는 것은 매우 흥미로운 일이다. 그는 이 사상이 기독교 세계관과 대립된다는 것을 의식했다.
3. 신국원, 『니고데모의 안경』(서울: IVP, 2005).
4. 고힌의 이런 논지는 알버트 월터스(Albert Wolters)의 잘 알려진 기독교 세계관 책인 *Creation Regained: Biblical Basics for a Reformational Worldview*(Grand Rapids: Eerdmans, 1985); 양성만 역, 『창조·타락·구속』(서울: IVP, 1992)에 대한 평으로 제기했으며, 개정판(원서 2005, 번역서 2007)에 후기 형식으로 실렸다. 고힌은 한 걸음 더 나아가 개혁주의 세계관 논의의 약점을 보완하려는 목적으로 성경 이야기에 기초한 세계관 책을 내기도 했다. 참고. Crag G. Bartholomew and Michael W. Goheen, *The Drama of Scripture: Finding Our Place in the Biblical Story*(Grand Rapids: Baker Academic, 2004); 김명희 역, 『성경은 드라마다』(서울: IVP, 2009).
5. S. G. De Graff, *Promise and Deliverance*, Vol. 1-4(St. Catharines: Paideia Press, 1977-1981); 스데반 황 역, 『약속과 구원』(서울: 평단문화사, 2012). 이 책은 본래 *Verbondsgeschiedenis: Schetsen Voor De Vertelling Van De Bijbelse Geschiedenis*라는 제목으로 1952년에 네덜란드 캄펜의 J. H. Kok 출판사가 신구약 두 권으로 출판했다.
6. Jaroslav Pelikan, *The Vindication of Tradition*(New Haven: Yale University Press. 1984), 65.

7. George Barna, *The Power of Vision: How You Can Capture and Apply God's Vision For Your Ministry*(Ventura: Regal Books, 1992), 28; 곽춘희 역, 『비전 있는 지도자, 비전 있는 사역』(서울: 죠이선교회, 1993), 28.

1장. 에덴의 비전

1. 존 칼빈(John Calvin)은 『기독교 강요』(*Institutes of the Christian Religion*)에서 창조 세계를 가리켜 "하나님의 영광을 드러낼 무대"(1.14.20)며 "영광스러운 극장"(*theatrum gloriae*, 1.5.8; 2.6.1)이라고 불렀다.
2. Lynn T. White, Jr, "The Historical Roots of Our Ecologic Crisis", *Science*, Vol. 155(No 3767), March, 1967: 1203-1207.
3. George Arthur Buttrick, commentary editor, *The Interpreter's Bible*, Vol. 1(New York: Abingdon Press, 1952), 548.

2장. 본향 찾는 나그네의 비전

1. S. G. De Graff, *Promise and Deliverance*, Vol. 1, 39.
2. Alfred Tennyson, *In Memoriam*, Section 118.

3장. 노숙자를 회복시킨 꿈

1. Charles R. Swindoll, "Doing vs. Being," *Growing Strong in the Seasons of Life*(Portland: Nultnomah Press, 1983), 307-308.
2. C. S. Lewis, *The Great Divorce*(New York: Simon & Schuster, 1996), 90; 김선형 역, 『천국과 지옥의 이혼』(서울: 홍성사, 2003), 95.
3. Eddie Gibbs, *In Name Only: Tackling the Problem of Nominal Christianity*(Wheaton: Victor Books, 1994), 19-20.

4장. 총리가 된 노예 소년의 꿈

1. MBC TV, '성공시대' 188회, "노르웨이 라면왕 이철호"(2001년 10월 28일 방영).
2. Oswald Chambers, *My Utmost for His Highest*(Grand Rapids: Discovery House Publishers, 1992), October, 11; 스데반 황 역, 『주님은 나의 최고봉』(서울: 토기장이, 2009)

3. Blaise Pascal, *Pensées* (1660), #768.
4. Desmond Mpilo Tutu, *No Future Without Forgiveness* (New York: Doubleday, 1999); 홍종락 역, 『용서 없이 미래 없다』(서울: 홍성사, 2009), 특히 23-43.

5장. 도망자의 삶을 변화시킨 비전

1. John Calvin, 『기독교 강요Institutes of the Christian Religion』, I. i. 1. 칼빈은 "세상의 모든 참되고 건전한 지식은 하나님을 아는 지식과 우리 자신을 아는 지식으로 구성되어 있다"는 말로 불멸의 개혁주의 총론을 열고 있다. 칼빈의 이러한 주장은 이미 어거스틴이 그의 『독백록』 2권 앞부분에 나오는 'Noverim te, noverim me'(내가 당신을 알고 나도 알게 하소서)라는 기도와 고백에 기초한 것으로 보인다. 참고. Aurelius Augustine, *Soliloquies*, 2.1.1. 하나님을 아는 지식이 우리 믿음에 차지하는 중요성에 대한 상세한 현대적 해설을 위해서는 패커의 책을 참고하면 좋을 것이다. 참고. J. I. Packer, *Knowing God* (Downers Grove: InterVarsity Press, 1993); 정옥배 역, 『하나님을 아는 지식』(서울: IVP, 2008).
2. John R. Bisagno, *Positive Obedience: The Christian Response to the Ten Commandments* (Grand Rapids: Zondervan Publishing House, 1979); 신국원 역, 『적극적인 순종』(서울: 생명의말씀사, 1980).
3. 장성민, 『마음의 질서』(서울: 총신대학교출판부, 2008), 19-20, 297; 참고. Blaise Pascal, *Oeuvres Complètes* (Paris: Seuil, 1960), 618.
4. Elizabeth Barrett Browning, *Aurora Leigh: A Poem in Nine Books* (New York: Crowell, 1883), seventh book, 265.
5. Louis Althusser, *Lenin and Philosophy and Other Essays* (New York: Monthly Review Press, 1971), 113, 115-118.
6. Oswald Chambers, *My Utmost for His Highest* (Grand Rapids: Discovery House Publishers, 1992), April, 18.

6장. 꿈을 잃은 시대의 비극

1. 예를 들면 *God's Word* (Grand Rapids: Baker, 1995)와 *International Standard Version* (La Mirada: Davidson Press, 2011) 성경이 '묵시'를 '선지자적 비전'이라고 번역했다.

7장. 두 여인, 두 아이의 비전

1. C. S. Lewis, "장엄한 기적", 『기적』(서울: 홍성사, 2008), 215.
2. 구로사와 아키라가 아쿠타가와 류노스케(芥川龍之介)의 소설 『라쇼몽』(羅生門)에서 제목을 따고, 동일인의 소설 『덤불 속』의 줄거리를 따라 4중 미스터리로 만들어 일본인 최초로 베니스 영화제 황금사자상을 수상한 영화.
3. Neil Postman, *Amusing Ourselves to Death: Public Discourse in the Age of Show Business*(New York: Penguin Books, 1986), vii-viii, 3-4; 정탁영, 정준영 역, 『죽도록 즐기기』(서울: 참미디어, 1997), 5-6, 13-14.
4. Margaret Mead, *Culture and Commitment: The New Relationships Between the Generations in the 1970s*(New York: Colombia University Press, 1978).

9장. 우리를 새롭게 하는 비전

1. 김어준, 지승호(엮음), 『닥치고 정치』(서울: 푸른숲, 2011).
2. 김난도, 『아프니까 청춘이다』(서울: 쌤앤파커스, 2010).
3. Martin Luther King Jr. "I have a dream"(나에게는 꿈이 있습니다). 이 연설은 1963년 8월 28일 미국의 수도 워싱턴 D.C.의 링컨 기념관(The Lincoln Memorial) 광장 앞에서 열린 흑인인권운동의 '워싱턴 대행진' 집회에서 행한 것으로, 인종 간의 평등과 공존을 역설했다. 아브라함 링컨의 '게티스버그 연설'만큼 민주주의 역사에 중요한 연설로 꼽히는 이 연설은 시편 30편, 이사야 40장의 메시아 예언과, 독립선언서, 미국 헌법 등 과거 이야기를 토대로 비전을 제시하는 방식으로 유명하다. 또한 "나에게는 꿈이 있습니다"와 "지금이 그 때입니다"라는 말을 대조하여 강조하는 형식으로 유명하다. 이 연설은 케네디 정부와 존슨 정부가 1994년과 1965년에 각각 시민권 개정안과 투표권 개정안을 통과시키는 데 큰 영향을 미친 것으로 평가된다.

10장. 해골도 살려 내는 비전

1. Andy Stanley, *Visioneering: God's Blueprint for Developing and Maintaining Personal Vision*(Colorado Springs: Multnomah Books, 2005), 31; 정연석 역, 『비저니어링』(서울: 디모데, 2013).

12장. 메시아의 비전

1. C. S. Lewis, "장엄한 기적", 『기적』(서울: 홍성사, 2008), 215.
2. Roy E. Shearer, *Wildfire: Church Growth in Korea* (Grand Rapids, Eerdmans, 1966).

13장. 땅끝 비전과 선교

1. Lesslie Newbigin, *The Gospel in A Pluralist Society* (Grand Rapids: Eerdmans, 1989), 188-189, 235-236, 211-221; 홍병룡 역, 『다원주의 사회에서의 복음』(서울: IVP, 2007).
2. Michel W. Goheen, *A Light to the Nations: The Missional Church and the Biblical Story* (Grand Rapids: Baker Academic, 2011), 208-211; 박성업 역, 『열방에 빛을』(서울: 복 있는 사람, 2012). 고힌이나 뉴비긴은 이런 의미에서 교회를 가리켜 하나님의 결정적인 종말론적 행동이라고 주장한다.
3. Abraham Kuyper, *Souvereiniteit in Eigen Kring* (Kok: Kampen, 3rd ed., 1930), 30.
4. J. Michael Greig, "The End of Geography?: Globalization, Communications, and Culture in the International System", *The Journal of Conflict Resolution*, Vol. 46, No. 2(Apr., 2002), 225-243.
5. Lesslie Newbigin, *Foolishness to the Greeks: The Gospel and Western Culture* (Grand Rapids, Eerdmans, 1986), 20; 홍병룡 역, 『헬라인에게는 미련한 것이요』(서울: IVP, 2005), 32.

14장. 시온의 비전

1. Craig G. Bartholomew and Michael W. Goheen, *The Drama of Scripture: Finding Our Place in the Biblical Story* (Grand Rapids: Baker Academics, 2004), 197-198. 저자들은 톰 라이트가 하나님 나라의 전개과정을 총 5막으로 되어 있는 로마의 연극에 비유한 것을 6막으로 확장시켜 부연설명했다. 참고. N. T. Wright, "How Can the Bible Be Authoritative", *Vox Evangelica*, No. 21(1991): 7-32.
2. John R. W. Stott, *What Christ Thinks of The Church* (Grand Rapids: Eerdmans, 1958), 15-18; 윤종석 역, 『내가 사랑하는 교회에게』(서울: 포이에마, 2012).

에필로그

1. 한병철, 김태환 역, 『피로 사회』(서울: 문학과 지성사, 2012). 이미 영어를 포함해 7개국어로 번역된 재독 철학자 한병철의 *Müdigkeitsgesellschaft*(Berlin: Matthes & Seitz, 2010)의 한글어 번역판.
2. C. S. 루이스는 존 번연의 『천로역정』(*The Pilgrim's Progress*)을 패러디한 『순례자의 귀향』(*The Pilgrim's Regress*) 3판 후기와 『예기치 못한 기쁨』과 『영광의 무게』 등에서, 우리의 마음을 뚫고 지나가는 한 번도 가보지 못한 본향에 대한 깊은 그리움과 갈망을 뜻하는 이 독일어 Sehnsucht를 영어로 번역하기 어려워 그냥 사용하였다.
3. 미국의 신학자 라인홀드 니버(Reinhold Niebuhr)가 1934년경 설교의 한 부분으로 쓴 이 기도는 흔히 '평온을 구하는 기도'(Serenity Prayer)로 알려져 있다. Robert McAfee Brown이 편집한 *The Essential Reinhold Niebuhr: Selected Essays and Address*(New Haven: Yale University Press, 1987)에 실려 있는 기도의 원문은 다음과 같다. "God, give us grace to accept with serenity the things that cannot be changed, courage to change the things that should be changed, and the wisdom to distinguish the one from the other."
4. 이 노래는 힐송 교회의 음악목사였던 제프 블록(Geoff Bullock)의 첫 찬양 음반에 수록되었다. 20대에 신앙생활을 시작해 20여 개의 음반을 낸 그는, 이혼 후 양극성 장애(조울증) 진단을 받았지만 잘 이겨내고 지금은 전인치유사역을 하고 있다.